教育部人文社会科学重点研究基地资助项目
（项目编号 :JD790006 ）

中部绿色竞争力
研究报告

Report on the Green Competitiveness
in Central China

傅春 等 著

社会科学文献出版社
SOCIAL SCIENCES ACADEMIC PRESS (CHINA)

前　言

人类生产实践活动与自然资源的环境承载力之间的矛盾愈演愈烈，已严重威胁到了人与自然和谐相处，因此，为实现人类的可持续永续发展，绿色发展势在必行。党的十八大提出创新、协调、绿色、开放、共享，并将其作为实现"十三五"时期发展目标的重要发展理念。"创新、协调、绿色、开放、共享"的发展理念对于中国未来的发展至关重要，它强调了经济发展与环境保护的协调统一，也与中国提出的"人类命运共同体"相一致，是一种以人为本的可持续发展方式。坚持绿色发展不仅是生态文明建设的重要方向，也是社会各界发展的共识。中国的绿色发展战略是全面推动经济建设、政治建设、社会建设、文化建设和生态建设等五大建设的抓手。

中部地区人口多、产业规模大、城镇体系完整，承担促进中国崛起、实现中华民族伟大复兴的历史重任，发挥着保障全国总体生态功能格局安全稳定的全局性作用。2016 年 12 月，国务院批复同意《促进中部地区崛起"十三五"规划》，提出了"一中心、四区"的新战略定位，全国生态文明建设示范区是其中的重要内容。在主要目标和重点任务上，也明确要实现生态环境质量总体改善，实行绿色发展，打造蓝天碧水新家园。

习近平总书记 2019 年在南昌主持召开推动中部地区崛起工作座谈会，并就做好中部地区崛起工作提出 8 点意见。意见特别强调"坚持绿色发展，开展生态保护和修复，强化环境建设和治理，推动资源节约集约利用，建设绿色发展的美丽中部"。当前，中部地区崛起势头正劲，中部地区发展大有可为。可以预见，在高水平保护下实现高质量发展，将贯穿中部崛起的全过程，各省必将走出一条绿色发展崛起之路。

研究提高绿色经济发展效率、区域经济绿色发展效率的影响因素，从政策视角和学术视角提出当前提高经济绿色发展质量的科学建议，是实现区域经济创新协调绿色开放共享发展的重要任务。本报告认为，以最少的生态资源消耗获得最大化的人类福祉是可持续发展的应有之义。本报告通过人类发展指数和人均生态足迹的比值构建生态福祉绩效的测度模型来评估和分析中部地区及六省生态资源消耗对应的人类福祉产出效率，并通过分析其经济增长的福祉效应和影响经济质量的全要素生产率，以揭示影响中部地区生态福祉绩效提升的驱动力。根据中部地区生态福祉绩效变化趋势以及驱动效应特征，对中部六省生态福祉绩效的类型进行识别和划分，以期为中部六省提高生态福祉绩效水平和促进可持续发展提供参考建议。

结合中部六省的实际情况，本报告构建了包含 3 个系统层和 21 个指标层的评价指标体系。然后运用 Topsis 方法得出中部六省 2008～2017 年的科技对绿色发展的贡献力综合得分，分别对经济增长能力，能源利用能力和减排环保能力三个子系统进行排名，试图从中分析出中部六省的短板与长处。

为了探索中部六省未来生态文明建设对中部六省绿色发展的促进作用，对中部六省的生态文明竞争力进行系统性的评价。本报告基于 PSR 模型构建中部六省的生态文明竞争力评价指标体系，通过结合主观的层次分析法和客观的熵权法来确定中部六省生态文明竞争力评价指标的组合权重，使得指标体系的权重更加符合实际情况，再利用模糊物元—TOPSIS 法求出与正理想解的贴近度，根据贴近度对中部六省的 2010～2017 年度的生态文明竞争力进行一个排名，来分析中部地区各省在压力因子、状态因子和响应因子三个方面的优势与弱点，以指导中部六省在今后的生态文明建设中取长补短，促进中部地区经济绿色发展，实现绿色崛起。

在绿色经济发展中，绿色产业发挥着重要的作用。绿色产业是应用绿色技术生产绿色产品，提供绿色服务，有利于生态资源的保护和生态环境的改善，有利于增进人类健康、有利于人类社会经济可持续发展的产业。自中部地区崛起政策推出后，中部工业实现了显著增长，工业增加值从2006年的18135.90亿元增长至2017年的67869.20亿元，翻了近3倍，在全国占据越来越重要的地位。从中部地区产业竞争力来看，当前中部六省产业发展程度各异，产业竞争激烈，对工业大省及制造强省的竞位加剧。报告运用线性加权法从纵向综合比较和横向产业比较两个角度客观分析了中部六省产业绿色发展竞争力。总体来看，中部六省在提升产业绿色发展竞争力上需要明晰高质量工业方向，提升质量扩张规模；把握新时代工业机遇，提高企业经济效益；发展技术型现代工业，推进结构转型升级；坚持产业集聚与创新，积累产业发展潜力；完善工业信息化环境，全力支持两化融合。

目 录

第一章　总报告 …………… 傅　春　王圣云　罗海平　余　伟 / 1

第一节　"绿色 +"与中部"绿色崛起" ……………………… / 1

第二节　中部地区绿色竞争力综合评价 …………………… / 6

第二章　生态福祉评价 ………………………… 王圣云　韩亚杰 / 20

第一节　中部地区人类福祉评价 …………………………… / 21

第二节　中部地区生态足迹评价 …………………………… / 27

第三节　中部地区生态福祉绩效评价 ……………………… / 34

第四节　中部地区经济增长与福祉增长的关系分析 ……… / 39

第五节　中部地区绿色经济增长效率评价 ………………… / 43

第六节　中部地区生态福祉提升对策 ……………………… / 60

第三章　科技进步评价 ………………………… 余　伟　王　娟 / 67

第一节　中部六省科技创新现状 …………………………… / 68

第二节　中部地区科技创新现状评价 ……………………… / 71

第三节　中部地区科技对绿色发展贡献力研究 …………… / 97

第四节　提升中部地区科技创新的政策建议 ……………… / 121

第四章 生态文明评价 …………………… 傅 春 邓俊鹏 / 125

第一节 生态文明的发展历程及中部地区生态文明发展现状 …… / 126

第二节 中部地区生态文明评价指标体系 ………………… / 141

第三节 中部地区生态文明评价 ……………………………… / 151

第四节 中部地区生态文明竞争力提高的对策及建议 …………… / 161

第五章 产业发展评价 …………………… 罗海平 邹 楠 / 165

第一节 中部地区产业发展比较 ………………………… / 168

第二节 中部地区产业竞争力比较 ……………………… / 177

第三节 中部地区产业竞争力提高对策 ………………………… / 218

后 记 ……………………………………………………… / 227

第一章　总报告

傅　春　王圣云　罗海平　余　伟

第一节　"绿色+"与中部"绿色崛起"

当前，我国迎来"互联网+"之后"绿色+"新的发展机遇，这是一个创新和竞争喷发、进位追赶的大变革时代！"绿色+"是催生新经济、建立新业态、促进转型升级的最重要途径，是经济新常态的时代特色。对中部地区而言，在"互联网+"时代既没有抓住这个产业大变革机遇期实现中部地区"崛起"和"赶超"，更没有在"互联网+"浪潮中引领潮流！在"绿色+"时代中部地区应该可以迎来"大有可为"的新机遇！

一　"绿色发展"是新时期"五大发展"理念的重要构成，绿色经济、绿色发展以及生态文明建设催生"绿色+"新体系

"绿色+"是体系化和系统化的绿色发展观，是经济社会发展的绿色化、科学化和可持续化，是践行社会和谐、环境友好、能源节约的科学发展观的路径和目标。需要通过顶层设计实现各种概念和理念的整合与统一，确保绿色发展战略的全方位推进。

（一）构建"绿色+"新体系是国家宏观战略和规划的需要

绿色发展是新的发展潮流，我国"十三五"规划提出了"创新、协

调、绿色、开放、共享"五大发展理念,并指出"绿色是永续发展的必要条件和人民对美好生活追求的重要体现。必须坚持节约资源和保护环境的基本国策,坚持可持续发展,坚定走生产发展、生活富裕、生态良好的文明发展道路,加快建设资源节约型、环境友好型社会,形成人与自然和谐发展的现代化建设新格局,推进美丽中国建设,为全球生态安全做出新贡献",从而为"绿色发展"目标和要求做了最权威的顶层诠释。绿色发展是以实现经济发展、社会进步、环境保护三者平衡为出发点,以可持续发展为目的的发展模式和途径,其核心内容包括环境保护、资源节约、循环经济、清洁生产、低碳发展等。"绿色 +"作为转变发展方式的一场革命,必须进行机制、法制、体制上的深层次、全方位的顶层设计,形成"绿色 +"新体系。

(二) 构建"绿色 +"新体系是整合各种绿色发展新概念的现实需要

当前,我国出现了对绿色发展概念的炒作和滥用。一类是与绿色发展概念相近或一致的发展要求与发展理念如科学发展观、生态文明、可持续发展、两型社会(资源节约型、环境友好型)等;另一类是绿色发展外延式概念,如绿色 GDP、绿色经济、绿色税收、绿色能源、绿色考评、绿色金融等。还有体现绿色发展途径的概念或专属名词,如低碳发展、新型工业化道路、循环经济、生态工业、清洁生产、环境保护、应对气候变化、节能减排、污染治理、总量控制、生态保护、水土保持、新能源、可再生能源、清洁能源等。这种盲目追逐新概念、炒作新名词的现象,不仅容易在理论上形成模糊认识,影响人民正确理解绿色经济的实质,误导人们价值判断,而且会影响政府部门的正确决策,助长混乱的法规体系、政策体系、管理体系以及绩效与发展考评体系,对经济社会发展和环境保护造成重大影响。因此,需要基于绿色内涵,构建"绿色 +"新体系,以达到整合和统一各种与绿色发展相关的概念和新名词,形成完备的绿色发展新体系!

二　中部地区是我国践行绿色发展、实现"绿色+"的重点区域，构建"绿色+"新体系是实现中部国家战略有机融合的必然要求，是实现中部地区绿色崛起的顶层设计

近十年来，中部地区被赋予多个国家级战略，涵盖了"两型社会"、"新型城镇化"、"生态经济区"、资源型经济转型示范区等。故从"绿色+"顶层设计及概念内涵入手，进行中部地区"绿色+"新体系构建，有助于实现中部崛起绿色战略体系的完整性与科学性，实现中部崛起战略的有机融合和统筹！

（一）"绿色+"的体系维度

"绿色+"是以经济发展、社会进步、环境保护三者之间的平衡为出发点，以可持续发展为目的而形成的科学的产业结构、增长方式、消费模式等，其核心内容包括环境保护、资源节约、循环经济、清洁生产、低碳发展等。"绿色+"顶层设计及体系构建包含理念层、目标层、准则层、行动层、评价层。理念层是"绿色+"指导思想，是方向、道路、行动指南；目标层是"绿色+"需要实现的发展蓝图；准则层是绿色化准则和标准以及"绿色+"工作原则；行动层是推进实现"绿色+"的主体职责、任务和行为要求；评价层是评价"绿色+"进程和成败的关键性指标（见表1-1）。

表1-1　"绿色+"新体系维度

理念层	目标层	准则层			行动层				评价层				
生态文明	科学发展	资源节约、环境友好、发展高效	经济增长	环境保护	生态保护	平衡发展	清洁发展	低碳发展	循环发展	综合指标	环境指标	清洁生产	资源消耗	碳排放

"绿色+"新体系包含概念体系、范畴或对象体系、政策体系、管理体系以及绿色认证与评价体系。其概念体系包含了绿色发展、科学发展和生态文明三大概念，故用"绿色+"从概念上与我国不同时期提出的可

持续发展、建设生态文明社会、"两型社会"、城乡统筹等发展理念具有一致性，可用以统领和阐释这些发展理念、发展政策及其战略。从范畴体系来看，"绿色＋"包含了多个领域，如经济、资源、环境、生态以及社会等范畴，在这些领域中都可贯穿绿色理念和思想，都存在绿色化及"绿色＋"的过程。从政策体系来看，政府"绿色＋"的政策体系包含绿色产业、绿色消费、绿色城镇、绿色金融等政策，其政策目的在于实现产业发展绿色化、消费模式绿色化、城镇建设绿色化等。"绿色＋"管理体系包含了绿色管理的法律、制度及法规。"绿色＋"认证体系包含绿色标识、绿色产品资质以及绿色标准等。

（二）实现中部绿色崛起的"绿色＋"新体系

1. "绿色＋"监管体系

制定涵盖资源消耗、环境损害、生态效益等内容的生态文明建设目标评价考核办法。探索绿色考核体系，全面推行地方政府政绩考评差异化考核，弱化经济指标，突出生态保护。取消工业增加值的考核，新增森林覆盖率、水源水质、生态旅游的考核。实行领导干部自然资源资产离任审计，落实生态环境损害责任终身追究制、节能减排工作问责制。建立环保监管垂直管理体制，建立环境监督、执行、督察三位一体的环保监管执法体系，实行政府监督、企业自律、公众参与的环保监督机制。

2. "绿色＋"城镇体系

创建科学的城镇规划设计体系，遵循生态优先、宜居宜业、理性规划、精品建设、人文关怀、持续和谐的原则，科学编制城市产业发展、绿地建设、水系功能等规划。创建完善的城镇综合服务功能体系。坚持"宜居宜业宜游"的原则，建设高效、快捷、方便的交通网络，科学配置学校、医院、体育健身等服务设施，满足市民生产生活和休闲需要。创建特色生态城市体系，打造特色生态城，建设一批生态山水城、生态旅游城和生态工业城。

3. "绿色＋"消费体系

推行资源节约、零污染的消费观，引导市民转变消费观念，尽量选择无污染、无公害的绿色新产品，使绿色消费成为一种时尚。推行重复使用、多次利用的消费习惯，减少"一次性"物品的使用。优化饮食结构，提升饮食质量，反对过度消费和攀比消费。鼓励使用环保装修材料，推广建设生态住宅区，提倡使用环保型动力交通工具。启动政府绿色采购工程，带动社会形成绿色消费的价值观。

4. "绿色＋"金融政策体系

引导和激励社会投资进入环保领域。严格环境法治，催生环保投资需求。推动制定环保税、土壤污染防治等法律和排污许可等法规，以及环境污染责任保险等规章。推进环境污染责任保险制度建设，引进市场机制提高环境安全隐患排查、防范能力。构建支持绿色信贷的政策体系，建立企业环境信息的共享机制，为金融机构的贷款和投资决策提供依据。

5. "绿色＋"产品标准、认证、标识体系

落实和执行国务院《关于建立统一的绿色产品标准、认证、标识体系的意见》精神。按照统一目录、统一标准、统一评价、统一标识的方针，将现有环保、节能、节水、循环、低碳、再生、有机等产品整合为绿色产品，建立系统科学、开放融合、指标先进、权威统一的绿色产品标准、认证、标识体系，健全法律法规和配套政策，实现一类产品、一个标准、一个清单、一次认证、一个标识的体系整合目标。

三 在我国全面推进"绿色＋"经济新常态的大变革时代，中部地区应把握历史机遇，不断催生新经济、建立新业态，促进中部地区转型升级和进位赶超，加速中部地区"绿色崛起"，为我国绿色发展创造新的实践经验、做出新的国家贡献

（一）深挖绿色内涵，拓展绿色体系外延

无论是绿色发展还是绿色经济都是一个系统工程，实现绿色崛起，需要在理论上对绿色崛起的内涵和外延进行一个科学的界定和重构。不能将"绿色＋"单纯理解为绿色经济和绿色产业，更不能简单地停留在生态经济等内涵上。绿色是一个体系，是多个系统的"和谐"和平衡。既包括生

态和谐，也要求社会和谐。为此，从和谐这个层次去理解"绿色"二字，要实现中部"绿色崛起"，不单要在探索生态经济发展方面走在全国前列，更要在增进人民幸福、改善民生和提升社会服务等方面得到提升。

（二）做好绿色顶层营销，打造绿色品牌

中部各省应重视绿色营销，塑造绿色特质，使其绿色发展的核心价值和理念在最短时间内被最广泛的市民和市场接受并认可，从而筑就自身品牌，发挥品牌效应，放大品牌价值，达到拓展市场、凝聚人气、汇聚资源的作用。只有通过"绿色"赚足发展长期以来缺乏的"人气"，中部地区才能实现真正崛起。

（三）发挥独特优势，开拓"绿色＋"新业态

绿色产业不仅是传统产业的绿色化，更是一种新业态。"绿色＋"将是未来产业的主流形态和发展趋势。中部各省发展绿色产业的自然资源丰富，除传统优势产业绿色化外，更应拓展和改造农业、旅游、休闲、创意、会务会展、文化娱乐、影视传媒、金融服务、社区服务、家政服务等产业，形成"绿色＋"新业态。

（四）搞好绿色试验，勇担国家责任

中部六省每个省都涉及一到两个绿色发展的国家战略，每省都应立足于国家战略，搞好绿色试验，勇担国家责任。作为国家战略，必然要求其能通过创新体制，试验和实践出经济社会发展与生态环境保护的成功模式和范本。为此，需要突破传统"经济至上"的政绩观和发展观，打破旧体制尤其是旧行政体制的束缚，不断地改革创新。唯有勇于创新和大胆实践，中部地区才能在全国引领"绿色＋"新时代。

第二节　中部地区绿色竞争力综合评价

一　从绿色效率到绿色竞争力

绿色效率指的是从经济发展与环境保护的角度解读效率的概念。经济学是一门用于研究使用最少的资源以达到利润最大化的学科，因此绿色效率是指研究如何使有限的物力资源、财力资源、环境资源等社会资源达到最多的产出，从而产生最大的经济利益。绿色发展效率是当前社会衡量一个国家或者地区发展质量的重要指标，利用绿色发展效率可以较为准确地评价地区的经济发展与环境保护是否同步进行。然而，随着社会的不断进步，绿色发展效率的衡量指标也在不断改变，因此有较为广阔的研究空间。探讨绿色发展效率首先离不开对经济效率的探讨。对经济效率的探讨主要经历了三个阶段，分别是古典经济增长理论、新古典经济增长理论和现代经济增长理论。古典经济学家 Adam Smith 认为增加劳动力和分工有助于提高经济发展效率。Thomas Malthus 认为过快的人口增长将不利于提高经济发展效率。总的来说，古典经济增长理论认为经济效率包括劳动力、资本和土地三个要素，而国民财富是产出要素。新古典经济增长理论认为经济效率不仅包括劳动力、资本和土地三个要素，还包括自然资源与生产技术水平。其中代表人物之一的 Alfred Marshall 认为科技进步是促进经济发展的重要因素，其对经济发展的贡献力逐渐强于劳动力、资本和土地。现代经济增长理论认为经济效率指的就是全要素生产率，将劳动力、资本、自然资源、生产技术水平（科学技术水平）、知识、人力资本等综合要素作为投入要素。其中，罗默、卢卡斯等多名经济学家均从不同角度研究技术进步的内生化，因此拉开了第三代经济增长理论的序幕。随着社会的进步，社会发展处于不同的阶段，人们对于绿色发展效率的概念认识也越来越深刻。通过探究不同时期的社会发展规律，并运用先进的理论模型进行实证分析，从而可以测算出绿色发展效率，并研究出影响绿色发展效率水平的因素。这不仅对于提升区域绿色发展水平、实现区域经济向高端智慧绿色发展迈进、实现经济可持续长远发展有深远的意义，而且丰富了区域绿色发展理论和经济增长理论。

　　绿色发展效率是衡量绿色发展水平的重要指标，绿色发展效率高低反映绿色发展水平的高低，提升绿色发展效率是实现生态文明建设和经济转型发展的重要途径。2015 年 10 月 26 日，中国共产党第十八届中央委员会第五次全体会议首次提出创新、协调、绿色、开放、共享，并将其作为实现"十三五"时期发展目标的重要发展理念。"创新、协调、绿色、开放、共享"的发展理念对于中国未来的发展至关重要，它强调了经济发展与环境保护的协调统一，也与中国提出的"人类命运共同体"相一致，是一种以人为本的可持续发展方式。在推进工业化、城镇化、信息化、绿色化和农业现代化"五化"协同发展进程中，绿色发展无疑是关键要务。坚持绿色发展不仅是生态文明建设的重要方向，也是社会各界的发展共识。中国面临着资源约束趋紧、环境污染严重、生态系统退化等严峻问题，绿色发展方式与生产生活模式亟待推行，走绿色发展与生态文明的道路已成为必然的战略选择。绿色生产效率评价是评估中国生态文明建设和经济转型可行性的重要途径。

绿色竞争力是在企业竞争力理论基础上引申出来的概念，是基于环境保护、绿色贸易体制和企业可持续发展的现实而提出的概念。故绿色竞争力最初是特指企业绿色竞争力，指在竞争的市场环境下，企业基于环境保护和自身利益的需要，采用可持续发展战略，通过配置和创造企业资源，并与外部环境交互作用，向市场提供比竞争对手更具吸引力的绿色产品和服务，从而在占有市场、创造价值、保护环境和可持续发展等方面获得竞争优势的能力。企业绿色竞争力中的"绿色"，是与环境保护密切相关的概念。

如何评价绿色竞争力，一直是学术界研究的热点问题。1987 年，Alfsen 和 Bye 的挪威国民经济核算体系加入了自然资源核算指标，为之后的绿色经济核算体系打下了基础。随后，联合国统计局在 1993 年归纳了以往多样化的学术和实践观点，基于传统国民经济核算体系，首次提出了环境经济核算指标，进一步完善了国民经济核算的框架和内容。John M. Reilly（2012）从政策角度，把生态经济的影响量化，利用一般均衡模型，建立资源环境经济账户，分析绿色经济增长的潜力和对应政策。并提出绿色增长的关键是遏制环境污染物的排放和新能源的研发，鼓励绿色清洁生产，淘汰高污染产业并征收高额碳税，支持补贴清洁能源产业，这是实现绿色发展的最好方式。国外对绿色经济效率的实证分析一般是从投入产出的因果关系来研究，实证分析以模型为主，数据为支撑，旨在分析现状并预测未来。Ugur Soytasa 等（2007）引入计量模型，分析收入、能源和碳排放量的线性相关关系，具体以劳动力、固定资产、碳排放量、GDP 为变量量化其因果关系，结果表明，收入或 GDP 与绿色指数无关，但是能源消耗与其高度相关。Ramanathan（2006）采用 DEA 模型对发展效率进行实证分析，以 GDP 和碳排放量作为产出指标，以非化石能源的消耗作为投入指标，运用数据包络分析方法得出能源消耗和碳排放的曲线图。

在我国，绿色发展是近年来学术界探讨的热门话题，目前关于绿色发展的文章很多，但是对于科技对绿色发展的影响的探讨较少。目前我国关于绿色发展水平测度方面的研究较多，蔡绍洪（2017）等运用计量分析和 GIS 系统对西部 12 个省份的绿色发展水平进行测度和空间分异研究。李琳（2015）构建了区域产业绿色发展指数评价指标体系，采用主成分分析法对我国 31 个省（区、市）的绿色发展指数进行动态比较，认为我国绿色发展虽然整体水平偏低，但是呈现上升趋势，同时东、中、西部差异明显。王宁（2018）通过建立区域内绿色发展能力评估体系将各个省（区、市）的绿色发展情况分为相对均衡型、单项超强型和基本调和型。关于科技与绿色发展的研究相对较少。绍帅（2018）选取福建省 1997～2016 年的区域经济生产总值和财政科技投入作为变量并对两者之间的关系进行研究和分析。华振（2011）通过对 R&D 强度、治理污染投资、人力资源素质和贸易开放程度运用生产率指数分析法，对我国的 30 个省（区、市）的绿色创新能力进行评价，结果认为政策支持有利于区域绿色发展创新能力的提升，但是贸易开放程度的提高不利于提高创新能力。综上可知，目前的研究大多是关于区域绿色发展的测度和绿色创新能力的研究，对绿色竞争力的内涵、综合评价的研究尚缺乏系统性和规范性。

二　中部地区绿色竞争力评价

（一）基于绿色发展效率的绿色竞争力综合评价

Tone K.（2001）最早提出了 DEA – SBM 模型，通过在目标函数中设定松弛变量有效地避免了松弛变量产生误差的缺点。2002 年，Tone 对模型进一步改进，建立了 Super – SBM 的新模型。该模型不仅能够测度不同样本的效率值，还能比较有效样本的效率高低，通过允许有效样本的效率值大于 1 来实现。由于经典的 BCC、CCR 模型的精准度不高，因此考虑采用非期望产出的 Super – SBM 模型（规模报酬不变）。该模型的一般形式如下。

$$\rho^* = \min \frac{\dfrac{1}{m}\sum_{i=1}^{m} \bar{x}_i \big/ x_{i0}}{\dfrac{1}{s_1+s_2}\left(\sum_{r=1}^{s_1} \bar{y}_r^{-g}\big/ y_{r0}^g + \sum_{l=1}^{s_2} \bar{y}_l^{-b}\big/ y_{l0}^g\right)}$$

$$\text{s. t.}\quad \bar{x} \geqslant \sum_{j=1,\neq 0}^{n}\lambda_j x_j, \overline{y^g} \leqslant \sum_{j=1,\neq 0}^{n}\lambda_j y_j^g,$$

$$\overline{y^b} \leqslant \sum_{j=1,\neq 0}^{n}\lambda_j y_j^b, \bar{x} \geqslant x_0, \overline{y^g} \leqslant y_0^g, \overline{y^b} \geqslant y_0^b;$$

$$\sum_{j=1,\neq 0}^{n}\lambda_j = 1, \overline{y^g} \geqslant 0, \lambda \geqslant 0$$

式中 ρ 为目标效率值；x、y^g 和 y^b 分别为投入、期望产出和非期望产出；向量 s^-、s^g 和 s^b 分别为投入松弛量、期望的产出松弛量和非期望的产出松弛量；λ 为权重向量。模型中下标"0"表示被评价决策单元。就特定决策单元而言，当且仅当 $\rho \geqslant 1$ 时，该决策单元为有效。若 $\rho < 1$，则说明被评价决策单元无效，有必要在投入产出上做相应改进。

绿色竞争力的基本内涵在使经济价值最大化的同时，也使资源消耗和环境污染最小化，这意味着要求以最少的资源投入与最少的环境代价获取最大的经济价值，这与 Super – SBM 方法的要求一致。在实际运用过程当中，将收益性的指标作为模型的产出指标、将成本性的指标作为模型的投入指标来处理。因此，本文借鉴德国的环境经济账户中的生态效率相关指标，构建适当的度量省级绿色全要素生产率的指标体系。本文将资源投入和环境投入作为投入指标，包括劳动力投入、资本投入、能源投入、废水排放量、废气排放量和固体废弃物排放量等。同时，将经济产出即将地区经济总量作为产出指标，在考虑到数据的可比性、可得性的基础上，构建了中部六省绿色发展全要素生产率评价指标体系（见表1-2）。本文投入和产出指标数据主要来源于各省的统计年鉴、统计公报等。具体的投入与产出指标如下。

表1-2 中部六省绿色竞争力评价指标体系

一级指标		二级指标	三级指标
投入指标	资源投入	劳动力投入	全社会从业人员数（万人）
		资本投入	固定资产投资额（亿元）
		能源投入	全省能源消耗量（万吨标准煤）
	环境投入	废水排放量	工业废水排放量（万吨）
		废气排放量	工业 SO_2 排放量（吨）
		固体废弃物排放量	工业固体废弃物产生量（万吨）
产出指标		地区经济总量	GDP（亿元）

本文运用 DEA - SOLVER Pro5 软件，根据表1-2中的投入、产出指标，得出中部六省2008～2017年绿色竞争力测算值，如表1-3所示。从表1-3可以看出，中部六省绿色竞争力均值由高到低分别为湖南省、湖北省、江西省、安徽省、河南省和山西省。

表1-3 2008～2017年中部六省绿色竞争力测算值

省份	2008年	2009年	2010年	2011年	2012年	2013年	2014年	2015年	2016年	2017年	均值	均值排名
山西	1.14	1.14	1.05	1.12	1.02	1	0.56	0.55	0.5	1.21	0.929	6
安徽	1.04	1.01	1.04	1.05	1.04	1.04	1	0.78	1.07	0.72	0.979	4
江西	1.06	1.05	1.04	1.06	1.05	1.05	1.02	1.01	1.01	1.01	1.036	3
河南	1.03	0.92	1.02	1	0.94	0.9	0.79	0.79	1.04	1.02	0.945	5
湖北	1.04	1.06	1.06	1.05	1.06	1.04	1.03	1.02	1.04	1.02	1.042	2
湖南	1.05	1.03	1.04	1.03	1.02	1.03	1.04	1.03	1.05	1.23	1.055	1

由表 1 - 3 可以明显看出，除了山西省有明显大幅波动之外，其余省份整体上比较平稳。山西省的绿色发展效率在 2009 ~ 2016 年不断下降，直到 2017 年才有所上升。这和山西省的产业结构不完善有很大的关联。山西经济发展过度依赖煤炭，大量的煤炭开采与重工业的发展，导致环境遭到破坏，二氧化硫排放量和工业固体废弃物产生量都远远高于其余几个省份，这就导致山西省的绿色全要素生产率逐年下降。但是 2017 年山西绿色全要素生产率有所上升，说明 2017 年山西省的产业结构有所改善。安徽省的绿色全要素生产率除了 2015 年和 2017 年较低之外，其余年份均较为稳定。江西省的绿色全要素生产率 2008 ~ 2017 年均大于 1，处于较高的水平。河南省的绿色全要素生产率 2014 年和 2015 年较低，均为 0.79，整体水平较为稳定。湖北省和湖南省的绿色全要素生产率均处于较高水平，且近十年均大于 1。

本文在表 1 - 4 中对 2008 ~ 2017 年中部六省绿色发展效率均值与人均 GDP 做了对比，并列出了各个省份的排名。可以看出，中部六省的绿色发展效率与经济发展水平并不是完全一致的。从人均 GDP 排名来看，由高到低分别是湖北省、湖南省、河南省、山西省、江西省和安徽省。山西省、河南省和湖北省的绿色发展效率低于经济发展水平，可以看出这三个省份的经济发展水平可能存在一定程度上以牺牲环境为代价发展经济的情况，在绿色发展方面还有一定的进步空间。而江西省、安徽省和湖南省的绿色发展效率排名高于经济发展水平排名，绿色发展水平相对高于经济发展水平，主要有两个可能原因：一是这三个省份在环境保护方面做得较好；二是该地区的经济发展水平相对不发达，工业发展水平较低。

表 1 - 4 2008 ~ 2017 年中部六省平均绿色发展效率与人均 GDP 排名

省份	绿色发展效率均值	排名	经济发展水平（人均 GDP,元）	排名
山西	0.929	6	31686.1	4
安徽	0.979	4	29158	6
江西	1.036	3	29659	5

续表

省份	绿色发展效率均值	排名	经济发展水平（人均GDP，元）	排名
河南	0.945	5	32403.9	3
湖北	1.042	2	39969.9	1
湖南	1.055	1	34256.2	2

（二）基于生态福祉的绿色竞争力综合评价

本报告认为，以最少的生态资源消耗获得最大化的人类福祉是可持续发展的应有之义。本报告通过人类发展指数和人均生态足迹的比值构建生态福祉绩效的测度模型，以评估和分析中部地区及六省生态资源消耗对应的人类福祉产出效率，并通过分析其经济增长的福祉效应和影响经济质量的全要素生产率，以揭示影响中部地区生态福祉绩效提升的驱动力。根据中部地区生态福祉绩效变化趋势以及驱动效应特征，对中部六省生态福祉绩效的类型进行识别和划分，以期为中部六省提高生态福祉绩效水平和促进可持续发展提供参考建议。

2006～2016年中部地区人类福祉水平整体上有了很大提高，2016年中部六省已全部进入高人类发展水平梯队，正向极高人类发展水平梯队迈进。2006～2016年中部六省中江西的人类福祉提升最快，山西的人类福祉提升最慢。尽管山西的HDI增长最慢，但2006～2014年山西的人类发展水平一直高于安徽、江西、河南、湖北、湖南。中部地区人类发展水平提升主要得益于收入福祉指数的提升。2006～2016年中部地区的人类发展指数一直低于东北地区，但增速快于东北地区。

2006～2015年中部地区人均生态足迹一直呈增长态势。化石燃料用地足迹是中部地区生态足迹的最大组成部分，中部经济对化石燃料的依赖程度很高。中部六省人均生态足迹结构失衡，化石燃料用地足迹是中部六省生态足迹的主体。中部六省的人均生态足迹存在明显差异，山西的人均生态足迹最高但年均增长率最低。中部地区人均生态足迹接近全国平均水平，中部六省的人均生态足迹都呈增长态势，安徽增长较快。

中部地区人类福祉增长慢于人均生态足迹增长，中部六省的生态福祉绩效都为负增长。中部六省中江西的生态福祉绩效最高，山西的生态福祉绩效最低。中部地区的生态福祉绩效整体高于东部地区和东北地区，除山西以外的中部其他省份生态福祉绩效较高是由于其人类发展水平提升快但对自然消耗的需求相对较少。2007～2016 年中部六省的经济增速与福祉增速变化趋势大体一致，经济增速明显慢于福祉增速，为低福祉增长。安徽、江西、河南、湖北、湖南属于福祉滞后下降型，山西属于总体下降型。

提高中部地区及其他区域的生态福祉绩效水平，重要的是要加快高消耗、高碳排放的重化工业转型。经济增长是中部地区及其他区域人类福祉大幅提升的主要动力。中部地区要积极构建中部各省社会发展治理机制，逐步使其经济增长增进民生福祉。中部地区应在高质量发展的背景下，不断增进民生福祉，大力提升生态福祉绩效。中部地区应重点提升全要素生产率。中部六省具有不同的驱动效应特征和生态福祉绩效变化，应根据其驱动效应特征采取差异化的生态福祉绩效提升策略。

（三）基于科技创新的绿色竞争力综合评价

随着科技的进步与经济的发展，以及全球化进程的不断加快，以资本、人才和知识为表现形式的科技资源流动日渐加快。中部六省作为我国重要交通枢纽和粮食生产基地，对我国的发展有着至关重要的作用。因此，对中部六省的科技资源进行评价，测度科技对中部六省绿色发展的贡献力，有利于科学地对中部六省的绿色发展提出政策建议，有助于中部六省提高经济发展质量，这也是本书的主要研究目的。

科技创新评价主要包括四个部分。其中第一部分和第二部分主要研究科技资源研究现状并做出评价。第一，结合中部地区的实际情况，采用科技资源评价指标体系。该指标体系主要包括 6 个系统层，分别是人力资源、物力资源、财力资源、信息资源、知识资源和环境资源，以及 23 个子系统，科学系统地概括科技资源。并运用客观评价法中的熵权法，求出各个指标权重，求出六个省份 2008～2017 年科技资源综合评价值。第二，对六个省份的科技资源综合得分进行排名，研究和分析各省的科技资源发展趋势。并得出结论：2017 年中部六省的科技资源综合排名由高到低分别为湖北省、安徽省、湖南省、河南省、江西省和山西省。最后分别对中部六省 2008～2017 年各科技资源子系统的数据进行分析，将其与全国平均水平做比较，试图从中找出六个省份的科技资源短板并提出建议。

第三部分和第四部分主要评价了中部六省 2008～2017 年科技对绿色发展的贡献力并提出政策建议。第一，介绍了科技创新如何支撑绿色发展，以及绿色发展和科技创新的重要性的相关内容。第二，构建出中部六省科技对绿色发展贡献力的评价指标体系以及评价模型。首先本文基于科学性和系统性的原则，结合中部六省的实际情况，构建了包含 3 个系统层和 21 个指标层的评价指标体系。运用熵权法求出指标权重，并用 TOPSIS 的方法得出中部地区 2008～2017 年的综合得分。在得出中部地区科技对绿色发展的贡献力综合得分之后，评价并研究六省现状和发展趋势，然后分别对中部地区经济增长能力、能源利用能力和减排环保能力 3 个子系统排名，试图从中分析出中部六省的短板与长处。最后分别从 21 个子系统出发，分析中部地区的科技对绿色发展贡献力现状。研究发现，中部六省 2008～2017 年科技对绿色发展贡献力排名由高到低分别为湖北省、湖南省、安徽省、河南省、江西省和山西省。最后，笔者针对中部地区的科技资源与科技对绿色发展的贡献力现状提出相关政策建议。

（四）基于生态文明的绿色竞争力综合评价

根据 2016 年 12 月 20 日国家发展改革委印发的《促进中部地区崛起"十三五"规划》，促进中部地区全面崛起，必须遵循"坚持生态优先、绿色发展"原则。把生态环境保护与修复放在优先位置，坚持在保护中发展、在发展中保护，避免走先破坏后治理、边破坏边治理的老路，进一步加强生态环境协同监管和综合治理，健全生态补偿机制和环境保护市场化机制，提高资源利用效率，为人民群众创造宜居宜业的良好环境，实现人与自然和谐发展。并且将中部地区定位为全国生态文明建设示范区，积极探索创新生态文明建设机制，塑造一批全国生态文明建设典范。

　　为了探索未来生态文明建设对中部六省绿色发展的促进作用，对中部六省的生态文明竞争力进行了系统性的评价。本篇基于 PSR 模型构建中部六省的生态文明竞争力评价指标体系，通过结合主观的层次分析法和客观的熵权法来确定中部六省生态文明竞争力评价指标的组合权重，使得指标体系的权重更加符合实际情况，再利用模糊物元 – TOPSIS 法求出与正理想解的贴近度，根据贴近度对中部六省 2010～2017 年的生态文明竞争力进行排名，来分析中部地区各省在压力因子、状态因子和响应因子三个方面的优势与弱点，以指导中部六省在今后的生态文明建设中取长补短，促进中部地区经济绿色发展，实现绿色崛起。最终的评价结果表明：①2017年中部六省的综合排名从高到低依次是湖北、江西、湖南、安徽、河南、山西；压力因子排名从高到低依次是湖南、河南、江西、山西、湖北、安徽；状态因子排名从高到低依次是湖北、湖南、江西、安徽、河南、山西；响应因子排名从高到低依次是江西、湖北、山西、安徽、河南、湖南。②结合 2010～2017 年八年时间来看中部六省生态文明竞争力排名，中部六省的综合排名从高到低依次为湖北、江西、湖南、安徽、山西、河南；压力因子排名从高到低依次为湖南、江西、河南、安徽、山西、湖北；状态因子排名从高到低依次为湖北、湖南、江西、安徽、河南、山西；响应因子排名从高到低依次为湖北、江西、山西、安徽、湖南、河南。

　　所以，针对中部六省的生态文明竞争力的各项因子，不同省份应该制定不同的政策方案：江西省压力因子排名靠前，但状态因子是江西省的弱项，今后江西省应加强状态因子的生态文明建设；湖南省压力因子和状态因子排名均较靠前，但响应因子排名靠后，今后湖南省需加强响应因子的生态文明建设；安徽省压力、状态和响应排名都比较均衡，但是其排名均不靠前，安徽省应当做好协调发展，各项因子的生态文明建设同步推进；湖北省的状态因子排名第一，压力因子排名最末，湖北省需加强压力因子的生态文明建设；河南省的状态因子和响应因子排名均靠后，今后河南省应同时加强状态因子和响应因子的生态文明建设，以提高河南省在中部地区的生态文明竞争力；山西省的压力、状态因子排名均比较靠后，山西省的生态文明建设较为薄弱，需引入生态补偿机制，利用外部力量推动山西省的生态文明建设。

（五）基于产业发展的绿色竞争力综合评价

绿色产业指在绿色经济发展中，应用绿色技术生产绿色产品、提供绿色服务，有利于生态资源的保护和生态环境的改善，有利于增进人类健康，有利于人类社会经济可持续发展的产业。产业绿色化是指围绕产业经济增长，以实现绿色化发展的方式，包括单个产业内部凭借创新生产技术而促进的产业绿色化发展以及单个产业内部依靠创新组织管理方式促进的产业绿色化发展。由于农业本身就隶属于绿色经济，不存在产业绿色化问题，故中部产业绿色发展重点在于实现工业的绿色化。自中部地区崛起政策推出后，中部工业实现了显著增长，工业增加值从 2006 年的 18135.90 亿元增长至 2017 年的 67869.20 亿元，增长了近 3 倍，在全国占据越来越重要的地位。从中部地区产业竞争力来看，当前中部六省产业发展程度各异，产业竞争激烈，对工业大省及制造强省的竞位加剧。报告运用线性加权法从纵向综合比较和横向产业比较两个角度客观分析了中部六省产业绿色发展竞争力。

产业绿色发展竞争力纵向比较具有三个维度：一是产业绿色竞争力成长性。通过对以 2013 年为基期标准值的相对增长指数的计算发现，中部地区江西省产业绿色竞争力增长幅度最大，其次为安徽省，河南、湖北、湖南三省组成第二梯队，增长较为平稳，而山西省不仅增速最小且成为中部六省中唯一出现过产业竞争力下降的省份。中部地区在现阶段产业竞争实力方面的增长较小，而在高质量潜力和产业竞争环境方面的增长明显，其中技术创新潜力和信息化支持环境成为进步的重要支撑和主要来源。二是中部产业绿色竞争力竞位。通过线性加权，得到中部六省的产业综合竞争力评分。根据得分情况，2017 年排名依次为：河南省、安徽省、湖南省、湖北省、江西省、山西省。从 2011 年到 2017 年，排名始终保持不变的省份有河南省稳居中部第一，安徽省守住中部第二。山西省自 2013 年到 2015 年下降一位后始终处于中部垫底位置，而江西省 2015 年取代山西省向前进了一个位次，目前保持了中部第五的位置，且增长较快，与山西省的差距在逐渐拉大。湖北省和湖南省之间的差距较小，二者竞位情况较为激烈。2011年湖南省排名第三，湖北省排名第四，2013年排名互换，而2017年湖南省再次超越湖北省位居第三，湖北省暂居第四。三是中部产业绿色竞争发展。河南省产业竞争力增长速度在中部六省中相对缓慢，2015~2017年在现阶段产业实力和产业竞争环境上增长有所加速，但综合竞争力排名始终居于中部首位。安徽省产业竞争力增长速度较快，尤其是在2013~2015年，产业实力和工业环境增长迅猛，综合竞争力排名始终居于中部第二的位置，在技术创新、绿色发展和结构转换上均为中部领先。湖南省产业竞争力增长速度较慢，产业绿色综合竞争力处于中部第四，高质量竞争潜力表现稳定，始终保持中部第二。湖北省高质量工业潜力增长速度均衡，其中结构转换能力增长迅速。江西省产业竞争力增长速度在中部领先，除工业环境外的两项一级指标均发展迅速，尤其以规模实力、经济效益和技术创新为主，具有明显的后发优势。山西省相对自身而言的产业竞争力增长速度在中部地区中最为缓慢，2015~2017年实现增长，但仍赶不上其余省份的增长速度。山西资源相对丰富，但人才短缺是未来工业崛起的关键性限制因素。

就具体产业而言，中部六省在农副产品加工业、非金属矿物制品业、有色金属冶炼和压延加工业、专用设备制造业、电气机械和器材制造业五大工业行业的综合竞争力排名中，河南省凭借传统工业和重工业的优势，具有强劲的实力，五大行业发展水平均在中部前列。农副产品加工业河南省综合实力排名第一，其中规模实力远超其他省份，具有绝对优势，总产值、工业企业数、主营业务收入、工业企业资产等指标均遥遥领先于中部其他省份。非金属矿物制品业河南省综合实力排名依然为第一，且与其他省份有较大差距。湖南省综合实力排名第二，湖北省排名第三，安徽省排名第四，江西省排名第五，山西省排名第六。有色金属冶炼和压延加工业河南省综合实力排名第一，主要优势体现在规模实力上。江西省凭借良好的资源储备和龙头企业江西铜业集团的数十年积累和辐射，综合实力排名第二。湖南省排名第三，安徽省综合排名第四，湖北省排名第五，山西省排名第六。专用设备制造业河南省综合排名第一，产值和主营业务收入都遥遥领先于中部其他省份。湖南省排名第二，安徽省综合排名第三，湖北省排名第四，江西省排名第五，山西省排名第六。电气机械和器材制造业安徽省综合排名第一，规模实力和经济效益均在中部首位，发展具有雄厚的实力和良好的支撑力量。河南省排名第二，江西省排名第三，湖北省排名第四，湖南省排名第五，山西省排名第六。

　　总体来看，中部六省在提升产业绿色发展竞争力上需要明晰高质量工业方向，提升质量扩张规模；把握新时代工业机遇，提高企业经济效益；发展技术型现代工业，推进结构转型升级；坚持产业集聚与创新，积累产业发展潜力；完善工业信息化环境，全力支持两化融合。

第二章　生态福祉评价[*]

王圣云　韩亚杰[**]

中部地区位于我国内陆腹地，承东启西、连南通北，在全国区域发展格局中占有举足轻重的地位。自 2006 年中部崛起战略提出和实施以来，中部地区经济社会发展步伐明显加快，已逐渐走出"经济塌陷"困境。当前，中部地区已经进入一个深化改革的新发展时期、全面建成小康社会的攻坚时期以及推进现代化建设的关键历史起点。在此背景下，以全面深化改革的新思路、以增进社会公平正义和增进人民福祉为出发点和落脚点，大力促进中部地区社会发展，不仅事关中部崛起进程，而且关系中部地区全面建设小康社会的成效。但是实现中部崛起，促进社会公平正义和增进人民福祉，必须应对当前中部地区社会发展面临的一些现实问题。

当前，中部地区经济发展较快，人均收入提高明显，但经济发展并未给人们带来相应程度的社会福祉改善，经济增长转化为民生福祉的效率较低，中部地区存在着经济发展成果不能有效转化为社会福祉仍然以及社会福祉仍然不足与民众对社会福祉需求不断增长之间的矛盾加剧等问题。当前，中部地区正由生存型社会向发展型社会过渡，虽然也面临着提高经

---

[*] 本文为基金项目——国家自然科学地区基金（41861025）与江西省社会科学"十三五"（2018）规划项目（18JL01）的成果。

[**] 王圣云，南昌大学中国中部经济社会发展研究中心研究员，博士生导师，从事区域经济与福祉地理学研究；韩亚杰，南昌大学旅游学院人文地理学专业硕士研究生。

济发展水平的重要任务，但大多数人的温饱问题都已经得到初步解决，发展目标将逐步聚焦于人的发展，注重人的发展能力提升，进而改善居民福祉和生活质量。中部地区又是我国落实可持续发展理念、促进社会治理现代化的关键区域①。因而，推进中部地区经济高质量发展，提高经济效率，缓解经济增长与生态环境之间的矛盾，提升生态福祉绩效，不仅直接影响中部崛起战略的实施成效和中部六省经济社会与生态环境的协调共进，从长远来看也影响我国可持续发展以及全面小康社会的深入推进②。

第一节 中部地区人类福祉评价

一 中部地区人类福祉演进分析

（一）2006～2016 年中部地区人类福祉水平整体上有了很大提高，2010 年以来提升尤其明显

采用联合国开发计划署 2010 年之前的人类发展指数（HDI）计算方法，重新计算了 2006～2016 年中部六省的 HDI，相关指标数据来自 2007～2017 年的《中国统计年鉴》《中国人口与就业统计年鉴》、2007～2017 年各省统计年鉴、《中国 2000 年人口普查资料》、《中国 2010 年人口普查资料》、2006～2016 年国际货币基金组织官网。根据计算结果，2006～2016 年中部地区人类发展水平得到大幅提高。HDI 从 2006 年的 0.739 提升为 2016 年的 0.824（见图 2－1）。近年来，随着中部崛起战略的不断实施和持续推进，中部地区的人均 GDP 由 2006 年的 12256 元上升到 2016 年的 43353 元。与此同时，中部地区加大财政在基本公共服务方面的支出，医疗卫生服务、教育质量等已经得到较大改善，该地区的人均预期寿命由 2006 年的 70.96 岁

---

① 王圣云：《中部地区社会发展测评、预警与比较研究》，经济科学出版社，2014。
② 王圣云：《中部地区人文发展的生态效率评价》，《经济地理》2011 年第 5 期。

提高至 2016 年的 74.75 岁，高于 70 岁的世界平均预期寿命，中部地区也全面普及了九年义务教育和扫除青壮年文盲，人类发展指数取得了显著提升。

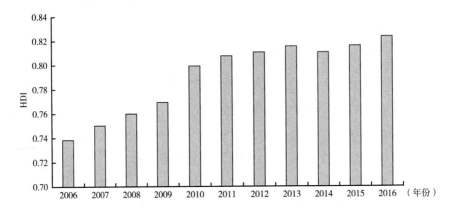

图 2 - 1　2006～2016 年中部地区 HDI

资料来源：根据《中国统计年鉴》（2007～2017）、各省份统计年鉴（2007～2017）中的数据计算得到。

（二）2006～2016 年中部六省已全部进入高人类发展水平梯队，正向极高人类发展水平梯队迈进

从中部六省的人类发展水平等级演变来看，尽管中部六省之间的人类福祉不平衡仍然存在，但由于近年来中部地区经济快速增长、大规模人口迁移以及不断健全的公共服务体系使得各省份人类发展水平实现了大进步，这说明中部地区人类福祉水平迈上了新台阶。根据 HDI 四个等级［低人类发展水平（$HDI \leqslant 0.499$）、中等人类发展水平（$0.499 < HDI \leqslant 0.799$）、高人类发展水平（$0.799 < HDI \leqslant 0.899$）、极高人类发展水平（$0.899 < HDI \leqslant 1.000$）］：2006 年，中部六省全部处于中等人类发展水平梯队；2010 年，山西、河南、湖北率先跨入高人类发展水平梯队，安徽、江西、湖南仍处于中等人类发展水平梯队；2011 年，中部六省全部进入高人类发展水平梯队；2014 年，除安徽滑出高人类发展水平梯队略有降级之外，其他中部省份依然处于高人类发展水平梯队；2015 年，安徽再次进入高人类发展水平梯队；2016 年，中部六省都处于高人类发展水

状态，且多数省份人类发展指数增幅较大，正向极高人类发展水平梯队迈进（见表 2 - 1）。

表 2 - 1　2006～2016 年中部六省 HDI 的演变

省份	2006 年	2010 年	2015 年	2016 年	2006～2016 年 HDI 年均增长率(%)
山西	0.768	0.808	0.821	0.819	0.67
安徽	0.716	0.781	0.801	0.808	1.29
江西	0.721	0.793	0.809	0.824	1.43
河南	0.753	0.807	0.816	0.823	0.93
湖北	0.742	0.808	0.827	0.831	1.20
湖南	0.733	0.798	0.823	0.837	1.41

资料来源：根据《中国统计年鉴》（2007～2017）、各省份统计年鉴（2007～2017）中的数据计算得到。

二　中部六省人类福祉水平比较

（一）2006～2016 年中部六省中江西的人类福祉水平提升最快，山西的人类福祉水平提升最慢

从 2006～2016 年中部省域 HDI 的年均增长率来看，江西的人类福祉提升最快，其人类发展指数由 2006 年的 0.721 上升为 2016 年的 0.824，HDI 的年均增长率为 1.43%，安徽、湖北、湖南的人类发展指数提升也较快，这三个省份的 HDI 分别由 2006 年的 0.716、0.742、0.733 提升为 2016 年的 0.808、0.831、0.837，其 HDI 的年均增长率都高于 1%。河南的 HDI 由 2006 年的 0.753 上升为 2016 年的 0.823，其 HDI 的年均增长率低于 1%，但其人类福祉水平提升快于山西。山西的人类福祉水平提升最慢，其 HDI 由 2006 年的 0.768 上升为 2016 年的 0.819，HDI 的年均增长率低于 0.7%。尽管山西的 HDI 增长最慢，但 2006～2014 年山西的人类发展水平一直高于安徽、江西、河南、湖北、湖南（见表 2 - 1）。

（二）中部地区人类发展水平提升主要得益于收入指数的提升，收入指数对人类福祉水平提升的贡献最大

观察表 2 - 2 可知，2006 年、2016 年中部地区 HDI 各分项指数的年均增长率由高到低依次为收入指数、健康指数、教育指数，收入指数由2006 年的 0.630 提升为 2016 年的 0.804，健康指数由 2006 年的 0.766 提升为 2016 年的 0.829，教育指数由 2006 年的 0.820 提升为 2016 年的0.838。可见，中部地区的收入指数对人类福祉水平提升的贡献最大，表明中部地区应推进经济增长向民生福祉转变，促进经济与社会的协调发展。山西、安徽、江西、河南、湖北、湖南的人类福祉水平提升也主要是由其收入指数提升实现的。其中，湖北的收入指数提升最快，2006 年的收入指数低于 0.650，2016 年则高于 0.840，增长了 32%，年均增长率超过 3%。山西的收入指数提升最慢，由 2006 年的 0.657 提升为 2016 年的0.772，年均增长率不足 2%。可见，收入指数提升较慢是导致山西人类福祉提升最慢的主要因素。中部六省的健康指数对提升其人类发展水平也相当重要，2006～2016 年山西、安徽、河南、湖北、湖南的健康指数年均增长率接近 1%，江西的健康指数年均增长率最大，其健康指数由 2006年的 0.733 提高为 2016 年的 0.822。中部六省的教育指数年均增长率在人类发展指数的分项指数中最低，该指数对改善人类福祉发挥的作用较小，

表 2 - 2　2006 年和 2016 年中部地区及省域 HDI 各分项指数的演变

地区	2006 年			2016 年		
	教育指数	收入指数	健康指数	教育指数	收入指数	健康指数
中部地区	0.820	0.630	0.766	0.838	0.804	0.829
山西	0.868	0.657	0.778	0.854	0.772	0.832
安徽	0.771	0.596	0.781	0.800	0.790	0.835
江西	0.816	0.613	0.733	0.856	0.794	0.822
河南	0.842	0.641	0.776	0.841	0.802	0.826
湖北	0.813	0.644	0.768	0.814	0.847	0.831
湖南	0.811	0.628	0.761	0.865	0.817	0.828

资料来源：根据《中国统计年鉴》（2007～2017）、各省份统计年鉴（2007～2017）中的数据计算得到。

尤其是山西和河南，这两个省份的教育指数年均增长率为负值，说明山西和河南的教育指数在一定程度上影响了其人类发展指数的增长。因而，中部地区提升人类福祉不仅要关注收入水平，还要认识到自身在健康、教育方面存在的短板。

（三）2006～2016年中部地区的人类发展指数一直低于东北地区，但增速快于东北地区

由图2-2可知，2006～2016年中国的人类发展水平得到大幅提高，人类发展水平取得了显著进步。

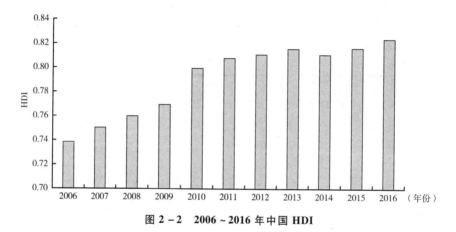

图2-2　2006～2016年中国HDI

资料来源：根据《中国统计年鉴》（2007～2017）中的数据计算得到。

但比较中国四大区域的HDI可知，区域间的人类发展指数存在明显差异，如图2-3所示。2007～2016年中国四大区域的人类发展水平由高到低依次为东部地区、东北地区、中部地区、西部地区。东部地区的人类发展指数远远高于其他区域，东北地区的人类发展水平仅次于东部地区，中部地区的人类发展指数一直低于东北地区。西部地区的人类发展指数有明显提高，但西部地区与其他区域之间的人类发展水平差距仍然较大。尽管中国四大区域之间的人类发展水平不平衡仍然存在，但中国省域人类发展水平提升在空间上由东向西拓展。2007年，东部地区的北京、天津、上海、浙江、广东和东北地区的辽宁率先进入高人类发展水平梯队，其他省份处于中等人类发展水平梯队。2016 年，北京、天津、上海跃入极高人类发展水平梯队，中部六省、黑龙江、吉林、内蒙古、重庆、四川、陕西、新疆、宁夏等省份进入高人类发展水平梯队。

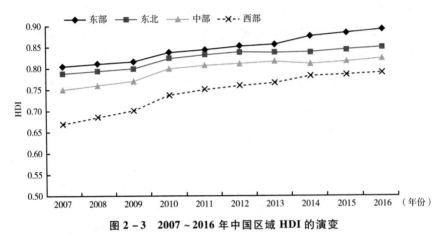

图 2 - 3　2007~2016 年中国区域 HDI 的演变

资料来源：根据《中国统计年鉴》（2008~2017）、各省份统计年鉴（2008~2017）中的数据计算得到。

从图 2 - 4 可知，从 2006~2016 年四大区域 HDI 的年均增长率来看，西部地区的 HDI 年均增长率最高。随着西部地区经济发展水平不断提高和医

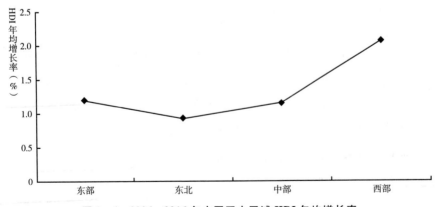

图 2 - 4　2006~2016 年中国四大区域 HDI 年均增长率

资料来源：根据《中国统计年鉴》（2007~2017）、各省份统计年鉴（2007~2017）中的数据计算得到。

疗健康、教育等公共服务体系的不断完善，西部地区将会进一步发挥其后发优势，缩小与其他地区人类福祉水平的差距。东部地区的 HDI 年均增速仅低于西部地区，东北地区的 HDI 年均增长率最低，表明东部和东北地区的人类福祉水平差距进一步拉大，中部地区的人类福祉水平增速快于东北地区。

第二节　中部地区生态足迹评价

一　中部地区生态足迹演变过程

（一）2006～2015 年中部地区人均生态足迹一直呈增长态势，2016 年略有下滑

计算生态足迹需要考虑耕地、林地、草地、建设用地、渔业用地和化石燃料用地等六种类型的土地利用情况，指标数据来自 2007～2017 年的《中国统计年鉴》《中国能源统计年鉴》以及 2007～2017 年各省份统计年鉴。依据国家生态足迹账户，计算土地需求面积与人口数量之比，然后利用 Wackernagel 等价因子对各种土地进行权重调整（见表 2-3），得到人均生态足迹（EF）的计算公式。即

$$EF = \sum \lambda_i EF_i / N \tag{1}$$

$$EF_i = \sum_j P_{i,j} / Y_{i,j}^w \tag{2}$$

公式（1）、（2）中，λ_i 为等价因子，N 为总人口，EF_i 为第 i 种土地需求面积，$P_{i,j}$ 是第 i 种土地上第 j 种生物总产量，$Y_{i,j}^w$ 表示第 i 种土地上第 j 种生物的全球平均单位面积产量。

表 2-3　土地的等价因子和产量因子

因子	耕地	林地	草地	建设用地	渔业用地	化石燃料用地
等价因子	2.21	1.34	0.49	2.21	0.20	1.34
产量因子	2.80	1.10	0.50	2.80	0.20	1.10

根据公式（1）、（2）计算 2006～2016 年中部地区及六省的人均生态足迹。从图 2－5 可以看出，2006～2015 年中部地区人均生态足迹呈增长态势，2016 年人均生态足迹出现下滑，其中 2006～2011 年增长较快，平均每年增长 4.68%。

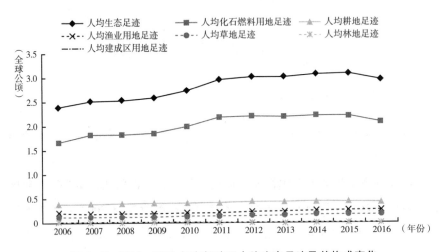

图 2－5　2006～2016 年中部地区人均生态足迹及其构成变化

资料来源：根据《中国统计年鉴》（2007～2017）、各省份统计年鉴（2007～2017）等中的数据计算得到。

（二）化石燃料用地足迹是中部地区生态足迹的最大组成部分，中部地区经济发展对化石燃料的依赖程度高

2006 年的化石燃料用地、耕地、渔业用地、草地、林地、建成区用地的人均生态足迹分别从 1.687、0.386、0.192、0.126、0.003、0.001 全球公顷，上升到 2016 年的 2.096、0.429、0.266、0.161、0.004、0.002 全球公顷。显然，人均化石燃料用地足迹占比最高，说明化石燃料用地足迹是中部地区生态足迹的最大组成部分。观察图 2－5 可知，中部地区人均化石燃料用地足迹与人均生态足迹的变化趋势一致。其中，2006～2011 年人均化石燃料用地足迹增长迅速，2012～2015 年增长放缓，2016 年增速出现下滑，说明中部地区人均生态足迹的变动主要受人均化石燃料用地足迹的影响。尽管 2012～2016 年中部地区人均化石燃料用地足迹增速放缓且略有下滑，但2012～2016年其人均化石燃料用地足迹占比仍高于70%。

从表2-4也可以看出，化石燃料用地足迹是中部六省生态足迹的主体。2006年，山西、安徽、江西、河南、湖北、湖南的人均化石燃料用地足迹占比分别为93.38%、53.26%、48.77%、67.40%、57.43%、58.86%，其中山西的化石燃料用地足迹比重最高，超过93%，江西的化石燃料用地足迹比重最低，但其人均化石燃料用地的人均生态足迹占比也接近50%。2016年，中部六省的人均化石燃料用地足迹占比都高于50%，山西的化石燃料用地足迹比重仍然最高，为93.4%，安徽、江西、河南、湖北、湖南的人均化石燃料用地比重分别为63.06%、54.28%、67.35%、55.90%、56.62%，除河南、湖北、湖南的人均化石燃料用地足迹占比略有降低外，其他中部省份的化石燃料用地足迹比重呈现不同程度的增长。尽管2016年湖南、湖北的化石燃料用地足迹比重略有下降，但其人均生态足迹分别由2006年的1.683全球公顷、2.119全球公顷增至2016年的2.038全球公顷、2.628全球公顷，湖北、湖南的人均化石燃料用地足迹仍然呈增长态势。可见，中部六省的人均生态足迹变化主要是由化石燃料用地足迹决定的。

表2-4　2006年和2016年六省人均生态足迹及其构成变化

省份	2006年						
	人均生态足迹（全球公顷）	人均化石燃料用地足迹占比（%）	人均耕地足迹占比（%）	人均草地足迹（%）	人均林地足迹占比（%）	人均渔业用地足迹占比（%）	人均建成区足迹占比（%）
山西	5.258	93.38	4.62	1.77	0.04	0.17	0.01
安徽	1.716	53.26	25.41	8.80	0.18	12.30	0.03
江西	1.579	48.77	23.62	9.25	0.17	18.18	0.03
河南	2.012	67.40	24.95	5.27	0.14	2.24	0.02
湖北	2.119	57.43	17.93	5.52	0.14	18.92	0.03
湖南	1.683	56.86	22.52	8.50	0.18	11.94	0.03

省份	2016 年						
	人均生态足迹（全球公顷）	人均化石燃料用地足迹占比（%）	人均耕地足迹占比（%）	人均草地足迹占比（%）	人均林地足迹占比（%）	人均渔业用地足迹占比（%）	人均建成区足迹占比（%）
山西	5.910	93.40	4.59	1.78	0.06	0.17	0.01
安徽	2.542	63.06	19.63	6.81	0.13	10.31	0.06
江西	2.174	54.28	18.91	7.87	0.13	18.77	0.06
河南	2.447	67.35	23.70	4.94	0.17	3.80	0.05
湖北	2.628	55.90	15.91	7.00	0.11	21.00	0.10
湖南	2.038	56.62	19.38	10.35	0.19	13.40	0.08

资料来源：根据《中国统计年鉴》（2007～2017）、各省份统计年鉴（2007～2017）中的数据计算得到。

尽管耕地、草地、林地、渔业用地、建成区用地的人均生态足迹占比较低，但这些类型土地足迹对人均生态足迹的增长所发挥的作用仍不容忽视，尤其是耕地、草地。山西由于化石燃料用地足迹占比过高，其耕地、草地的人均生态足迹占比相对较低。尽管与 2006 年相较，2016 年安徽、江西、河南的耕地、草地足迹占比都有所减少，安徽的耕地、草地足迹占比分别由 2006 年的 25.41%、8.8% 减少为 2016 年的 19.63%、6.81%，江西的耕地、草地足迹占比分别由 2006 年的 23.62%、9.25% 减少为 2016 年的 18.91%、7.87%，河南的耕地、草地足迹占比分别由 2006 年的 24.95%、5.27% 减少为 2016 年的 23.7%、4.94%，但这三个省份的耕地、草地足迹占比之和都高于 25%。湖北、湖南的耕地足迹占比有所下降，但其草地足迹的占比有所提升，草地足迹占比分别由 2006 年的 5.52%、8.5% 上升为 2016 年的 7.0%、10.35%。尽管安徽、江西、河南的草地足迹占比出现下降，但其草地足迹呈增长态势，这也反映了随着经济发展水平的提高，人们收入水平在得到不断增长的同时，相应地会增大对肉、蛋、奶等的消费，草地足迹将会出现增长趋势。

二 中部六省生态足迹差异分析

(一)中部六省之间的人均生态足迹存在明显差异,山西的人均生态足迹最高但年均增长率最低

山西的人均化石燃料用地足迹约是其他中部省份的 3~5 倍。2016年,山西的人均化石燃料用地足迹为 5.520 全球公顷,安徽、江西、河南、湖北、湖南分别为 1.603 全球公顷、1.180 全球公顷、1.648 全球公顷、1.469 全球公顷、1.154 全球公顷。由图 2-6 可知,2006~2016 年安徽、江西、河南、湖北、湖南的人均生态足迹均明显低于山西。湖北的人均生态足迹较高,其资源消耗在中部地区仅次于山西。2006 年河南的人均生态足迹高于安徽,2012 年河南的人均资源消耗与安徽持平,但 2013 年安徽的人均生态足迹超过河南,安徽的人均资源消耗在中部地区排名第三。2006~2011 年湖南的人均生态足迹高于江西,江西的人均生态足迹在中部地区最低,但 2012 年江西的人均生态足迹快速增长,已超过了湖南,湖南成为中部地区人均生态足迹最低的省份。

从 2006~2016 年人均生态足迹变化趋势来看(见图 2-6),中部六省的人均生态足迹均呈现增长态势,江西、安徽、河南、湖南的人均生态足迹在 2006~2011 年增长较快,2012~2015 年增速放缓,而 2016 年增速出现下滑。2006~2016 年山西的人均生态足迹变化波动较大,2006~2007 年其人均生态足迹增长较快,但随后出现下滑,2010 年之后又出现上升趋势。湖北省以 2012 年为界,2012 年之前湖北省的人均生态足迹增长迅速,2012 年之后增速明显下降。再从人均生态足迹年均增长率来看(见图 2-7),山西的人均生态足迹年均增长率低于 2%,中部其他省份的人均生态足迹均高于 2%,其中安徽(4.38%)、江西(3.43%)的人均生态足迹增长较为明显。山西的人均生态足迹年均增长率最低,主要原因在于山西的人均化石燃料用地足迹基数大,其人均生态足迹年均增长也最慢。

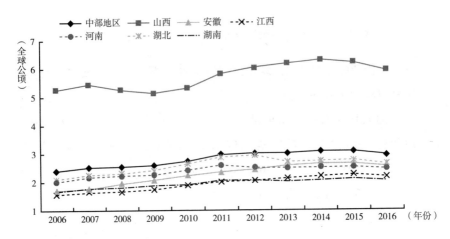

图 2 - 6 2006 ~ 2016 年中部地区及六省人均生态足迹演变

资料来源：根据《中国统计年鉴》（2007 ~ 2017）、各省份统计年鉴（2007 ~ 2017）等中的数据计算得到。

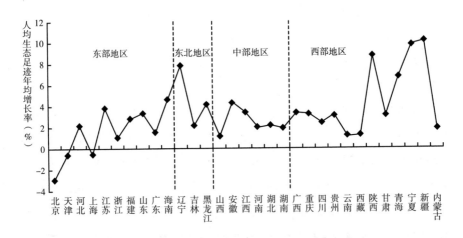

图 2 - 7 2006 ~ 2016 年中国区域人均生态足迹年均增长率

资料来源：根据《中国统计年鉴》（2007 ~ 2017）、各省份统计年鉴（2007 ~ 2017）等中的数据计算得到。

（二）中部地区人均生态足迹接近全国平均水平，中部六省的人均生态足迹都呈增长态势

由表 2 - 5 可知，2006 年到 2016 年全国人均生态足迹呈增长态势，由 2006 年的 2. 392 全球公顷增加到 2016 年的 3. 329 全球公顷。东部、东北、中部、西部地区的人均生态足迹变化也是由化石燃料用地足迹所决定的。2006 年，东部、东北、西部地区的人均化石燃料用地足迹占比分别为 66. 40%、67. 54%、69. 42%。2016 年除东北地区的人均化石燃料用地足迹占比略有下降外，东部和西部地区的人均化石燃料足迹都得到提升，东部、西部地区的人均化石燃料用地足迹占比分别提升为 70. 72%、73. 71%。从构成来看，全国人均化石燃料用地足迹占比从 2006 年的 67. 56% 提高到 2016 年的 71. 1%，中国经济发展对化石燃料的依赖程度有所加大。从省域来看，2016 年，中国除西藏外，东部、东北和西部地区有 21 个省份的人均化石燃料用地足迹占比超过 50%。其中，北京、天津、河北、内蒙古、上海、陕西、甘肃、青海、宁夏、新疆等省区市的化石燃料用地足迹比重超过 80%。2006～2016 年除北京、天津、上海、云南的人均化石燃料用地足迹降低外，东部、东北和西部地区其他省份的人均化石燃料用地足迹约增长 0. 2～4. 0 全球公顷。可见，东部、东北、中部和西部地区的人均生态足迹变化基本上由化石燃料用地足迹所决定。

表 2 - 5　2006 年和 2016 年中国区域人均生态足迹及其构成

地区	2006 年		2016 年	
	人均生态足迹（全球公顷）	人均化石燃料用地足迹占比（%）	人均生态足迹（全球公顷）	人均化石燃料用地足迹占比（%）
全国平均	2. 392	67. 56	3. 329	71. 10
东部地区	2. 749	66. 40	3. 259	70. 72
东北地区	3. 387	67. 54	4. 348	66. 10
中部地区	2. 395	62. 85	2. 957	65. 10
西部地区	2. 271	69. 42	3. 847	73. 71

注：由于西藏的化石燃料消费量数据缺失，其人均化石燃料用地足迹未计算。

资料来源：根据《中国统计年鉴》（2007～2017）、各省份统计年鉴（2007～2017）中的数据计算得到。

比较中国四大区域的人均生态足迹可知（见表 2 - 5），中国区域之间的人均生态足迹并不平衡。2006～2016 年东部、东北地区人均生态足迹整体高于中部和西部地区。在中国省域之间，尽管人均经济增长幅度具有较明显的差异，但人均生态足迹的增幅差异较小，总体来看，2006 年和 2016 年，东部省份的人均生态足迹增幅在 1 全球公顷左右，东北三省的人均足迹增幅在 0.5 全球公顷及以上，中部大部分省份的人均生态足迹增幅在 0.5 ~ 1 全球公顷，西部大部分省份的人均生态足迹增幅低于 0.5 全球公顷。其中东部省份的人均生态足迹增幅较高，其经济发展水平较高，消费需求较多，导致资源消耗较高。值得注意的是，人类发展水平较高的省份资源消耗并不一定高。

观察四大区域的人均生态足迹年均增长率发现（见图 2 - 7），东北地区生态足迹增长最快，其次是西部和中部地区，东部地区增长最慢。观察图 2 - 7 可知，2006 ~ 2016 年东北地区的辽宁（7.83%）和西部地区的新疆（10.11%）、宁夏（9.8%）、陕西（8.73%）、青海（6.74%）的人均生态足迹增长尤其明显，使其所在区域的人均生态足迹增长也较快。东部地区的北京（- 2.91%）、天津（- 0.56%）、上海（- 0.60%）的人均生态足迹下降，其他东部省份的人均生态足迹增幅较小，从而使东部地区的人均生态足迹增长最慢。中部六省的人均生态足迹都呈增长态势，安徽（4.38%）增长较快。

第三节　中部地区生态福祉绩效评价

一　中部地区生态福祉动态变化

生态福祉绩效[①]为单位自然资源消耗带来的人类福祉水平，生态福祉绩效（EWP）公式为

$$EWP = HDI/EFI \tag{3}$$

---

① 也有研究为生态福利绩效，二者含义相同，本报告采用生态福祉绩效。

公式 (3) 中，*HDI* 为人类发展指数，*EFI* 为生态足迹指数。

表 2 - 6 为中部地区及其六省的生态福祉绩效。从中部地区来看，2006～2016 年生态福祉绩效整体下降，从 2006 年的 3.48 降为 2016 年的 3.03，年均增长率为 - 1.29%，表明中部地区人类福祉慢于人均生态足迹增长。从中部六省生态福祉绩效变化来看，中部六省的生态福祉绩效都为负增长，其中安徽 (- 2.38%)、江西 (- 1.70%) 的下降速度超过中部地区水平。中部地区自然资源消耗对应的人类福祉产出效率整体上趋于降低。

表 2 - 6　2006～2016 年中部地区及其省域生态福祉绩效

项目	2006 年	2010 年	2016 年	均值	2006～2016 年年均增长率(%)
山西	1.40	1.46	1.33	1.35	- 0.51
安徽	3.99	3.34	3.04	3.32	- 2.38
江西	4.37	4.04	3.63	3.91	- 1.70
河南	3.58	3.20	3.22	3.23	- 1.01
湖北	3.35	2.92	3.02	2.98	- 0.98
湖南	4.17	3.99	3.93	3.89	- 0.57
中部地区平均	3.48	3.16	3.03	3.11	- 1.29

注：中部地区生态福祉绩效按省域均值计算得到。

资料来源：根据《中国统计年鉴》(2007～2017)、各省份统计年鉴 (2007～2017) 中的数据计算得到。

二　中部六省生态福祉绩效比较

(一) 中部六省中江西的生态福祉绩效最高，山西的生态福祉绩效最低

从中部六省生态福祉绩效水平来看 (如表 2 - 6 所示)，2006～2016 年安徽、江西、河南、湖南的生态福祉绩效均值高于中部地区平均水平，而山西、湖北的生态福祉绩效均值低于中部地区平均水平。山西、安徽、江西、河南、湖北、湖南的生态福祉绩效均值分别为 1.35、3.32、3.91、

3.23、2.98、3.89，其中江西的生态福祉绩效最高，山西的生态福祉绩效最低。由表2-6可知，2006~2016年山西的生态福祉绩效一直低于中部地区水平，其是中部六省生态福祉绩效最低的省份。而2006~2016年安徽、江西、河南、湖南的生态福祉绩效一直高于中部地区水平，这些省份对提升中部地区的生态福祉绩效发挥了重要作用。

虽然2006~2016年湖北的生态福祉绩效也一直低于中部地区水平，但其生态福祉绩效高于山西。另由表2-1、图2-7可知，中部六省的人类福祉水平增速都慢于其人均生态足迹增速，2006~2016年山西、湖北的生态福祉绩效较低主要是因为人均生态足迹高于中部其他省份，山西的人均生态足迹从5.258增加到5.910，湖北的人均生态足迹由2.119增长为2.628，而其他省份人均自然资源消耗较低。可见，山西、湖北的人类福祉水平提升付出了自然资源消耗代价。而安徽、江西、河南、湖南的生态福祉绩效较高则是由于其人类发展水平提升对自然消耗的需求相对较低。

（二）中部地区的生态福祉绩效整体高于东部和东北地区，除山西以外中部其他省份生态福祉绩效较高是由于其人类发展水平提升快但对自然消耗的需求相对较少

从全国来看，2006~2016年生态福祉绩效整体下降，从2006年的3.01降为2016年的2.44，年均增长率为-2.12%，表明中国人类福祉提升慢于人均生态足迹增长。除中部六省外，东部、东北、西部地区有22个省份的生态福祉绩效呈负增长，反映了全国生态福祉绩效的下降趋势（见表2-7）。

但比较四大区域的生态福祉绩效年均增长率可知，东部地区生态福祉绩效呈上升态势，其他三大区域的生态福祉绩效呈下降趋势，且东北、西部地区的生态福祉绩效降速较快。东部地区的北京、天津、上海的人类福祉水平提高快且人均生态足迹明显减少，这三个直辖市的生态福祉绩效为正增长，其中北京的生态福祉绩效年均增长率高于6%，其生态福祉绩效提升尤为明显，东部其他省份生态福祉绩效降幅并不大，因而上述三个直辖市所在区域的生态福祉绩效得以改善。

表 2 - 7 2006 ~ 2016 年东部、东北和西部地区的生态福祉绩效

项目	2006 年	2010 年	2015 年	2016 年	均值	2006 ~ 2016 年年均增长率（%）
全国平均	3.01	2.62	2.43	2.44	2.59	- 2.12
北京	3.54	4.02	5.37	5.89	4.42	6.65
天津	2.17	2.04	2.34	2.55	2.19	1.74
河北	2.51	2.19	2.12	2.20	2.18	- 1.22
上海	2.66	2.69	2.89	3.18	2.79	1.96
江苏	2.89	2.57	2.25	2.26	2.49	- 2.18
浙江	2.89	2.78	2.72	2.88	2.78	- 0.02
福建	2.86	2.65	2.34	2.48	2.59	- 1.35
山东	2.27	1.98	1.82	1.82	1.97	- 1.96
广东	3.88	3.51	3.56	3.64	3.61	- 0.61
海南	2.50	2.21	1.88	1.99	2.11	- 2.02
东部地区平均	2.82	2.66	2.73	2.89	2.71	0.10
辽宁	1.72	1.57	1.52	1.54	1.57	- 1.02
吉林	2.54	2.30	2.19	2.28	2.29	- 1.04
黑龙江	2.60	2.12	1.92	1.94	2.13	- 2.55
东北地区平均	2.29	2.00	1.88	1.92	2.00	- 1.54
广西	3.11	2.84	2.62	2.77	2.76	- 1.09
重庆	4.94	3.69	3.83	4.17	3.99	- 1.57
四川	4.95	4.26	4.11	4.40	4.31	- 1.12
贵州	2.85	2.95	2.76	2.76	2.80	- 0.32
云南	3.34	3.16	3.74	3.73	3.27	1.17
西藏	7.46	18.41	10.78	10.56	12.26	4.15
陕西	3.69	2.72	2.14	2.11	2.67	- 4.28
甘肃	3.30	3.17	2.88	3.08	3.03	- 0.66
青海	3.27	2.88	2.59	2.39	2.60	- 2.69
宁夏	1.51	1.18	0.83	0.91	1.10	- 3.97
新疆	2.00	1.64	1.12	1.16	1.50	- 4.20
内蒙古	1.29	1.01	0.82	0.86	0.96	- 3.32
西部地区平均	3.48	3.99	3.19	3.24	3.44	- 1.49

注：区域生态福祉绩效按省域均值计算得到。

资料来源：根据《中国统计年鉴》（2007 ~ 2017）、各省份统计年鉴（2007 ~ 2017）中的数据计算得到。

东北地区人类福祉水平增速较慢，人均生态足迹增长过快，其中辽宁的人均生态足迹增长尤为明显，其人均生态足迹年均增长率高于7%，增长较快的人均生态足迹使东北地区的生态福祉绩效下降幅度增大。

西部地区的生态福祉绩效下降速度仅次于东北地区，由于西部地区的陕西（－4.28%）、新疆（－4.20%）、宁夏（－3.97%）、内蒙古（－3.32%）、青海（－2.69%）等省份的下降速度远超过全国水平，进而增大了西部地区的生态福祉绩效降幅。尽管西部地区人类福祉水平增速明显慢于人均生态足迹增速，但云南、西藏的生态福祉绩效呈正增长，这两个省份生态福祉绩效提升则是由于其人类福祉水平增速快于人均生态足迹增速。

中部地区的生态福祉绩效增速仅次于东部地区，中部六省生态福祉绩效降幅差异较小，介于－2.4%～－0.5%，中部地区的生态福祉绩效降幅低于东北和西部地区。由此可知，尽管中国区域层面的自然资源消耗对应的人类福祉产出效率整体上趋于降低，但由于东部省份的人均生态足迹增长放缓，东部地区的生态福祉绩效呈现良好发展态势。

比较四大区域的生态福祉绩效水平发现，2006～2016年西部地区的生态福祉绩效最高，接下来依次是中部、东部和东北地区（见表2－6、表2－7）。可见，中、西部地区的生态福祉绩效整体高于东部地区和东北地区。2006～2016年东部地区、东北地区的人均生态足迹年均增速分别为1.53%、4.73%，而东部地区、东北地区的人类福祉水平年均增速分别为1.1%、0.92%，因而东部地区、东北地区的人均生态足迹增速明显快于人类福祉提升速度。中西部地区大多数省份生态福祉绩效较高则是由于其人类发展水平提升快但对自然消耗的需求相对较少。但也有例外，中部地区的山西以及西部地区的内蒙古、宁夏、新疆的人类福祉水平较低，而其人均生态足迹较高，从而导致其生态福祉绩效较低，说明这些省份的人类福祉提升是付出了明显的资源消耗代价。与之形成鲜明对比的是，北京、广东、上海、浙江、福建等省份的生态福祉绩效明显较高，以较小的自然资源消耗实现了人类福祉水平的提升，发展质量明显改善。

第四节　中部地区经济增长与福祉增长的关系分析

一　中部地区经济增长与福祉增长的脱钩分析

采用 Tapio 脱钩指数模型计算经济增长的福祉效应，用 DI 指数表示反映人类福祉增长与经济增长之间的关系，即

$$DI = \%\Delta HDI/\%\Delta GDP \tag{4}$$

公式（4）中，$\%\Delta GDP$ 表示 GDP 的增长速度，$\%\Delta HDI$ 为 HDI 的增长速度。

计算得到反映中部地区及其各省经济增长的福祉效应，即 DI 指数（见表 2 - 8）。

根据 DI 指数大小和年份间的分布情况分析中部地区及中部六省经济增长的福祉效应：当（5 个年度及以上）DI < 0，表示经济增长与福祉增长绝对脱钩，说明经济增长但福祉出现负增长；当 0 ≤（5 个年度及以上）DI < 1，表示经济增长与福祉增长相对脱钩，说明福祉增速慢于经济增速。并以 0.1 为界，将 0 <（5 个年度及以上）DI < 0.1，称为低福祉增长，将 0.1 <（5 个年度及以上）DI < 1 称为中福祉增长；当（5 个年度及以上）DI ≥ 1，表示福祉增长同步或快于经济增长，为高福祉增长。

由表 2 - 8 可知，2007 ~ 2016 年中部地区的 DI 指数均小于 1，仅 2009 年、2010 年、2015 年的 DI 指数大于 0.1，其他年份的 DI 指数都小于 0.1，表明中部地区经济增长与福祉增长相对脱钩，经济增长转化为民生福祉的效率较低。依据福祉效应划分标准，中部地区仅有 3 个年度的 DI 指数高于 0.1，故中部地区经济增长的福祉效应属于低福祉增长类型。2007 ~ 2016 年中部地区的 DI 指数呈现波动变化的特征，其中 2007 ~ 2010 年的 DI 指数呈增长态势，2011 ~ 2014 年的 DI 指数出现整体大幅下滑，但 2015 年的 DI 指数又出现快速增长，2016 年的 DI 指数迅速下降。

究其原因，尽管中部地区的 HDI 增速慢于经济增速，但 2007～2010 年中部地区的 HDI 增速不断提升，经济增长转化为民生福祉的效率得以改善；随后，中部地区的经济增速放缓，但其福祉增速降幅更大，使其 DI 指数降低且小于 0.1；而 2015 年经济增速降低幅度大于人类发展增速，使其 DI 指数高于 0.1，2016 年经济增长快于 HDI 增速，使 DI 指数又低于 0.1。

表 2 - 8　2007～2016 年中部地区及各省份 DI 指数

地区	2007 年	2008 年	2009 年	2010 年	2011 年	2012 年	2013 年	2014 年	2015 年	2016 年
山西	0.063	0.055	0.063	0.091	0.056	0.063	- 0.027	0.481	0.244	- 0.415
安徽	0.049	0.088	0.112	0.199	0.102	0.010	0.075	- 0.206	0.159	0.084
江西	0.117	0.053	0.104	0.203	0.042	0.059	0.077	- 0.095	0.058	0.173
河南	0.079	0.058	0.199	0.158	0.052	0.074	0.014	- 0.171	0.146	0.093
湖北	0.087	0.064	0.091	0.172	0.027	- 0.009	0.065	- 0.023	0.170	0.043
湖南	0.082	0.044	0.078	0.201	0.011	0.040	0.101	0.025	0.142	0.181
中部地区	0.080	0.060	0.108	0.171	0.048	0.040	0.051	0.002	0.153	0.027

注：中部地区 DI 指数按省域均值计算得到。

资料来源：根据《中国统计年鉴》（2007～2017）、各省份统计年鉴（2007～2017）中的数据计算得到。

从四大区域来看（见表 2 - 9），2007～2016 年东部地区、东北地区的 DI 指数高于 0.1 的年度都少于 5 个，这两个区域经济增长的福祉效应与中部地区一样，同属于低福祉增长类型，经济增长并未有效地提升民生福祉。而西部地区的 DI 指数高于 0.1 的年度有 7 个，该地区经济增长的福祉效应属于中福祉增长类型。具体分析如下：虽然东部地区福祉增速慢于经济增速，但其人类福祉水平较高，其 DI 指数高于 0.1 的年度有 4 个，表明东部地区经济增长转变为民生福祉的效率得以改善，经济增长的福祉效应类型正向中福祉增长类型转变。东北地区由于经济增速快于福祉增速，仅 2010 年、2015 年、2016 年的 DI 指数高于 0.1，虽然该地区 2015 年的 DI 指数高于 1，但并非其福祉增长快于经济增长，而是经济增速降幅较大所致。西部地区由于 HDI 增速较快，经济增速放缓，使其 DI 指数高于 0.1 的年度有 7 个，经济增长在一定程度上转化为民生福祉。

表 2 - 9 2007~2016 年东部、东北和西部地区的 DI 指数

地区	2007 年	2008 年	2009 年	2010 年	2011 年	2012 年	2013 年	2014 年	2015 年	2016 年
北京	0.095	0.039	0.007	0.116	0.015	0.080	0.032	0.891	0.080	-0.043
天津	0.030	0.032	0.026	0.099	0.025	0.049	0.047	0.444	0.084	-0.053
河北	0.052	0.064	0.098	0.097	0.031	0.118	0.052	-0.071	0.561	0.202
上海	0.013	0.001	0.035	0.066	0.058	0.133	-0.070	0.540	0.182	0.280
江苏	0.073	0.021	0.081	0.133	0.064	0.058	0.100	0.090	0.089	0.086
浙江	0.045	0.042	0.052	0.124	0.043	0.145	0.065	0.271	0.118	0.089
福建	0.006	0.046	0.129	0.281	0.013	0.069	0.087	0.071	0.117	0.097
山东	0.058	0.038	0.096	0.143	0.038	0.059	0.103	0.093	0.117	0.141
广东	0.066	0.033	0.046	0.080	0.076	0.163	0.062	0.326	0.153	-0.112
海南	0.080	0.095	0.062	0.211	0.100	0.116	0.089	0.061	0.129	0.381
东部地区	0.052	0.041	0.063	0.135	0.046	0.099	0.057	0.272	0.163	0.107
辽宁	0.059	0.034	0.028	0.126	0.035	0.060	0.001	0.181	3.922	0.009
吉林	0.061	0.042	0.086	0.165	0.028	0.065	0.013	0.021	0.381	0.314
黑龙江	0.102	0.059	0.077	0.172	0.064	0.110	-0.130	-0.120	0.202	0.235
东北地区	0.074	0.045	0.064	0.154	0.042	0.078	-0.039	0.027	1.502	0.186
广西	0.070	0.064	0.299	0.265	0.141	0.035	0.192	-0.015	0.053	0.614
重庆	0.097	0.050	0.046	0.036	0.180	0.035	0.091	0.021	0.094	0.102
四川	0.104	0.065	0.103	0.237	0.034	0.037	0.036	-0.015	0.094	0.021
贵州	0.034	0.258	0.211	0.384	0.090	0.070	0.131	0.242	0.069	0.015
云南	0.001	0.170	0.269	0.426	0.062	0.107	0.076	0.683	0.083	-0.004
西藏	0.249	0.078	0.196	0.395	0.099	0.080	-0.038	0.423	0.271	-0.084
陕西	0.065	0.068	0.068	0.173	0.058	0.071	0.060	-0.013	0.449	-0.123
甘肃	0.139	0.154	0.464	0.298	0.123	0.120	0.079	0.502	1.135	-0.038
青海	0.096	0.169	0.247	0.204	0.120	0.041	0.057	0.735	-0.156	0.136
宁夏	0.109	0.169	0.110	0.167	0.049	0.139	0.103	0.076	-0.022	0.457
新疆	0.200	0.062	0.700	0.182	0.075	0.107	0.031	0.185	0.013	1.014
内蒙古	0.085	0.083	0.136	0.283	0.050	0.106	0.057	0.098	0.183	0.175
西部地区	0.104	0.116	0.237	0.254	0.090	0.079	0.073	0.244	0.189	0.190

注：区域 DI 指数按省域均值计算得到。

资料来源：根据《中国统计年鉴》（2007~2017）、各省份统计年鉴（2007~2017）中的数据计算得到。

二 中部六省经济增长的福祉效应类型

对东部、东北和西部地区省份进行经济增长的福祉效应类型划分（见表 2 - 10）。除中部六省外，低福祉增长类型还包括东部地区的北京、天津、河北、上海、江苏、浙江、福建、广东、山东，东北地区的辽宁、吉林以及西部地区的重庆、四川、陕西等 14 个省份，这些省市的经济增速较快而人类福祉水平增速相对较慢。其中，北京、天津、河北等东部省市人类福祉水平和经济发展水平较高，人类福祉水平增速较慢，其 DI 指数明显较低；辽宁、吉林的经济增速与福祉增速变化趋势相似，但人类福祉水平增速慢于经济增速，使其处于低福祉增长类型，但也存在特例，由于辽宁 2015 年经济增速下降过快，其 DI 指数高于 1；重庆、四川、陕西相比于西部其他省份人类福祉水平较高，但福祉增速较慢，其 DI 指数大于 0.1 的年度不超过 3 个。内蒙古、黑龙江、广西、海南、贵州、甘肃、青海、宁夏、新疆、西藏、云南等省份属于中福祉增长型，其人类福祉水平增长较慢，经济增速出现下滑。其中，海南由于 2010 年后经济增速放缓，DI 指数提升，故其 DI 指数大于等于 0.1 的年度超过 4 个，使其处于中福祉增长类型；黑龙江由于 HDI 增速下降且下降幅度低于经济增速，其 DI 指数高于 0.1 的年度超过 4 个；内蒙古、广西、贵州等西部省份，HDI 增速比重庆、四川、陕西快，且经济增速放缓，故其 DI 指数高于 0.1 的年度超过 4 个。由此可知，我国没有高福祉增长类型的省份，也没有福祉负增长类型的省份，尽管陕西、山西、湖北、西藏等省份在 2012 ~ 2016 年出现过 DI 指数为负值的情况，但仅有两个年度，故将其分别归入低福祉增长类型和中福祉增长类型。整体来看，2007 ~ 2016 年中国整体上处于福祉增长与经济增长相对脱钩的状态，各省份 HDI 增长落后于经济增速。

从中部六省来看，2007 ~ 2016 年中部六省的经济增速与福祉增速变化趋势大体一致，其 DI 指数均小于 1，经济增速明显慢于福祉增速（见表 2 - 8）。由于中部六个省份的 DI 指数高于 0.1 的年度都少于 5 个，这些省份经济增长的福祉效应都属于低福祉增长类型（见表 2 - 10）。山西、湖北在中部地区中福祉水平较高，但福祉增速明显慢于经济增速，2007 ~ 2016 年山西只有 2014 年和 2015 年的 DI 指数高于 0.1，同样湖北也仅有 2 个年度的 DI 指数高于 0.1。另外，山西 2013 年和 2015 年的人类发展指数相比 2012 年和 2014 年都有所下降，湖北 2012 年和 2014 年的人类发展指数低于 2011 年和 2013 年，故 2013 年山西的 DI 指数为负值，湖北的 DI 指数在 2012 年和 2014 年出现负值。河南 2009 年、2010 年和 2015 年的 DI 指数大于 0.1，其他年份的 DI 指数均小于 0.1，其经济增长并未有效地增进民生福祉。尽管安徽、江西、湖南的福祉增速慢于经济增速，其中 2014 年安徽和江西的人类福祉又出现了降低，但相较于其他中部省份经济增长转化为民生福祉的效率较高，其 DI 指数大于 0.1 的年度有 4 个，正向中福祉增长类型转变。

表 2 - 10　中国省域经济增长的福祉效应类型

类型	省份
低福祉增长	北京、天津、河北、辽宁、吉林、上海、江苏、浙江、福建、广东、山东、重庆、四川、陕西、河南、湖北、安徽、江西、湖南、山西
中福祉增长	内蒙古、黑龙江、广西、海南、贵州、甘肃、青海、宁夏、新疆、西藏、云南

第五节　中部地区绿色经济增长效率评价

一　中部地区全要素生产率变化态势

根据索罗经济增长模型，构建 t 期索罗经济增长模型，从而分析中部地区经济增长质量以及经济增长的动力变化[①]。

---

① 钟水映、冯英杰：《中国省际间绿色发展福利测量与评价》，《中国人口·资源与环境》2017 年第 9 期，第 196 ~ 203 页。

$$\% \, GDP = \frac{\Delta A}{A} + \frac{\Delta \theta}{\theta} + \alpha \frac{\Delta L}{L} + \beta \frac{\Delta K}{K} + \gamma \frac{\Delta R}{R} \tag{5}$$

公式（5）中，A、θ、L、K、R 分别表示技术进步因子、效率因子、劳动投入、资本投入和土地投入，ΔA、$\Delta \theta$、ΔL、ΔK、ΔR 分别表示技术进步变化、效率变化、劳动投入变化、资本投入变化和土地投入变化，α、β、γ 分别表示劳动、资本、土地投入对 GDP 增长的弹性系数，且 $0 \leqslant \alpha$、β、$\gamma \leqslant 1$。

接着采用 DEA - ML 指数模型测算经济增长效率[①]，即全要素生产率 (Total Factor Productivity，TFP)，并对经济增长的动力进行因素分解。t 期到 $t+1$ 期的全要素生产率指数为

$$TFP = \left\{ \frac{\left[1 + \vec{D_o^t}(x^t, y^t; g^t) \right]}{\left[1 + \vec{D_o^t}(x^{t+1}, y^{t+1}; g^{t+1}) \right]} \times \frac{\left[1 + D^{t+1}_o(x^t, y^t; g^t) \right]}{\left[1 + D^{t+1}_o(x^{t+1}, y^{t+1}; g^{t+1}) \right]} \right\}^{\frac{1}{2}} \tag{6}$$

公式（6）中，将 TFP 分解为技术进步指数（$TECH$）和技术效率变化指数（$EFFCH$）。$TECH$ 反映经济增长过程中技术创新或引进新技术的情况，一般引起生产边界外移。当 $TECH > 1$，表示技术进步，生产边界外移；$TECH < 1$，表示经济增长过程中存在技术衰退的趋势，生产边界向原点移动。$EFFCH$ 反映经济增长过程中的技术效率变化情况，一般指现有的资源要素利用是否充分，资源配置是否最优。当 $EFFCH > 1$，表示技术效率改善；$EFFCH < 1$，表示技术效率恶化。其中，技术效率变化指数分为纯技术效率变化指数（$PECH$）和规模效率变化指数（$SECH$），也即

$$TFP = TECH \times EFFCH = TECH \times PECH \times SECH \tag{7}$$

由上述公式计算得出全要素生产率，并对 2006 ~ 2016 年中部地区及其省份的全要素生产率进行分解。

由表 2 - 11 可知，中部地区全要素生产率整体呈波动上升态势，说明

---

① 史丹、王俊杰：《基于生态足迹的中国生态压力与生态效率测度与评价》，《中国工业经济》2016 年第 5 期，第 5 ~ 21 页。

该地区经济效率整体上不断改善,经济保持健康稳定发展。2006~2007年和2007~2008年中部地区全要素生产率分别为1.134、1.072,其经济增长质量较高,这主要得益于技术效率变化指数和规模效率指数的提高。

中部崛起战略明确提出中部地区应加强资源节约和保护,坚持走可持续发展道路。在这一政策的倡导下,战略初期中部地区大力引进先进技术,并鼓励自主创新,使其资源配置效率得以提高,全要素生产率得到有效提升。由于金融危机的负面影响,2008~2009年中部地区的技术进步指数、技术效率变化指数和规模效率指数出现大幅下滑,导致其全要素生产率明显下降,全要素生产率为0.562。随后,中央政府在实施一揽子的计划中向中部地区倾斜,拓展了中部地区的经济发展领域,2009~2011年中部地区全要素生产率显著提高,经济效率迅速改善。2011~2012年中部地区由于技术进步指数大幅降低,其全要素生产率出现明显降幅。2012~2013年、2013~2014年由于中部地区纯技术效率变化指数下降明显,资源配置效率不高,其全要素生产率低于1。尽管技术效率有所改善,但2014~2015年中部地区全要素生产率仍低于1。2015~2016年中部地区技术水平显著提高,其全要素生产率提高至2.155。

表2-11　2006~2016年中国区域全要素生产率

地区	2006~2007年	2007~2008年	2008~2009年	2009~2010年	2010~2011年	2011~2012年	2012~2013年	2013~2014年	2014~2015年	2015~2016年	均值
东部地区	1.111	0.912	0.722	1.800	1.520	0.918	1.084	1.092	1.162	2.883	1.320
东北地区	1.374	1.071	0.608	1.787	1.809	0.265	1.464	1.153	0.787	3.645	1.396
中部地区	1.134	1.072	0.562	1.989	2.158	0.353	0.880	0.947	0.915	2.155	1.217
西部地区	0.998	1.057	0.516	1.775	1.428	0.519	0.949	0.984	0.838	2.283	1.135

注:区域全要素生产率按省域均值计算得到。

资料来源:根据《中国统计年鉴》(2007~2017)、各省份统计年鉴(2007~2017)中的数据计算得到。

二 中部六省经济增长效率演变态势

从年均全要素生产率来看，2006～2016年中部六省的年均全要素生产率都高于1，说明中部六省经济增长效率均呈上升态势，经济质量不断提高。随着中部崛起战略的实施，中部六省在加快调整产业结构、促进经济快速发展的同时，引进先进技术，鼓励自主创新，因此中部省份的全要素生产率不断带动经济增长。山西、安徽、江西、河南、湖北、湖南的年均全要素生产率分别为1.068、1.373、1.217、1.244、1.307、1.137，其中安徽的年均全要素生产率最高，山西的年均全要素生产率最低。山西是全国重要的能源基地，依靠自身能源优势，承接来自东部地区的高消耗高污染的重化工业，经济增长仍然依赖于要素投入的增长，属于投入型的经济增长方式。但山西技术效率和技术进步指数没得到明显提升，其全要素生产率在中部地区最低。中部其他省份与山西相较，经济增长对要素投入的依赖相对较少，加上资本投入增加和技术进步，资源配置效率不断改善，从而使其全要素生产率较高。

具体来看，2006～2007年，除湖南外，中部其他省份的全要素生产率都高于1。在经济增长过程中，湖南的技术效率较低，资源配置不当，进而使其纯技术效率变化指数和规模效率指数下降。

2007～2008年，山西、河南、湖北、安徽的经济效率稳定提升，湖南的经济效率得到提高，但江西技术进步指数和技术效率变化指数的下降致使其经济效率降低。

2008～2009年，山西、安徽、河南、湖北、湖南的经济效率出现大幅下降，而江西由于技术效率改善，其经济效率有所提升。

2009～2010年，中部六省通过加强对技术前沿领域的攻克提升了全要素生产率，经济效率的提升进一步带动了经济增长。

2010～2011年，中部六省的经济效率稳定增长，其中安徽、江西、河南、湖北的全要素生产率高于2，表明技术进步和技术变化效率对经济增长的推动作用较强。

2011～2012 年，经济效率继续增长，但由于技术进步推动经济增长的作用减弱，山西、安徽、江西、河南、湖北、湖南的全要素生产率出现明显下滑。

2012～2013 年，山西、湖北的经济效率继续下降，安徽、江西的经济效率出现好转，河南、湖南由于技术进步指数下降，其全要素生产率低于 1。

2013～2014 年，河南、湖北、湖南的全要素生产率都高于 1，经济增长态势良好，而山西、安徽、江西技术进步对经济增长的推动作用有限，这三个省份的全要素生产率低于 1。

2014～2015 年，仅山西由于技术效率的快速提升，其经济效率得以改善。

2015～2016 年，中部六省得益于技术进步，其经济效率整体提升明显。

三　中部地区绿色全要素生产率比较

由表 2－12 可知，从 2006 年到 2016 年，中国全要素生产率整体呈波动态势，表明中国经济效率不断改善，经济质量得到提高。2006～2007 年中国全要素生产率高于 2，表明全要素生产率是经济增长的重要推动力。

需要说明的是，受国际金融危机的负面影响，2008～2009 年我国全要素生产率明显下降。此后，中国政府"保增长、扩内需、调结构"，采取了一系列调控措施，2009～2010 年全要素生产率显著提升。但由于技术进步指数和技术效率变化指数下降幅度较大，2011～2012 年中国全要素生产率低于 1。2012～2016 年中国全要素生产率稳定上升，均高于 1。

再从 2006～2016 年中国 31 个省份的全要素生产率分解来看，全要素生产率的各分项指数对经济增长的贡献大小依次为 $TECH > SECH > PECH$，说明技术进步指数是全要素生产率提升的首位驱动因素。规模效率变化指数对我国经济增长的贡献处于第二位，纯技术效率变化指数对我国经济增长的贡献均低于规模效率变化指数的影响。

可见，中国省域全要素生产率提升主要得益于技术进步指数以及规模效率变化指数的驱动，也表明技术进步和规模效率对我国经济增长具有较强的带动作用。在高质量发展的时代背景下，由于我国劳动力由农业向非农业转移的速度趋缓，劳动力和土地成本上升，环境问题对生产的制约问题日趋凸显，原先的成本优势正在消失，传统的增长方式越来越难以为继，经济增长将更多依赖技术进步和规模效率的改善。

表 2 - 12　2006～2016 年中国全要素生产率及其分指数比较

年度	全要素生产率（TFP）及其分指数				
	EFFCH	*TECH*	*PECH*	*SECH*	*TFP*
2006～2007	1.910	1.066	1.786	1.069	2.036
2007～2008	0.998	0.766	0.845	1.181	0.765
2008～2009	0.632	0.693	0.680	0.931	0.439
2009～2010	0.922	2.682	1.400	0.658	2.473
2010～2011	1.297	1.510	1.060	1.224	1.959
2011～2012	0.872	0.390	0.959	0.909	0.340
2012～2013	1.732	0.596	1.173	1.477	1.033
2013～2014	0.446	2.353	0.891	0.500	1.049
2014～2015	2.599	0.490	1.269	2.048	1.275
2015～2016	1.000	1.460	0.663	1.509	1.460

资料来源：根据《中国统计年鉴》（2007～2017）中的数据计算得到。

根据表 2 - 11、表 2 - 13～表 2 - 17 计算可知，2006～2016 年中国区域的全要素生产率均均值高于 1，反映了中国经济效率稳定增长的态势。尽管 2006～2016 年中国区域经济效率不断改善，但区域间的全要素生产率存在较大差异。2006～2016 年，东部、东北、中部和西部地区的年均全要素生产率分别为 1.320、1.396、1.216、1.135，其中东北地区的最高，其次是东部和中部地区，西部的全要素生产率最低。具体来看，2006～2016 年中国区域的全要素生产率呈波动变化。

2006～2007 年，东北地区的全要素生产率最高，中部地区的全要素生产率仅次于东北地区，东部地区的全要素生产率高于西部地区。

表 2 - 13 2006～2007 年和 2007～2008 年中国省域全要素
生产率及其分指数比较

地区	省份	2006～2007 年					2007～2008 年				
		EFFCH	TECH	PECH	SECH	TFP	EFFCH	TECH	PECH	SECH	TFP
东部地区	北京	1.210	1.019	1.036	1.168	1.233	1.326	1.000	1.275	1.040	1.326
	天津	1.210	0.994	1.567	0.772	1.203	0.595	1.031	0.701	0.848	0.613
	河北	1.391	1.013	1.105	1.259	1.409	1.054	0.862	0.898	1.174	0.909
	上海	1.160	1.013	1.000	1.160	1.176	0.756	1.207	0.707	1.069	0.913
	江苏	1.110	1.047	0.852	1.304	1.163	1.089	0.780	1.029	1.058	0.850
	浙江	1.216	0.979	1.032	1.178	1.190	0.800	1.182	0.817	0.978	0.946
	福建	0.907	1.030	1.244	0.729	0.934	1.473	1.042	0.772	1.907	1.534
	山东	1.254	1.061	1.022	1.227	1.330	0.733	0.900	0.781	0.938	0.659
	广东	0.804	0.924	0.817	0.985	0.743	0.777	1.032	0.812	0.957	0.802
	海南	0.705	1.036	0.674	1.045	0.730	0.641	0.884	1.043	0.614	0.567
东北地区	辽宁	1.327	1.007	1.143	1.161	1.336	1.357	0.785	1.078	1.259	1.066
	吉林	1.459	1.063	1.238	1.178	1.551	1.212	0.807	0.832	1.457	0.978
	黑龙江	1.159	1.064	1.078	1.075	1.234	1.394	0.840	1.083	1.287	1.170
中部地区	山西	1.359	1.033	1.128	1.205	1.404	1.418	0.845	1.093	1.297	1.199
	安徽	0.971	1.045	1.020	0.952	1.015	1.613	0.904	0.997	1.617	1.457
	江西	1.160	1.018	1.018	1.139	1.181	0.690	0.800	0.924	0.747	0.552
	河南	1.068	1.085	0.924	1.155	1.158	1.579	0.814	1.082	1.459	1.285
	湖北	1.105	1.034	1.183	0.934	1.142	1.292	0.783	0.995	1.299	1.011
	湖南	0.884	1.024	1.048	0.844	0.906	1.189	0.781	0.970	1.226	0.929
西部地区	广西	1.197	1.071	1.065	1.124	1.283	1.329	0.815	1.070	1.243	1.084
	重庆	0.484	1.000	0.708	0.684	0.484	1.692	0.878	1.397	1.210	1.486
	四川	0.977	1.083	1.026	0.952	1.058	1.227	0.763	0.944	1.299	0.937
	贵州	1.000	1.000	1.000	1.000	1.000	1.000	0.733	1.000	1.000	0.733
	云南	1.142	1.020	1.063	1.074	1.165	1.175	0.944	0.999	1.176	1.110
	西藏	0.733	1.951	0.800	0.915	1.429	0.857	1.196	0.909	0.942	1.024
	陕西	0.741	1.056	0.822	0.902	0.783	1.594	0.818	1.155	1.381	1.305
	甘肃	0.714	1.010	0.914	0.781	0.721	0.839	0.891	0.737	1.138	0.748
	青海	1.123	1.123	1.075	1.045	1.261	1.437	1.063	1.064	1.351	1.528

续表

地区	省份	2006～2007 年					2007～2008 年				
		EFFCH	*TECH*	*PECH*	*SECH*	*TFP*	*EFFCH*	*TECH*	*PECH*	*SECH*	*TFP*
西部地区	宁夏	1.000	0.820	1.000	1.000	0.820	1.000	0.566	1.000	1.000	0.566
	新疆	0.924	1.035	0.851	1.086	0.956	0.992	0.936	0.980	1.013	0.929
	内蒙古	0.954	1.070	1.000	0.954	1.021	1.366	0.901	1.000	1.366	1.230

资料来源：根据《中国统计年鉴》（2007～2017）、各省份统计年鉴（2007～2017）中的数据计算得到。

表 2-14　2008～2009 年和 2009～2010 年中国省域全要素

生产率及其分指数比较

地区	省份	2008～2009 年					2009～2010 年				
		EFFCH	*TECH*	*PECH*	*SECH*	*TFP*	*EFFCH*	*TECH*	*PECH*	*SECH*	*TFP*
东部地区	北京	0.794	1.019	0.748	1.062	0.809	0.635	1.972	0.610	1.041	1.253
	天津	1.258	0.630	1.025	1.227	0.793	0.459	3.147	0.441	1.041	1.444
	河北	0.445	0.608	0.542	0.821	0.270	0.859	3.042	1.166	0.737	2.612
	上海	1.460	1.129	1.415	1.032	1.649	0.664	1.000	1.000	1.000	0.664
	江苏	0.946	0.840	1.048	0.903	0.794	0.712	3.615	1.067	0.667	2.574
	浙江	0.729	0.475	0.731	0.998	0.346	1.127	2.862	1.673	0.674	3.226
	福建	1.076	0.749	1.182	0.910	0.805	0.494	3.532	1.018	0.485	1.745
	山东	0.598	0.767	0.707	0.845	0.459	0.781	2.287	1.134	0.688	1.785
	广东	1.195	0.514	0.973	1.228	0.614	0.442	3.325	0.827	0.534	1.469
	海南	1.555	0.438	1.422	1.094	0.682	0.522	2.348	0.914	0.571	1.225
东北地区	辽宁	0.881	0.924	0.918	0.959	0.814	0.622	2.111	1.089	0.571	1.314
	吉林	1.775	0.485	1.234	1.438	0.861	0.441	3.843	0.763	0.578	1.694
	黑龙江	0.216	0.682	0.250	0.867	0.148	0.845	2.784	1.729	0.489	2.354
中部地区	山西	1.190	0.148	1.137	1.047	0.176	0.462	3.240	0.980	0.472	1.497
	安徽	0.948	0.688	0.910	1.041	0.652	0.816	2.448	1.286	0.634	1.997
	江西	1.114	0.992	1.040	1.071	1.105	0.806	1.962	1.323	0.609	1.583
	河南	0.347	0.734	0.382	0.907	0.255	0.987	2.634	1.346	0.733	2.599
	湖北	0.665	0.750	0.790	0.842	0.498	0.837	2.442	1.302	0.643	2.043
	湖南	0.855	0.800	0.952	0.898	0.684	0.831	2.665	1.288	0.645	2.214

续表

地区	省份	2008～2009 年					2009～2010 年				
		EFFCH	TECH	PECH	SECH	TFP	EFFCH	TECH	PECH	SECH	TFP
西部地区	广西	0.320	0.833	0.359	0.889	0.266	0.844	2.243	1.443	0.585	1.206
	重庆	1.007	0.993	1.011	0.996	1.001	0.465	1.769	0.840	0.553	0.822
	四川	1.275	0.241	1.224	1.042	0.307	0.788	7.812	1.000	0.788	6.152
	贵州	1.000	0.739	1.000	1.000	0.739	0.600	2.088	0.704	0.852	1.253
	云南	0.337	0.968	0.392	0.861	0.326	0.562	2.170	1.014	0.554	1.220
	西藏	0.983	0.516	1.034	0.950	0.507	0.490	2.710	0.828	0.592	1.327
	陕西	1.185	0.640	1.053	1.125	0.758	0.583	2.753	0.913	0.638	1.605
	甘肃	0.408	0.765	0.503	0.811	0.312	1.345	1.360	1.947	0.691	1.830
	青海	0.318	0.754	0.443	0.719	0.240	1.552	1.257	1.116	1.391	1.951
	宁夏	0.666	1.416	1.000	0.666	0.943	0.698	1.706	0.958	0.728	1.191
	新疆	0.109	1.171	0.145	0.752	0.127	1.654	0.951	2.505	0.660	1.573
	内蒙古	0.554	1.209	0.906	0.612	0.670	0.704	1.656	0.951	0.741	1.166

资料来源：根据《中国统计年鉴》（2007～2017）、各省份统计年鉴（2007～2017）中的数据计算得到。

表 2-15 2010～2011 年和 2011～2012 年中国省域全要素生产率及其分指数比较

地区	省份	2010～2011 年					2011～2012 年				
		EFFCH	TECH	PECH	SECH	TFP	EFFCH	TECH	PECH	SECH	TFP
东部地区	北京	0.703	1.954	1.140	0.616	1.373	1.508	1.303	1.126	1.339	1.965
	天津	0.947	2.560	0.945	1.002	2.424	2.993	0.224	1.166	2.568	0.670
	河北	0.967	2.663	1.099	0.880	2.574	0.864	0.224	0.661	1.307	0.194
	上海	1.000	1.000	1.000	1.000	1.000	1.001	1.500	1.000	1.001	1.502
	江苏	1.987	0.705	1.167	1.702	1.401	0.647	1.773	0.901	0.718	1.147
	浙江	0.844	1.088	0.804	1.050	0.918	0.519	0.528	0.581	0.893	0.274
	福建	0.341	3.478	0.901	0.378	1.184	3.527	0.169	0.951	3.708	0.596
	山东	1.148	1.314	1.077	1.065	1.508	1.384	0.423	1.154	1.199	0.585
	广东	3.031	0.567	1.485	2.042	1.720	2.062	0.837	2.461	0.838	1.726
	海南	0.535	2.057	0.922	0.580	1.101	1.804	0.287	0.839	2.150	0.518

续表

地区	省份	2010～2011 年					2011～2012 年				
		EFFCH	TECH	PECH	SECH	TFP	EFFCH	TECH	PECH	SECH	TFP
东北地区	辽宁	1.009	2.510	0.955	1.056	2.533	1.162	0.238	0.947	1.227	0.277
	吉林	2.269	0.664	1.311	1.731	1.507	0.427	0.865	0.772	0.553	0.369
	黑龙江	1.329	1.043	1.089	1.220	1.386	0.678	0.222	0.617	1.099	0.151
中部地区	山西	0.589	1.994	0.858	0.687	1.175	0.921	0.264	0.534	1.725	0.243
	安徽	1.327	2.524	1.119	1.186	3.348	0.812	0.234	0.798	1.018	0.190
	江西	2.182	1.169	1.096	1.991	2.551	0.656	0.160	0.798	0.823	0.105
	河南	0.664	3.358	0.851	0.780	2.230	1.459	0.167	1.038	1.406	0.244
	湖北	1.335	1.748	1.114	1.199	2.333	1.280	0.586	1.184	1.081	0.750
	湖南	0.835	1.571	0.922	0.905	1.312	1.403	0.416	0.932	1.504	0.584
西部地区	广西	1.074	1.371	0.664	1.617	1.473	1.597	0.479	1.021	1.564	0.765
	重庆	1.183	1.000	1.191	0.993	1.697	1.349	0.277	0.972	1.388	0.374
	四川	1.270	1.482	1.000	1.270	1.881	0.669	0.394	0.992	0.674	0.264
	贵州	0.408	1.896	1.355	0.301	0.773	2.142	0.404	1.049	2.043	0.865
	云南	0.910	2.203	1.120	0.813	2.006	1.879	0.194	1.098	1.711	0.365
	西藏	0.580	3.412	1.605	0.362	1.980	1.888	0.247	1.000	1.888	0.466
	陕西	2.056	0.803	1.095	1.877	1.650	0.559	0.729	1.000	0.559	0.408
	甘肃	1.139	1.208	1.067	1.068	1.375	1.069	0.480	0.829	1.291	0.513
	青海	0.257	1.730	0.967	0.266	0.445	1.617	0.455	0.766	2.112	0.736
	宁夏	0.568	3.292	0.968	0.587	1.870	1.425	0.193	0.711	2.004	0.275
	新疆	0.264	2.107	0.819	0.322	0.555	2.480	0.272	0.863	2.873	0.675
	内蒙古	0.536	2.665	1.016	0.527	1.428	2.301	0.225	0.841	2.735	0.518

资料来源：根据《中国统计年鉴》（2007～2017）、各省份统计年鉴（2007～2017）中的数据计算得到。

表 2－16　2012～2013 年和 2013～2014 年中国省域全要素生产率及其分指数比较

地区	省份	2012～2013 年					2013～2014 年				
		EFFCH	TECH	PECH	SECH	TFP	EFFCH	TECH	PECH	SECH	TFP
东部地区	北京	0.888	1.463	0.587	1.514	1.299	1.070	1.430	1.035	1.034	1.529
	天津	0.685	1.457	0.622	1.101	0.998	0.270	3.619	0.977	0.277	0.978
	河北	1.551	0.609	0.984	1.577	0.945	0.258	2.463	0.611	0.421	0.634
	上海	0.737	1.287	0.721	1.022	0.949	2.409	0.876	1.388	1.736	2.109
	江苏	1.545	0.591	1.110	1.392	0.914	1.000	1.028	1.000	1.000	1.028
	浙江	2.783	0.602	1.738	1.602	1.674	0.344	2.273	0.754	0.456	0.782
	福建	2.806	0.427	1.444	1.943	1.199	0.178	5.298	0.816	0.218	0.941
	山东	1.747	0.572	1.231	1.418	0.999	0.430	1.992	0.756	0.569	0.857
	广东	0.878	1.035	0.790	1.111	0.909	0.445	2.342	1.110	0.401	1.042
	海南	1.405	0.680	0.946	1.485	0.955	0.338	3.018	1.494	0.226	1.020

续表

地区	省份	2012~2013年					2013~2014年				
		EFFCH	TECH	PECH	SECH	TFP	EFFCH	TECH	PECH	SECH	TFP
东北地区	辽宁	1.569	0.835	1.069	1.468	1.311	0.714	2.780	1.224	0.583	1.984
	吉林	1.478	1.156	0.817	1.809	1.708	0.144	2.147	0.489	0.294	0.309
	黑龙江	3.921	0.350	1.937	2.024	1.373	1.000	1.166	1.000	1.000	1.166
中部地区	山西	0.969	0.622	0.620	1.562	0.603	0.133	2.659	0.263	0.506	0.355
	安徽	1.800	0.605	1.103	1.631	1.089	0.292	2.986	0.847	0.345	0.872
	江西	1.631	0.618	1.125	1.450	1.008	0.374	2.445	0.903	0.414	0.915
	河南	1.384	0.610	0.910	1.521	0.845	0.340	3.338	1.072	0.317	1.134
	湖北	1.484	0.592	1.032	1.438	0.878	1.250	1.069	1.117	1.120	1.336
	湖南	1.432	0.736	1.001	1.430	0.854	1.054	2.429	1.042	0.423	1.072
西部地区	广西	0.814	0.502	0.861	0.946	0.409	0.743	1.471	1.161	0.640	1.094
	重庆	1.237	0.612	0.851	1.454	0.758	0.558	2.113	1.209	0.461	1.178
	四川	1.324	0.598	0.915	1.446	0.791	0.284	3.540	0.865	0.329	1.006
	贵州	1.710	0.621	1.000	1.710	1.063	0.294	3.467	1.000	0.294	1.018
	云南	1.480	0.605	1.003	1.475	0.896	0.371	3.417	1.034	0.359	1.269
	西藏	2.406	0.374	0.961	2.504	0.899	0.229	4.378	0.926	0.247	1.004
	陕西	1.789	0.539	1.000	1.789	0.965	0.191	5.458	0.860	0.222	1.043
	甘肃	1.594	0.613	1.083	1.472	0.977	0.293	2.903	0.806	0.363	0.849
	青海	1.763	0.616	1.092	1.615	1.085	0.319	2.650	0.866	0.368	0.844
	宁夏	1.457	0.623	0.916	1.590	0.908	0.295	3.029	0.858	0.343	0.892
	新疆	1.507	0.799	1.413	1.066	1.204	0.367	2.496	0.865	0.424	0.916
	内蒙古	0.536	2.665	1.016	0.527	1.428	0.220	3.146	0.936	0.235	0.692

资料来源：根据《中国统计年鉴》（2007~2017）、各省份统计年鉴（2007~2017）中的数据计算得到。

表2-17 2014~2015年和2015~2016年中国省域全要素生产率及其分指数比较

地区	省份	2014~2015年					2015~2016年				
		EFFCH	TECH	PECH	SECH	TFP	EFFCH	TECH	PECH	SECH	TFP
东部地区	北京	1.000	1.643	0.763	1.311	1.643	1.000	1.555	1.270	0.788	1.555
	天津	5.201	0.300	0.793	6.560	1.554	1.000	1.360	0.963	1.038	1.359
	河北	7.767	0.071	0.385	20.153	0.551	1.000	9.853	6.842	0.146	9.853
	上海	1.000	1.994	0.901	1.110	1.994	1.000	0.910	1.110	0.901	0.910
	江苏	1.000	1.254	0.842	1.187	1.254	1.000	1.570	1.146	0.873	1.570
	浙江	3.630	0.371	1.045	3.473	1.348	1.000	2.348	1.257	0.796	2.348

续表

地区	省份	2014~2015 年					2015~2016 年				
		EFFCH	TECH	PECH	SECH	TFP	EFFCH	TECH	PECH	SECH	TFP
东部地区	福建	5.629	0.146	0.958	5.876	0.822	1.000	3.120	1.137	0.880	3.120
	山东	2.449	0.354	0.969	2.528	0.866	1.000	2.831	0.992	1.009	2.831
	广东	3.523	0.281	0.876	4.023	0.990	1.000	2.617	1.501	0.666	2.617
	海南	6.397	0.094	0.527	12.139	0.602	1.000	2.670	1.898	0.527	2.670
东北地区	辽宁	2.124	0.471	1.000	2.124	1.000	1.000	1.000	1.000	1.000	1.000
	吉林	6.946	0.052	0.506	13.722	0.362	1.000	8.936	1.637	0.611	8.936
	黑龙江	1.000	1.000	0.632	1.583	1.000	1.000	1.000	0.281	3.562	1.000
中部地区	山西	4.007	0.260	3.416	1.173	1.042	1.000	2.987	0.847	1.180	2.985
	安徽	4.248	0.233	0.983	4.322	0.991	1.000	2.114	1.210	0.826	2.114
	江西	3.126	0.257	0.791	3.950	0.804	1.000	2.363	1.286	0.778	2.363
	河南	5.047	0.156	0.749	6.741	0.788	1.000	1.901	1.451	0.689	1.901
	湖北	1.000	0.957	0.906	1.103	0.957	1.000	1.659	1.103	0.906	1.659
	湖南	2.862	0.316	1.114	2.569	0.906	1.000	1.905	1.000	1.000	1.905
西部地区	广西	1.651	0.447	0.622	2.656	0.738	1.000	3.027	1.209	0.827	3.027
	重庆	2.372	0.384	0.919	2.581	0.910	1.000	2.067	1.088	0.919	2.067
	四川	3.976	0.312	1.273	3.124	1.243	1.000	1.000	0.854	1.172	1.000
	贵州	3.798	0.257	1.000	3.798	0.977	1.000	1.063	0.946	1.057	1.063
	云南	3.206	0.185	0.699	4.588	0.594	1.000	3.075	1.205	0.830	3.075
	西藏	5.478	0.146	0.967	5.666	0.800	1.000	1.501	1.162	0.861	1.501
	陕西	5.231	0.075	0.297	17.621	0.394	1.000	5.344	3.632	0.275	5.344
	甘肃	4.857	0.264	1.531	3.174	1.282	1.000	2.241	1.566	0.638	2.240
	青海	4.281	0.224	0.671	6.377	0.958	1.000	3.265	2.127	0.470	3.265
	宁夏	6.196	0.154	1.031	6.009	0.955	1.000	2.427	1.524	0.656	2.427
	新疆	1.000	0.643	0.763	1.311	0.643	1.000	2.250	1.198	0.835	2.250
	内蒙古	1.371	0.407	2.401	0.571	0.558	1.000	0.135	0.132	7.602	0.135

资料来源：根据《中国统计年鉴》（2007~2017）、各省份统计年鉴（2007~2017）中的数据计算得到。

2007~2008 年，中部地区的全要素生产率超过东北地区，西部大部分省份技术效率得到快速提升，如广西、重庆、四川、云南、陕西、青海的技术效率变化指数都高于1，西部的全要素生产率高于东部地区。

2008~2009 年由于金融危机的影响，东部、东北、中部和西部地区的全要素生产率大幅下降，四大区域的全要素生产率由高到低排序为东部、东北、中部和西部地区。

2009～2010年东部、东北、中部和西部地区的全要素生产率得到大幅提升，比同期分别增长了149.31%、193.91%、253.91%、243.99%，中部地区的全要素生产率在四大区域中再次排名第一。

2010～2011年东北地区和中部地区的全要素生产率持续提升，东部和西部地区的全要素生产率略有下降，但四大区域的全要素生产率仍然都高于1。

2011～2012年，中国四大区域的全要素生产率明显下滑，东部地区的全要素生产率远高于其他区域。

2012～2013年东北地区的全要素生产率高于东部地区，其全要素生产率最高。

2013～2014年，东北地区的全要素生产率略有下降，东部、中部和西部地区的全要生产率略有提升，中部地区的全要素生产率低于1。

2014～2015年东部地区的全要素生产率增长了6.41%，在四大区域中其全要素生产率最高。

2015～2016年中部地区的全要素生产率尽管低于东北地区，但增长迅速，比同期增长了115.5%。究其原因，东北地区是中国重要的经济重心，是资本和技术的集聚区，资源配置效率较高，在研究初期，即2006～2007年其全要素生产率在四大区域中最高，但由于资源丰度不如东部，经济发展方式较为粗放，产业结构不合理，资源配置效率不高，忽视了经济发展的质量和环境效益，纯技术效率明显下降，使其全要素生产率整体波动下滑，经济增长效率降低。2015～2016年吉林的技术进步指数显著提升，带动东北地区全要素生产率明显提高。

随着"中部崛起"战略实施，在国家政策的倾斜下，资本和技术开始向中部地区集聚，中部地区的经济基础开始好转、经济规模不断扩大，加上先进科技的引进和技术创新，其资源利用效率及资金转化效率也逐渐提高，因而中部地区全要素生产率提升较快，在研究期内多次超过东北地区。

西部地区由于技术进步指数和纯技术效率的带动，其与中国其他区域之间的全要素生产率差距得以缩小。

但西部地区脆弱的生态环境难以承受高强度的经济开发，以扩大规模为主的增长方式对经济增长的贡献会逐渐减弱，因而该地区全要素生产率在四大区域中最低。需要指出的是，除新疆之外，2006～2016 年东部、东北、西部地区的年均全要素生产率也都大于 1，说明中国各地区经济增长质量呈上升趋势。

以上通过全要素生产率及其分解可以在总体上揭示经济增长效率及其改善情况，但尚不能确定哪些省份是推动了生产前沿面向更优的资源配置方向移动的"创新者"。以下分析中部地区哪些省份作为"创新者"推动产出朝着最优生产前沿面外移。

根据 Fare 等[①]和 Kumar[②] 的判断标准：

$$TECH > 1, SECH > 1;$$
$$\overrightarrow{D^t} (x^{t+1}, y^{t+1}, z^{t+1}; y^{t+1}, -z^{t+1}) < 0;$$
$$\overrightarrow{D^{t+1}} (x^{t+1}, y^{t+1}, z^{t+1}; y^{t+1}, -z^{t+1}) = 0;$$

第一个条件表明，最优生产前沿面沿着方向向量（即在既定的投入下，t + 1 期相对于 t 期的期望产出增加，非期望产出减少）向外移动；第二个条件表示，用 t + 1 期的投入及第 t 期的技术不可能生产出第 t + 1 期的产出；第三个条件说明，创新者省份必须在最优生产前沿面上。若同时满足以上三个条件，该省份则是推动最优生产前沿面外移的创新者。

2006～2007 年，由于山西、江西、河南在促进经济增长的过程中，引进新技术或进行技术创新（技术进步指数均大于 1），从而使生产边界向前沿面移动，因而山西、江西、河南作为中部地区的创新者省份出现。

2007～2008 年，中部六省技术进步较慢，该地区省份的技术进步指

① Fare R., Grosskopf S., Pasurka C. A., Environmental Production Functions and Environmental Directional [J]. *Energy*, 2007, 32（7）: 1055 – 1066.
② Kumar S., Environmentally Sensitive Productivity Growth: A Global Analysis Using Malmquist – Luenberger Index [J]. *Ecological Economics*, 2006, 56（4）: 280 – 293.

数均低于 1，同时不满足上文条件二和条件三，故中部地区没有出现推动最优生产前沿面外移的创新者省份。

2008～2009 年，受金融危机影响，中部六省的技术进步指数和规模效率指数远低于 1，该地区未出现创新者省份。

2009～2010 年，尽管中部六省技术指数提升较快，但规模效率不高，中部地区仍未出现创新者省份。

2010～2011 年，安徽、湖北技术进步和规模效率增长较快，同时符合上文条件二和条件三，因而这两个省份作为创新者省份推动最优生产前沿面外移。江西加快科技创新，处于最优生产前沿面上。而山西、安徽、湖南技术进步指数较低，其在经济增长过程中存在技术衰退的趋势，未能处于最优生产前沿面上。

2011～2012 年、2012～2013 年，由于中部六省技术进步速度受限，技术进步指数较低，未能推动最优生产前沿面外移，因而这三年中部地区并未出现创新者省份。

2013～2014 年，山西、安徽、江西、河南、湖南技术进步指数持续低于 1，技术进步有限，这五个省份并未作为创新者省份出现，而湖北完善自身技术设施、引进国外先进技术设备，技术进步迅速，再次处于最优生产前沿面上并作为创新者省份出现。

2014～2015 年，湖北在经济增长过程中出现技术衰退，滑出创新者省份行列，而山西、安徽、江西、河南、湖南技术进步指数和规模效率指数持续降低，也未能进入创新者省份行列。

2015～2016 年，山西技术提升快速，技术进步指数高于 1，再次处于最优生产前沿面上。总的来看，湖南除外，山西、安徽、江西、河南、湖北都作为创新者省份出现过，其中江西、湖北作为创新者省份出现次数不少于 2 次，故中部作为创新者地区表现尚佳。

整理得到各年份东部、东北、中部、西部地区的创新者省份（见表 2-18）。

表 2 - 18　2006 ~ 2016 年中国区域创新者省份演变

年度	东部地区	东北地区	中部地区	西部地区
2006 ~ 2007	北京、河北、上海、江苏、山东、海南	辽宁、吉林、黑龙江	山西、江西、河南	广西、云南、青海、新疆
2007 ~ 2008	上海、福建	—	—	青海
2008 ~ 2009	北京、上海	—	—	—
2009 ~ 2010	北京、天津	—	—	青海
2010 ~ 2011	天津、浙江、山东	辽宁、黑龙江	安徽、江西、湖北	广西、四川、甘肃
2011 ~ 2012	北京、上海	—	—	—
2012 ~ 2013	北京、天津、上海、广东	吉林	—	—
2013 ~ 2014	北京	—	湖北	—
2014 ~ 2015	北京、上海、江苏	—	—	—
2015 ~ 2016	天津、山东	—	山西	贵州

注:"—"表示该地区不存在创新者省份。

2006 ~ 2007 年,由于东部地区的北京、河北、上海、江苏、浙江、山东、海南技术进步较快,且处于最优生产前沿面上,故作为创新者省份出现;东北三省的技术进步指数和规模效率指数都高于 1,且处于最优生产前沿面上,故这三个省份都处于创新者省份行列;西部地区的创新者省份有广西、云南、青海和新疆。

2007 ~ 2008 年,东部地区的上海作为创新者省份再次出现,由于福建的技术创新取得较大进步,该省份首次作为创新者省份出现;东北三省由于技术进步指数低于 1,未能作为创新者省份推动最优生产前沿面外移;西部地区的青海推动技术持续进步,因而再次成为创新者省份。

2008 ~ 2009 年,在金融危机的负面影响下,东部地区的北京、上海仍保持技术先进优势,作为创新者省份出现;东北地区仍未出现创新者省份;西部地区未出现创新者省份。

2009～2010年，东部地区的天津技术进步指数提升快速，首次作为创新者省份出现，北京继续位于创新者省份行列；东北地区仍未出现创新者省份；西部地区的青海保持技术稳定进步，第三次作为创新者省份出现。

2010～2011年，东部地区的北京滑出创新者省份行列，该地区创新者省份有天津、浙江、山东；东北地区的辽宁、黑龙江再次出现在创新者省份行列；西部地区的广西由于技术进步较快，再次作为创新者省份出现，四川、甘肃也作为创新者省份出现。

2011～2012年，东部地区的北京再次进入创新者省份队伍，上海仍然处于最优生产前沿面上；而东北、西部地区并未出现创新者省份。

2012～2013年，东部地区的创新者省份保持"京、津、沪、粤"的格局；东北地区的吉林技术进步明显，技术进步指数大于1，作为东北地区仅有的创新者省份出现；西部未出现创新者省份。

2013～2014年，东部地区仅北京作为创新者省份出现；东北地区的吉林技术进步指数低于1，且未处于最优生产前沿面上，滑出创新者省份行列，东北地区没有创新者省份出现；西部地区仍未出现创新者省份。

2014～2015年，东部地区的江苏、上海再以作为创新者省份出现，北京依然作为创新者省份出现；东北地区仍未出现创新者省份；西部地区也未出现创新者省份。

2015～2016年，东部地区的创新者省份为2个，它们分别是天津、山东；东北地区未出现；西部地区在连续四年未出现创新者省份的情况下，贵州作为创新者省份出现。

结合上文分析，比较四大区域的创新者省份（如表2－18所示）。2006～2016年，东部地区一直有创新者省份出现，东北地区仅在2006～2007年、2010～2011年、2012～2013年、2015～2016年有创新者省份出现，中部地区同样也是有4个年度出现创新者省份，西部地区有5个年度出现创新者省份。

从区域省份来看，东部地区的北京、天津、河北、上海、江苏、浙江、福建、山东、广东、海南都作为创新者省份出现，其中北京、上海等省份作为创新者省份出现次数不少于 4 次，这些省份的技术一直保持全国领先水平，推动了生产前沿面的向外扩张，与其经济地位相匹配。

东北三省都有作为创新者省份出现，黑龙江、辽宁、吉林作为创新者省份均出现 2 次。

西藏、陕西、重庆、宁夏、内蒙古除外，西部地区的广西、云南、四川、贵州、甘肃、青海、新疆都有作为创新者省份出现，其中青海作为创新者省份出现的次数为 3 次，广西作为创新者省份出现 2 次。

由此可知，东部地区创新者省份不仅出现次数最多，其数量也最多。需要说明的是，青海在技术创新方面表现较好，其近年来在科技方面的投入逐步加大，资源配置效率得到改善，全要素生产率在促进经济增长方面发挥了重要作用，使其作为创新者省份推动生产边界外移。由于西藏、陕西、重庆、宁夏等在经济增长的过程中技术进步较慢，资源配置效率不高，未能推动生产前沿面外移。

第六节　中部地区生态福祉提升对策

为了进一步揭示中部地区及其省域的生态福祉绩效差异，根据 DI 指数、TFP 指数以及 EWP 变化的三方面指标划分生态福祉类型。以全要素生产率均值为界点，将中部各省份划分为高全要素生产率和低全要素生产率两种类型，生态福祉绩效分为提升和下降两类。

一　中部地区生态福祉的分类解析

由表 2-19 可知，依据经济增长的福祉效应、生态效率及生态福祉绩效变化，将中国 31 个省份划分为五类，分别是经济主导提升型、福祉带动提升型、福祉滞后下降型、经济滞后下降型、总体下降型。

具体来看，经济主导提升型，即低福祉增长、高全要素生产率、生态福祉绩效提升，表明尽管该类型省份人类福祉增长慢于经济增长，但在经济发展过程中注重引进先进技术和技术创新，较高的技术水平能降低资源消耗，使其在追求经济效益的同时兼顾环境效益，经济效率较高，从而使其生态福祉绩效不断提升。

福祉带动提升型，即中福祉增长、低全要素生产率、生态福祉绩效提升，表明该类型省份人类福祉增长比经济增长更快，由于过分追求经济增长，忽略了经济质量，经济增长的生态效率不高，尽管如此，其人类福祉增长仍然快于人均生态足迹增速，生态福祉绩效不断改善。

福祉滞后下降型，即低福祉增长、高全要素生产率、生态福祉绩效下降，表明该类型省份经济增长的福祉效应不突出，虽然经济发展质量有所提高，但经济发展的能源资源需求量仍然较大，故其生态福祉绩效呈下降趋势。

经济滞后下降型，即中福祉增长、低全要素生产率、生态福祉绩效下降，表明该类型省份经济增长的福祉效应较为突出，但经济发展增长方式是以要素投入为主的粗放型增长，能源资源消耗量过大，经济增长的生态效率较低，因而其生态福祉绩效不断下降。

总体下降型，即低福祉增长、低全要素生产率、生态福祉绩效下降，表明该类型省份经济增长快于福祉增长，且在经济发展过程中过度重视要素投入，忽略经济发展质量，经济增长未能有效地转化为福祉增长，因而其生态福祉绩效明显下降。

由表 2-19 可知，根据中部六省 DI 指数、TFP 指数以及 EWP 三方面指标变化特征，中部地区生态福祉类型共有两种，安徽、江西、河南、湖北、湖南属于福祉滞后下降型，山西属于总体下降型。安徽、江西、河南、湖北、湖南的经济增速明显快于福祉增速，且经济增长转化为福祉增长的效率较低。在"中部崛起"战略的影响下，虽然安徽、江西、河南、湖北、湖南实现了经济快速发展，但公共服务和社会保障支出尚有不足，且在提升民生福祉方面对国家财政转移支付等的依赖较大，因而这五个省份经济增长的福祉效应较低。

尽管这五个中部省份加快调整产业结构，引进先进技术和加快科技创新，使经济增长中的能源消耗大幅减少，经济发展质量得到较大提高，经济增长效率处于高水平，但经济增长仍以要素投入为主，化石燃料等能源的消耗依然较大，其人均生态足迹快于人类福祉的增速，生态福祉绩效下降。山西也由于自身经济发展能力不足，经济增长未能有效地转化为福祉增长，加上其是全国重要的能源基地，产业类型多为高消耗高污染型的产业，尽管污染治理取得了一些成效，但资源消耗、环境污染在中部地区仍较为严重，其全要素生产率在中部地区最低，技术进步推动经济增长的作用有限，经济增长效率为低水平。

表 2-19　中国省域的生态福祉类型

类型	特征	省份
经济主导提升型	低福祉增长、高全要素生产率、生态福祉绩效提升	北京、天津、上海
福祉带动提升型	中福祉增长、低全要素生产率、生态福祉绩效提升	云南、西藏
福祉滞后下降型	低福祉增长、高全要素生产率、生态福祉绩效下降	辽宁、河北、江苏、浙江、福建、广东、山东、四川、陕西、河南、湖北、安徽、湖南、江西
经济滞后下降型	中福祉增长、低全要素生产率、生态福祉绩效下降	海南、广西、贵州、甘肃、青海、宁夏、新疆、海南、黑龙江、内蒙古
总体下降型	低福祉增长、低全要素生产率、生态福祉绩效下降	吉林、山西、重庆

由表 2-19 可知，从其他三大区域来看，东部省份的生态福祉类型有三种，北京、天津、上海属于经济主导提升型，河北、江苏、浙江、福建、广东、山东属于福祉滞后下降型，海南属于经济滞后下降型。其中，北京、天津、上海的经济增长比人类福祉增长更快，经济增长转化福祉增长的效率较高，且经济增长的生态效率较高，故这三个直辖市的生态福祉绩效不断提升。北京、天津、上海的全要素生产率和技术进步指数整体呈上升态势，且全要素生产率的提高使其经济发展质量得以提升，经济增长

能高效地转化为教育、健康等民生福祉，由此推动了人类福祉增长，进而使这三个直辖市的生态福祉绩效得以改善。

河北、江苏、浙江、福建、广东、山东福祉增速慢于经济增速，经济增长转化为福祉增长的效率有待提高，尽管这些省份重视经济质量，不断加大科技投入和鼓励自主创新，其全要素生产率明显改善，但经济发展对煤、石油、天然气等化石燃料的需求不断增大，人均生态足迹增速快于人类福祉增速，其生态福祉绩效呈下降趋势。海南的福祉增速慢于经济增速，经济增长能较为有效地转化为福祉增长，但在追求经济发展的过程中，忽略了经济、环境质量，经济增长的生态效率较低，且经济增长对能源的需求量较大，其人均生态足迹增速快于人类福祉增速。

东北三省分别属于不同的生态福祉类型，辽宁属于福祉滞后下降型，黑龙江属于经济滞后下降型，吉林属于总体下降型。辽宁较为重视经济发展质量，不断提升全要素生产率，经济增长的生态效率较高，但经济增长转化为福祉增长的效率是低效的，人类福祉增速仍然慢于人均生态足迹的增速，其生态福祉绩效不断下降。黑龙江经济增长转化为福祉增长的效率不断改善，经济增长的福祉效应突出，但技术效率较低，全要素生产率不高，能源资源消耗量过大，故其生态福祉绩效水平较低。吉林经济增速快于福祉增速，且经济发展质量不高，生态福祉绩效水平也较低。

西部省份的生态福祉类型有四种，云南、西藏属于福祉带动提升型，四川、陕西属于福祉滞后下降型；广西、贵州、甘肃、青海、宁夏、新疆、内蒙古属于经济滞后下降型，重庆属于总体下降型。云南、西藏经济增长的福祉效应明显，即使经济增长的生态效率较低，其生态福祉绩效仍呈上升态势。云南、西藏的经济基础偏弱，人类福祉增速较快，经济增长的福祉效应突出。虽然云南和西藏的全要素生产率较低，全要素生产率促进经济增长的推动力较弱，经济发展质量有待提高，但其人类福祉增速仍快于人均生态足迹增速，生态福祉绩效得以提高。四川、陕西经济增长快于福祉增长，全要素生产率较高，其生态福祉绩效呈下降趋势，这两个省份全要素生产率明显改善，经济发展质量得以提高，但化石燃料等能源的消耗量仍然较大，人均生态足迹增速明显快于人类福祉的增速，其生态福祉绩效不断降低。

广西、贵州、甘肃、青海、宁夏、新疆、内蒙古的人类福祉增长较快，经济增长的福祉效应较为明显，全要素生产率较低，其生态福祉绩效下降。这些省份的经济基础较弱，使经济增长对人类福祉的促进作用较大，其人类福祉增速较快，但其全要素生产率较低，经济增长方式是以要素投入为主的粗放型增长，经济发展对化石燃料等能源的需求不断增大，人均生态足迹增速很快，生态福祉绩效明显下降。重庆的全要素生产率和技术进步指数较低，使其经济增长中的能源消耗量大幅度增加，化石燃料生态足迹成倍增加，使其人类福祉提升速度明显慢于人均生态足迹增速。

二　中部六省生态福祉提升对策

（1）人均化石燃料用地足迹是导致中部地区生态福祉绩效下降的主要原因，因而提高中部地区及其他区域的生态福祉绩效水平，重要的是要加快高消耗、高碳排放的重化工业转型，制定和实施节能减排的财政和税收政策，加强对高能耗、高污染产业的节能减排管制，形成倒逼机制，从而使高消耗、高污染的产业通过优化产业结构，大幅降低化石能源消耗。

（2）经济增长是中部地区人类福祉大幅提升的主要动力。中部地区正由生存型社会向发展型社会过渡，社会发展要以经济发展能力提升为基础依托。因此，中部地区不仅要满足人们的基本生活需要，保障特殊人群的生活所需，关注基本福祉的全民普惠，要注重更高层次、更为多样的非基本福祉的提供和发展[1]。

（3）中部地区还要重视经济发展与社会发展的协调发展及其省际差异，因地制宜，积极构建中部各省社会发展治理机制，促进政府治理和

---

[1]　王圣云：《中部地区社会发展测评、预警与比较研究》，经济科学出版社，2014。

社会自我调节、个人自主参与良性互动，由政府主导和社会各界积极参与创新福利资金筹集和分配机制，逐步使其经济增长更有效地增进民生福祉。

（4）中部地区已由高速经济增长阶段转向高质量发展阶段，高质量发展不仅意味着经济发展持续健康，也意味着民生福祉和生态环境质量明显改善。在高质量发展的背景下，不断增进民生福祉，大力提升生态福祉绩效，已成为新时代背景下中部地区加强生态文明建设和深入推进全面小康社会建设的重要内容。

（5）中部地区应重点提升全要素生产率。我国省域全要素生产率提升主要得益于技术进步指数、规模效率变化指数的驱动，且技术进步指数、规模效率变化指数是提升经济质量的关键因素。中部地区可通过加强与东部创新者省份的经济技术交流，引进新技术，加快技术创新，改善其经济发展质量。还要加大研发经费投入力度，整合各类优质科技资源，建设高水平创新平台。积极培育创新主体，完善和落实支持企业研发的税收激励政策，鼓励企业加快技术创新。

（6）中部六省应根据其驱动效应特征采取差异化的生态福祉提升策略。其中，安徽、江西、河南、湖北、湖南提升生态福祉的重点是要提高福祉效应对生态福祉绩效提升的贡献，可通过加大基本公共服务财政投入，进一步完善医疗、教育、社会保障等公共服务体系，优化公共财政支出结构，加大民生财政支出比例。山西属于总体下降型，相关部门应该重视这些问题，要大力提升经济发展质量，扭转粗放型的经济增长方式，着重解决阻碍经济高质量发展的产业结构不优、创新能力不强以及民生福祉滞后问题。

参考文献

诸大建、张帅：《生态福利绩效与深化可持续发展的研究》，《同济大学学报》

（社会科学版）2014 年第 5 期。

诸大建、张帅：《基于生态足迹的中国福利水平及其影响因素研究》，《城市与环境研究》2014 年第 1 期。

联合国开发计划署：《中国人类发展报告 2016》，中国出版集团，2016。

第三章　科技进步评价[*]

余　伟　王　娟[**]

　　对区域科技资源和绿色发展进行评价，有利于发现地区绿色发展中存在的不足。中国目前对绿色发展的研究比较重视，绿色发展也一直是一个热门话题，但是目前中国与中部六省绿色发展相关的文献和研究相对较少。如今，科学技术已经成为第一生产力，对经济绿色发展有重要的推动作用。"中部崛起"是基于科学发展观的中央重要决策，就中部绿色发展以及科技对绿色发展的作用进行研究，对国家和区域经济发展有着重要意义。全球生态危机是绿色发展的外在动力，中国生态环境的破坏与资源的野蛮消耗引发绿色发展的现实需求，中部地区承接东西、纵贯南北，其不仅具有明显的区位优势，在中国经济版图上也占据着重要位置。中部地区以全国10.7%的土地面积，养育着全国26.5%的人口，创造了全国21.4%的GDP，中部地区的人口规模、经济总量和市场潜力等在全国有着重要地位，而地区发展不平衡使得各地区要素资源、环境污染、技术进步等内部差异明显。因此，探讨中部六省的绿色发展效率水平及其影响因素，对于丰富政策指导建议、完善绿色生态发展理论、加快地区增长动能转换、实现经济提质增效，具有十分重要的理论和现实意义。

---

　　[*] 本文为基金项目——江西省高校人文社科研究青年项目"区域创新政策对区域创新效率的影响与评价"的成果。

　　[**] 余伟，南昌大学管理学院讲师，主要研究方向为创新管理、环境规制与技术创新；王娟，南昌大学管理学院硕士研究生。

　　理论意义。绿色发展是当前经济社会发展质量的首要指标，而绿色发展所涉及的理论和实证分析在新的时代背景下还具有广阔的拓展空间。探讨过去和新时期不同阶段的发展规律演进，运用先进的理论模型进行实证分析，从而推测出影响绿色发展的关键因素，对于提升地区绿色发展水平、实现地区经济向高端智慧绿色发展迈进、实现经济可持续长远发展意义深远，也丰富了区域绿色发展理论和经济增长理论。

　　现实意义。从"五位一体"的发展布局到全新的绿色发展新理念的形成，是理论和实践经过检验的真理探索过程，绿色发展理念顺应时代发展规律，引导"唯 GDP"式粗放型发展向绿色 GDP 发展，这是对人类文明发展经验教训的历史总结。研究如何提升中部地区经济绿色发展水平，并对影响因素进行实证分析，能科学有效地提升地区发展实力，对于宏观经济的可持续发展、区域经济的协调发展以及微观个体的健康发展具有重要的现实意义。

第一节　中部六省科技创新现状

一　科技创新研究现状

　　随着科技的发展和进步，科技创新的重要性逐渐被越来越多的人认识到，1912 年约瑟夫·熊彼特提出"创新"的概念，20 世纪 60 年代华尔特·罗斯托提出技术创新，20 世纪 80 年代以来科技不断得到发展，20 世纪 90 年代科技创新概念开始诞生。张来武[①]认为科技创新的实质就是将科学和技术应用到实际的生产过程当中，是提升产品价值与竞争力的过程。科学发现、技术发明与市场应用是科技创新的重要组成部分，三者相辅相成、共同促进。方丰、唐龙[②]认为科技创新既包括技术创新、知识创

---

① 张来武：《科技创新驱动经济发展方式转变》，《中国软科学》2011 年第 12 期。
② 方丰、唐龙：《科技创新的内涵、新动态及对经济发展方式转变的支撑机制》，《生态经济》2014 年第 6 期。

新，还包括管理创新，三种创新类型共同发展。杨东昌①认为，科技创新是贯穿于整个科学技术活动中的所有创造新知识、产生新技术、应用新知识新技术的科学技术活动和经济活动。邵洁笙、吴江②认为，从作用范围的层次看，科技创新可分为企业、区域和国家科技创新。总体上来看，大部分国内学者认为科技创新包含两部分内容，分别是科学创新和技术创新。具体而言，科学更侧重于理论层面，而技术更关注应用等实践层面；科学一般通过基础研究与应用研究改进技术，而技术在实际应用过程当中，使科学本身实现市场价值并激发科学更好地发展，两者相互促进、相互影响，形成良性循环。科技创新就是科学创新、技术创新实现其市场价值并相互促进、螺旋上升的过程。

目前国内外关于科技创新的必要性已经有了较为丰富的研究成果。科技进步与创新是当今经济社会发展的主导动力，一方面，从传统农业和重化工业，到今天的信息经济和现代服务业，都是科技进步与创新的客观结果。另一方面，吴忠泽③认为，科学技术作为第一生产力，科技进步与创新对社会生产方式、产业结构等生产力要素都将产生巨大而深刻的影响，因此，推进结构调整和促进经济增长方式的转变是中部地区崛起的关键。胡树华等④认为，中部科技发展的环境优势明显，科技规模不断壮大，高新技术产业发展迅速，同时也存在着科技创新能力低下、科技资源投入不足、科技产出能力较弱、科技对经济增长的贡献较小等问题。宋秋韵、封思贤⑤认为培养科技创新的思想、创造并提供适宜的科技创新环境、引进高级专业技术人才和科技创新队伍、加大科技创新资本投入力度尤其是支

① 杨东昌：《试论科技创新的内涵及其系统构成要素》，《科技信息（科学教研）》2007 年第 24 期。
② 邵洁笙、吴江：《科技创新与产业转型的内涵及其相关关系探讨》，《科技管理研究》2006 年第 2 期。
③ 吴忠泽：《依靠科技进步和创新促进中部地区崛起》，《中国软科学》2005 年第 6 期。
④ 胡树华、陈丽娜、石永东：《中部区域科技能力评价》，《中国科技论坛》2004 年第 3 期。
⑤ 宋秋韵、封思贤：《中部六省科技资源配置效率研究——基于 CCR - BCC 模型的分析》，《数学的实践与认识》2019 年第 14 期。

持基础研究，有助于提高中部地区的科技资源配置效率。范修礼、蔡正旺（2018）① 认为，科技投入在不同时期对产业结构有不同的影响，在产业结构合理化时期，企业自有资金对产业结构升级的影响处于主导地位，然而在产业结构高级化时期企业自有资金、金融市场科技融资处于主导地位。

二 科技创新对绿色发展的作用研究现状

创新、协调、绿色、开放、共享是引领中国未来发展的五大理念，其中创新是第一动力。目前中国正处于城市化与工业化发展的重要时期，作为世界上最大的发展中国家，中国应承担共同的减排责任。中国就科技创新对绿色发展的作用研究目前主要分为理论研究与实证研究两个方面。理论研究方面，黄娟②运用辩证唯物主义与历史唯物主义分析方法，分别从绿色生态、绿色生产、绿色生活方面分析科技创新对绿色发展的重要性。徐匡迪③认为，先进的科学技术与互联网是中国走向绿色发展的重要突破点，调整产业结构和发展可再生能源是建设低碳社会的基础，创造和引领节能的生活方式是绿色发展实现的保证。王亚平和任建兰等④认为，科技创新是绿色发展的关键，不仅有利于优化产业结构，而且有利于我国绕开"中等收入陷阱"，为中国未来的发展提供动力。实证研究方面，肖黎明等⑤运用省级面板数据评价绿色发展与绿色创新之间的关系，认为在经济发达地区绿色创新与绿色发展的影响更大，然而在经济欠发达地区这种影

---

① 范修礼、蔡正旺：《科技金融投入对产业结构升级的影响研究——基于中部六省的实证分析》，《金融经济》2018 年第 22 期。
② 黄娟：《科技创新与绿色发展的关系——兼论中国特色绿色科技创新之路》，《新疆师范大学学报》（哲学社会科学版）2017 年第 2 期。
③ 徐匡迪：《依靠科技进步 促进绿色发展》，《中国流通经济》2011 年第 7 期。
④ 王亚平、任建兰、程钰：《科技创新对绿色发展的影响机制与区域创新体系构建》，《山东师范大学学报》（人文社会科学版）2017 年第 4 期。
⑤ 肖黎明、李润旭、肖沁霖、张润婕：《中国区域绿色创新与绿色发展的协同及互动——基于耦合协调与 PVAR 模型的检验》，《科技管理研究》2019 年第 20 期。

响相对来说并不是很显著。许宪春等[①]通过案例从实证角度说明大数据对绿色发展的重要性，认为大数据在实现产业转型、优化需求结构和提高经济质量等方面都有着重要作用。

第二节　中部地区科技创新现状评价

学者们关于科技资源概念的表述并不完全相同，但对于科技资源基本含义在认识上比较一致，国外普遍认为科技资源主要包括科技人力资源和科技财力资源。例如，联合国教科文组织在进行科技资源研究时，只设有科技人力和科技财力两方面的指标。随着对科技资源研究的普遍深入，国外的学术研究中出现了科技资源要素的"四元论"和"五元论"。如美国科学学研究者马尔（M. Mar）认为，科技人力、科技财力、科技装备和科技信息是科技生产活动的投入要素。法国经济学家施威（K. Schwe）认为科技政策与科技管理也是重要的科技资源之一，是一种无形的科技资源，因而科技人力、科技财力、科技装备、科技信息、科技政策与科技管理共同构成了科技资源的"六元论"。

而我国学者对科技资源要素的认识主要偏向"四元论"和"五元论"，并且根据研究角度的不同采用不同的认识论，但是很少有学者将科技管理资源考虑在内。本研究认为，作为一种无形的资源，科技管理资源质量的高低决定科技资源配置效率、科技资源利用效率乃至科技创新效率的不同。其核心内涵是在提供科技创新支持的基础上促进经济、社会与环境的协调和可持续发展。所以，科技创新资源要素主要包括科技创新人力资源要素、科技创新物力资源要素、科技创新财力资源要素、科技创新信息资源要素、科技创新知识资源要素、科技创新管理资源要素与科技创新环境资源要素。其中，科技创新环境资

---

① 许宪春、任雪、常子豪：《大数据与绿色发展》，《中国工业经济》2019 年第 4 期。

源要素包括科技创新市场资源要素、科技创新制度资源要素和科技创新文化资源要素。

一　科技创新评价指标体系

周寄中[1]认为科技资源是科技活动的物质基础,科技资源可以分为科技人力资源、科技财力资源、科技物力资源和科技信息资源四个方面。杨子江[2]认为科技资源是科技活动的主要条件,从社会再生产角度,将科技资源分为科技人力资源、科技物力资源、科技财力资源、科技知识信息资源。本文的科技资源评价指标主要是依据各个指标层本身的属性和前人的研究成果,将科技创新资源分为人力资源、财力资源、物力资源、信息资源、知识资源和环境资源六个方面,本文采用该指标体系,本着科学性、可操作性、全面性的研究原则,结合专家咨询,确定了 6 个系统层和 23个指标层,运用熵权法确定权重,对中部六省的科技资源现状进行评价,如表 3 - 1 所示。

表 3 - 1　科技创新评价指标体系

目标层	系统层	指标层		单位
科技创新	人力资源 $X1$	$X11$	规模以上工业企业 R&D 人员数	人
		$X12$	规模以上工业企业 R&D 人员中研究人员全时当量占比	%
		$X13$	科技服务业从业人员占第三产业从业人员比重	%
		$X14$	每万人平均 R&D 人员全时当量	人年
		$X15$	每万人 R&D 人员数	人
		$X16$	每万人研究生在校学生数	人

---

[1]　周寄中主编《科技资源论》,陕西人民教育出版社,1999。

[2]　杨子江:《科技资源内涵与外延探讨》,《科技管理研究》2007 年第 2 期。

续表

目标层	系统层	指标层	单位
科技创新	财力资源 X2	X21 规模以上工业企业 R&D 经费内部支出总额占销售收入的比例	%
		X22 规模以上工业企业引进技术经费支出	万元
		X23 规模以上工业企业研究经费内部支出	（万元）
		X24 全省企业基础研究经费占研究经费内部支出比例	%
		X25 R&D 投入占 GDP 的比例	%
	物力资源 X3	X31 规模以上工业企业有研发机构的企业占企业总数的比例	%
		X32 高技术企业数	家
		X33 全省 R&D 机构数	家
	信息资源 X4	X41 互联网普及率	%
		X42 百人移动电话用户数	部
		X43 百人固定电话用户数	部
	知识资源 X5	X51 SCI（EI/ISTP）收录的科技论文数	篇
		X52 发明专利授权数占专利授权数比重	%
		X53 专利申请数	件
	环境资源 X6	X61 政府与市场的关系	分
		X62 市场中介组织的发育和法律制度环境	分
		X63 市场化指数	分

（一）科技创新人力资源

《中国科技统计年鉴》将"科技人力资源"界定为直接从事科技研究活动的所有人员，包括主要研究人员和辅助研究人员。科技创新人力资源有高创新性、高智力性、高成本性、高流动性等特点。本文中的科技创新人力资源包括六个方面，即规模以上工业企业 R&D 人员数、规模以上工业企业 R&D 人员中研究人员全时当量占比、科技服务业从业人员占第三产业从业人员比重、每万人平均 R&D 人员全时当量、每万人 R&D 人员数、每万人研究生在校学生数。

（二）科技创新财力资源

科技创新首先离不开的就是财力资源，缺少了财力资源，科技活动难以实现持续发展。经济的发展离不开企业的进步，企业的科技创新对区域的科技发展有着重要的推动作用，因此本文的财力资源主要依赖于规模以上工业企业的财力指标，以规模以上工业企业的科技创新财力状况为主导，以地区科技经费投入强度为辅，对六个省份的科技创新财力资源进行评价。其中包括五个评价指标，分别为：规模以上工业企业 R&D 经费内部支出总额占销售收入的比例、规模以上工业企业引进技术经费支出、规模以上工业企业研究经费内部支出、全省企业基础研究经费占研究经费内部支出比例、R&D 投入占 GDP 的比例。

（三）科技创新物力资源

物力资源是促进科技创新的重要推动力，虽然物力资源不能直接转化为科技创新，但是它可以极大地提高科技创新的效率。物力资源不仅包括国家级和省级实验室、R&D 机构和各个科研院校，还包括高技术企业数量等。出于数据的可获得性和科学性考虑，本文选取规模以上工业企业有研发机构的企业占企业总数的比例、高技术企业数、全省 R&D 机构数三个指标衡量地区科技创新物力资源。

（四）科技创新信息资源

如今全球已经进入互联网时代，信息高度发达，对科技创新有着重要的作用。在这个信息共享的时代，互联网方便了人们的生活，有利于获得和集成前人的研究成果，给后来的研究带来极大的便利。本文主要运用三个指标评价区域的科技创新信息资源，即互联网普及率、百人移动电话用户数、百人固定电话用户数。

（五）科技创新知识资源

科技创新知识资源主要是指科技创新成果。科技创新成果可以转化为科技创新知识资源，运用到区域发展的方方面面，包括经济、社会和环保等。丰富的科技创新知识资源为地区的科技创新提供了便利和启迪，同时也为科技创新指明了方向。有学者认为科技创新知识资源包括专利申请数、发明专利申请数占专利申请比重、PCT 国际专利受理数、SCI（EI/ISTP）收录的科技论文数等，在结合数据的可获得性和重要性之后，本文选取了其中的三个指标，分别是 SCI（EI/ISTP）收录的科技论文数、发明专利授权数占专利授权数比重、专利申请数，用来衡量地区科技创新知识资源。

（六）科技创新环境资源

科技创新环境资源和科技创新财力资源既有联系又有区别。财力资源主要是指区域在科技创新方面投入的财力和经费，而环境资源主要是指市场环境，即市场的发育程度。也可以说财力资源是科技创新的内部资源环境，这里的环境资源主要是指外部资源环境，也就是市场环境。本文在选取了政府与市场的关系、市场中介组织的发育和法律制度环境两个指标后，又加入了市场化指数，共同评价区域科技创新环境资源。

二　确定指标权重

（一）标准化处理

因为各个指标的量纲有所差异，所代表的含义也各不相同，为了消除这些差异带来的影响，因此要对原始指标数据进行归一化处理。

其中，X_{ij} 为第 i 个城市的第 j 项指标，正指标值越大，系统的正面效应越大。归一化公式为：

$$正向指标：V_{ij} = \frac{X_{ij} - \min(X_j)}{\max(X_j) - \min(X_j)} \tag{1}$$

$$负向指标：V_{ij} = \frac{\max(X_j) - X_{ij}}{\max(X_j) - \min(X_j)} \tag{2}$$

式中，V_{ij} 为归一化后的数值，X_{ij} 为原始数值。

（二）确定指标权重

指标权重的确定方法主要有两种，分别是主观赋权法和客观赋权法。本文选取的是相对比较客观的熵权法确定指标权重，相对于主观赋权法来说更有数据依据和科学性。因为评价指标体系结构中的量纲有很大的差异，因此需要对指标数据进行归一化处理。

计算第 j 个指标下第 i 个评价对象的特征比重为 P_{ij}，即

$$P_{ij} = (0.6 + 0.4V_{ij}) / \sum_{i=1}^{m} (0.6 + 0.4V_{ij}) \tag{3}$$

计算第 j 项指标的熵值 E_j，即

$$E_j = -1/\ln(m) \sum_{i=1}^{m} P_{ij} \ln P_{ij} \tag{4}$$

计算第 j 项指标的差异系数 D_j，即

$$D_j = 1 - E_j \tag{5}$$

计算各项指标的熵权 v_j，即

$$v_j = (1 - E_j) / (m - \sum_{j=1}^{m} E_j) \tag{6}$$

（三）计算系统综合得分

$$U_a = \sum_{j=1}^{m} W_j V_{ij} \tag{7}$$

三　科技创新测算与现状分析

本文以 2008~2017 年中部地区的数据为研究样本，指标数据主要来自《中国统计年鉴》、《中国科技统计年鉴》、《中国火炬统计年鉴》、地方统计年鉴与地方统计公报等。部分丢失数据由各省 2008~2017 年政府工作总结报告和年鉴补全。

由表 3-2 可以看出，熵权法下的各个指标层的权重差别较小，且 2008~2017 年每年的权重变化不大。其中人力资源中权重最高的是科技服务业从业人员占第三产业从业人员比重，为 0.04526。财力资源中最高的是规模以上工业企业 R&D 经费内部支出总额占销售收入的比例，为 0.04468。物力资源中权重最高的是规模以上工业企业有研发机构的企业占企业总数的比例，高达 0.04422。信息资源中权重最高的是互联网普及率，为 0.04290。知识资源中专利申请数权重最高，为

0.04510。市场资源中市场中介组织的发育和法律制度环境权重最高，为 0.04435。

表 3 - 2　科技创新评价指标权重均值

指标层		指标权重
X_{11}	规模以上工业企业 R&D 人员数	0.04346
X_{12}	规模以上工业企业 R&D 人员中研究人员全时当量占比	0.04101
X_{13}	科技服务业从业人员占第三产业从业人员比重	0.04526
X_{14}	每万人平均 R&D 人员全时当量	0.04304
X_{15}	每万人 R&D 人员数	0.04331
X_{16}	每万人研究生在校学生数	0.04449
X_{21}	规模以上工业企业 R&D 经费内部支出总额占销售收入的比例	0.04468
X_{22}	规模以上工业企业引进技术经费支出	0.04408
X_{23}	规模以上工业企业研究经费内部支出	0.04377
X_{24}	全省企业基础研究经费占研究经费内部支出比例	0.04356
X_{25}	R&D 投入占 GDP 的比例	0.04296
X_{31}	规模以上工业企业有研发机构的企业占企业总数的比例	0.04422
X_{32}	高技术企业数	0.04293
X_{33}	全省 R&D 机构数	0.04304
X_{41}	互联网普及率	0.04290
X_{42}	百人移动电话用户数	0.04243
X_{43}	百人固定电话用户数	0.04245
X_{51}	SCI(EI/ISTP)收录的科技论文数	0.04491
X_{52}	发明专利授权数占专利授权数比重	0.04311
X_{53}	专利申请数	0.04510
X_{61}	政府与市场的关系	0.04268
X_{62}	市场中介组织的发育和法律制度环境	0.04435
X_{63}	市场化指数	0.04226

从表 3 - 3 可以看出，使用熵权法计算出来的各个系统层的权重由大到小分别是：人力资源 > 财力资源 > 知识资源 > 物力资源 > 环境资源 > 信

息资源。其中人力资源和财力资源的权重分别高达 0.26057 和 0.21905。物力资源、信息资源、知识资源和环境资源的权重很接近。

表 3-3 6 个子系统层权重

系统层	熵权法权重均值
人力资源 X1	0.26057
财力资源 X2	0.21905
物力资源 X3	0.13018
信息资源 X4	0.12779
知识资源 X5	0.13313
环境资源 X6	0.12928

四 中部地区科技创新评价结果

中部六省科技创新现状。由表 3-4 和图 3-1 可以看出六省的科技资源排名情况，六省的综合得分均处在中等及中等偏下水平；从排名情况来看，2008 年的排名由高到低分别为湖北省、山西省、湖南省、安徽省、江西省和河南省。2017 年六省的排名由高到低分别是湖北省、安徽省、湖南省、河南省、江西省和山西省，其中第一名湖北省与最后一名江西省相差 0.286085。江西省的得分除了 2008 年和 2017 年之外，其余年份均是第六名，总体水平最低，但是除了 2011 年和 2012 年得分有所下降之外，整体上有所上升。河南省的综合得分总体偏低，但是排名呈现逐年上升的趋势，从 2008 年的第六名上升到 2017 年的第四名，科技发展潜力较大。湖北省综合得分比较稳定，稳居六省综合得分第一名，说明其总体科技资源状况良好。安徽省的科技创新水平上升最快，由第四名上升为第二名，

2017 年与湖北省仅相差 0.0376。湖南省的排名较为稳定，近十年在中部六省排第二名和第三名，整体水平较高。得分下降最明显的省份是山西省，2008 年位于六省的第二名，2017 年却下降到第六名。

表 3 - 4　中部六省科技创新综合得分排名

省份	2008 年	2009 年	2010 年	2011 年	2012 年	2013 年	2014 年	2015 年	2016 年	2017 年
江西	5	6	6	6	6	6	6	6	6	5
河南	6	5	5	5	5	4	4	4	4	4
湖北	1	1	1	1	1	1	1	1	1	1
湖南	3	2	2	3	3	3	3	3	3	3
山西	2	3	4	4	4	5	5	5	5	6
安徽	4	4	3	2	2	2	2	2	2	2

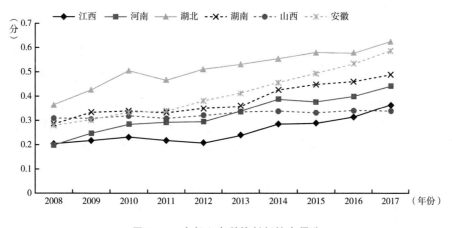

图 3 - 1　中部六省科技创新综合得分

（一）人力资源现状分析

图 3 - 2 是中部六省的人力资源子系统的单独得分。综合 2008 ~ 2017 年中部六省的人力资源得分情况，六省的排名由高到低分别为湖北省、湖南省、安徽省、河南省、山西省和江西省，湖北省的人力资源一直是第一名。其中安徽省的科技资源综合排名上升最快，2017 年超过湖南省位居六省第二名。2011 年之前山西省的人力资源综合得分排名第二，2011 年

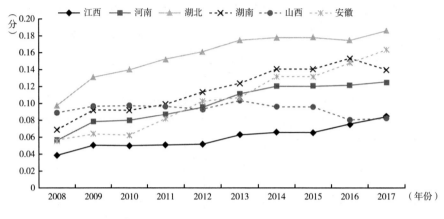

图 3-2 2008~2017 年中部六省人力资源综合得分

之后排名逐年下降，直至 2017 年排名第六。江西省的人力资源综合得分在中部六省中排名靠后，有较大的上升潜力。

从规模以上工业企业 R&D 人员数来看（见图 3-3），河南省从总量上来看是第一名，但是由于河南省人口基数大，因此人均数量较少。从总体上来看，各省的数量总体是上升的。总量上来看，2017 年，规模以上工业企业 R&D 人员数量由多到少分别为河南省、安徽省、湖北省、湖南省、江西省和山西省，相对来说都已经具备一定的规模。2017 年全国平均规模以上工业企业 R&D 人员数是 130485.742 人，除了江西省和山西省

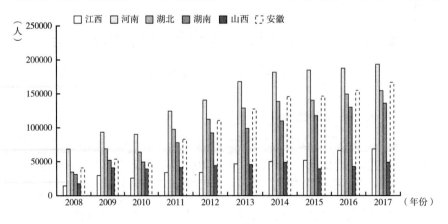

图 3-3 2008~2017 年中部六省规模以上工业企业 R&D 人员数

未超过全国平均水平外，其余四个省份均高于全国平均水平。

从规模以上工业企业 R&D 人员中研究人员全时当量占比来看，总体上指标数据值呈下降趋势。这个结果可能是因为各个省份的 R&D 人员全时当量的增加速度超过研究人员全时当量增加速度。而且各个省的规模以上工业企业 R&D 人员中研究人员全时当量占比相差很小，但是山西省大多年份的比重居于六省中的第一名。就 2017 年的数据来看，全国的平均水平为 32.33%，除了安徽省，其他省份均超过全国平均水平（见图 3－4）。

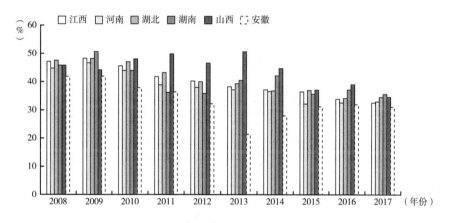

图 3－4　2008～2017 年中部六省规模以上工业企业 R&D
人员中研究人员全时当量占比

从科技服务业从业人员占第三产业从业人员比重来看，2008～2009年，山西省的比重超过其他省份位居第一，2010～2016 年湖南省的比重远远超过其他省份，但是到 2017 年，湖南省的比重下降，几乎和其他省份持平（见图 3－5）。

从每万人平均 R&D 人员全时当量来看，2011～2017 年，湖北省居于第一位，其次是安徽省。其中安徽省的增长是最快的，2008 年安徽省每万人平均 R&D 人员全时当量与河南省和湖北省接近，而到了 2017 年，安徽省每万人平均 R&D 人员全时当量六省第二名，与第一名湖北省仅仅差

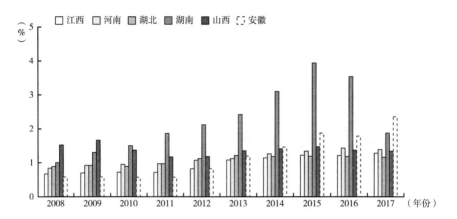

图 3 - 5　2008～2017 年中部六省科技服务业从业人员占第三产业从业人员比重

了 1.26 个百分点。其中江西省和河南省的人均全时当量增长幅度较小，且发展较慢，说明河南省和江西省的人力资源相对来说比较落后。但是从 2017 年的数据来看，全国的平均水平为 29.02 人年，六省均未超过全国的平均水平，尤其是山西省和江西省，未达到全国平均水平的 1/2（见图 3 - 6）。从每万人 R&D 人员数来看，其现状和排名同每万人平均 R&D 人员全时当量接近（见图 3 - 7）。

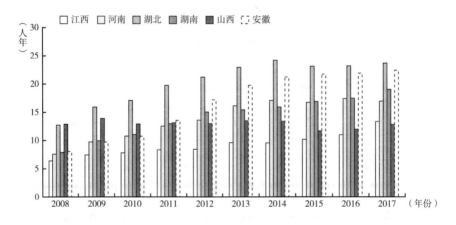

图 3 - 6　2008～2017 年中部六省每万人平均 R&D 人员全时当量

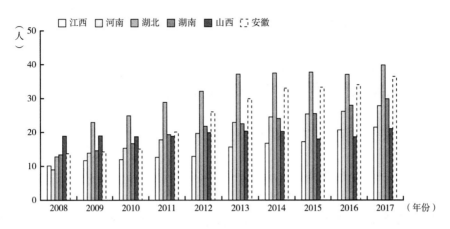

图 3 - 7　2008～2017 年中部六省每万人 R&D 人员数

从每万人研究生在校学生数来看（见图 3 - 8），湖北省的数量远远超过其他省份，2017 年甚至是其他省份的 2 倍还多。这和湖北省高校众多有关：湖北省有 7 所 211 高校，而安徽省有 3 所，河南省 1 所，江西省 1 所，山西省 1 所，湖南省 3 所，其余五个省份拥有 211 高校的数量远远少于湖北省，尤其是河南省，教育资源和人口基数不相符。江西省、安徽省、湖南省和山西省的每万人研究生在校学生数没有较大差别。全国 2017 年每万人研究生在校学生数为 18.99 人/万人，除湖北省以外，其余

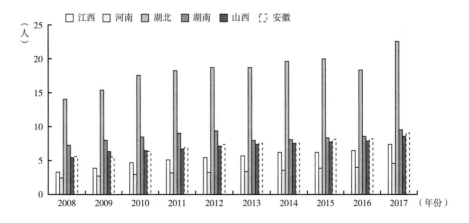

图 3 - 8　2008～2017 年中部六省每万人研究生在校学生数

五个省份均未达到全国平均水平。

总体上看，中部六省的科技人力资源逐年上升，其中湖北省和湖南省的人力资源较丰富，尤其是湖北省，其每万人平均 R&D 人员全时当量、每万人 R&D 人员数和每万人研究生在校学生数居六省第一，其余几项指标大部分超过了全国平均水平。湖南省科技服务业从业人员与第三产业人员比重自 2010 年之后，除了 2017 年有所下降外，其余年份均稳居六省第一位。河南省的规模以上工业企业 R&D 人员数较高，但是每万人研究生在校学生数远低于其他几个省份。江西省的科技资源虽然逐年上升，但六省排名依然处于较靠后的位置，有很大提升空间。山西省的规模以上工业企业 R&D 人员数和其余省份相比有较大差距。安徽省的科技创新水平进步最快，规模以上工业企业 R&D 人员数、每万人平均 R&D 人员全时当量和每万人 R&D 人员数近年来仅次于湖北省。

（二）财力资源现状分析

图 3-9 是六省的财力资源综合得分，很容易看出湖北省和安徽省的得分一直处于较高的水平，2011 年之后两省分别稳定地排在六省中第一名和第二名。江西省自 2011 年后进步较快。总体来看，河南省与山西省排名不相上下，湖南省相对来说处于中等水平。由于 2010 年规模以上工

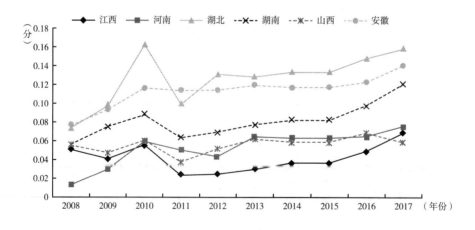

图 3-9 2008~2017 年中部六省财力资源综合得分

业企业部分数据缺失，所以 2010 年规模以上工业企业数据由大中型工业企业数据代替。

　　规模以上工业企业 R&D 经费内部支出总额占销售收入的比例可以解释规模以上工业企业 R&D 投入强度，也就是规模以上工业企业对科技创新的重视程度。除了 2010 年的投入强度较高外，其他年份的投入强度增长缓慢。其中湖南省、湖北省和安徽省的投入强度相对于其他三个省份来说较高，而河南省、江西省和山西省的投入强度自 2010 年以后逐渐与其他三个省份拉开差距，处于较低的水平。就 2017 年的情况来看，全国的规模以上工业企业 R&D 经费内部支出总额占销售收入的比例为1.06%，湖北省和湖南省超过了全国平均水平，其他省份的数据均不及全国平均水平，处于较落后的状态（见图 3 - 10）。

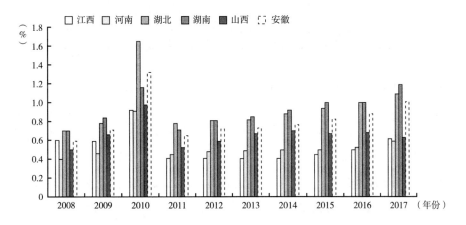

图 3 - 10　2008 ~ 2017 年中部六省规模以上工业企业 R&D
经费内部支出总额占销售收入的比例

　　由图 3 - 11 可以看出六省规模以上工业企业引进技术经费支出情况。很明显可以看出湖北省的支出远远大于其他几个省份。居于第二名的是安徽省，但是安徽省自 2013 年开始，引进技术经费支出就一直处于下降的状态。其他几个省份的科技经费一直处于波动状态，并不像其他指标一样有逐年上涨的趋势，有一种可能是区域自主研发能力的上升导致引进技术经费支出减少。全国 2017 年规模以上工业企业引进技术经费支出平均水平为 117445.676 万元，只有湖北省超过了全国平均水平，达到 162376 万元，其余省份均不到 60000 万元，河南省 2017 年规模以上工业企业引进技术经费支出仅 18999 万元，不足全国平均水平的 1/5。

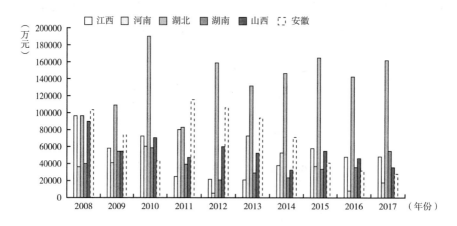

图 3 - 11　2008 ~ 2017 年中部六省规模以上工业企业引进技术经费支出

由图 3 - 12 和图 3 - 13 可知，中部六省的规模以上工业企业研究经费内部支出和企业基础研究经费占研究经费内部支出比例均呈现出逐年上涨的趋势。就前者而言，河南省、湖南省、安徽省和湖北省一直处于较高水平，2017 年全国平均规模以上工业企业研究经费内部支出为 3533223.21 万元，山西省则未达到全国平均水平的 1/3。就企业基础研究经费占研究经费内部支出比例而言，安徽省总体上处于较高水平，山西省上升最快，而河南省和湖南省则处于较低水平。

从 R&D 投入占 GDP 的比例来看（见图 3 - 14），湖北省 2008 ~ 2012 年领先，安徽省的投入强度自 2013 年超过湖北省后一直处于领先地位，湖南省则一直处于中等偏上的水平，其他三个省的水平都较低。2017 年全国 R&D 投入强度为 2.13%，六省均低于全国平均水平，其中江西省 2017 年 R&D 投入强度仅为全国平均水平的 1/2 左右。

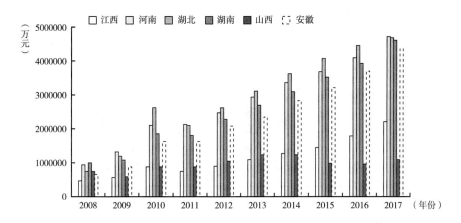

图 3 – 12　2008～2017 年中部六省规模以上工业企业研究经费内部支出

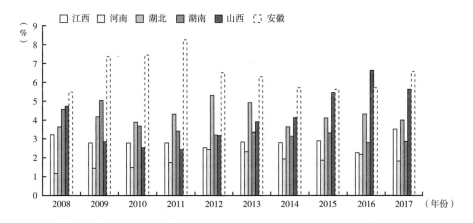

图 3 – 13　2008～2017 年中部六省企业基础研究经费占研究经费内部支出比例

　　总体上看，湖北省和安徽省的财力资源较强。湖北省的规模以上工业企业引进技术经费支出远高于中部其他省份，但是其企业基础研究经费占研究经费内部支出比例是短板。相反，安徽省的企业基础研究经费占研究经费内部支出比例较高，但是规模以上工业企业引进技术经费支出较低。山西省和河南省得分最为相近，但是河南省的规模以上工业企业研究经费内部支出较高，而山西省的企业基础研究经费占研究经费内部支出比例较高。

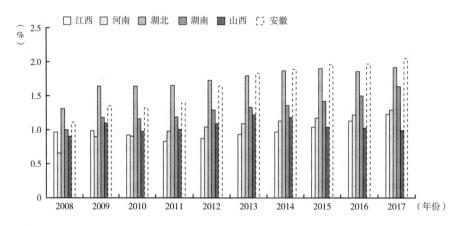

图3-14 2008~2017年中部六省R&D投入占GDP的比例

(三) 物力资源现状分析

由图3-15可知,中部六省的物力资源的差别越来越小。2014年以前湖北省排名均为六省第一,2014年及以后湖南省和安徽省的得分超过湖北省。安徽省2017年物力资源排名居六省第一,由此可见安徽省的物力资源丰富,为安徽省的科技发展提供了便利的条件。而湖北省的排名自2014年逐年下降,2017年排名最后一位,可见物力资源是湖北省的短板。由2017年的得分情况可知,排名由高到低分别为安徽省、江西省、河南省、湖南省、山西省和湖北省。

由图3-16可以看出六省的规模以上工业企业有研发机构的企业占企业总数的比例情况。2012年以前,六省均处于较低水平。2012年及以后,安徽省则一直领先,远远高于其他五个省份。2017年全国平均水平为18.95%,除了安徽省,其他省份均低于全国平均水平。

由图3-17可以看出,山西省的高技术企业数远远低于其他省份,不足200家,可能是因为煤炭产业是其发展的经济支柱,经济转型是山西省面临的重要问题。其余五个省份的高技术企业数量不相上下,安徽省2015年起高技术企业数量超过了河南省位居第一。2017年除了山西省,其他省份均超过了全国平均数942家。

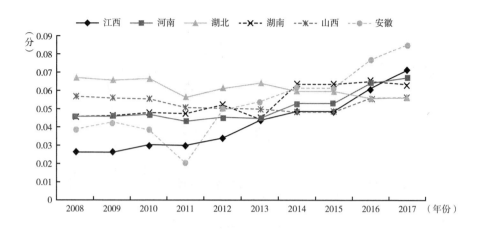

图 3 – 15　2008~2017 年中部六省物力资源综合得分

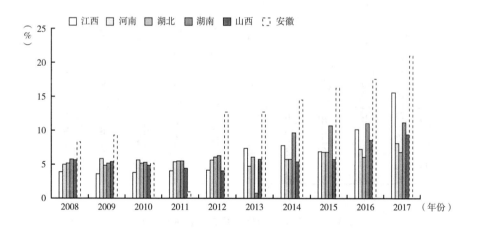

图 3 – 16　2008~2017 年中部六省规模以上工业企业有研发
机构的企业占企业总数的比例

由图 3 – 18 可以看出，山西省的 R&D 机构数远远超过其他省份居第一名，其次是湖北省，其余四个省份的 R&D 机构数量没有太大差距。2017 年全国平均水平为 104 家，除了安徽省，其他省份均超过了全国平均水平。

总体上来看，安徽省的物力资源综合得分上升最快，2016 年之后超

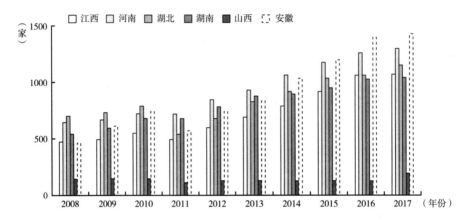

图 3 - 17 2008～2017 年中部六省高技术企业数

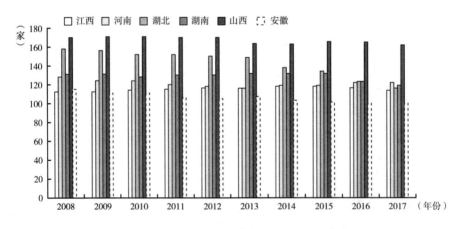

图 3 - 18 2008～2017 年中部六省 R&D 机构数

过湖北省和湖南省居第一位，尤其是规模以上工业企业有研发机构的企业占企业总数的比例一直较高。湖北省和湖南省的物力资源综合得分较高，其中湖北省除了规模以上工业企业有研发机构的企业占企业总数的比例较低以外，没有明显短板。山西省的 R&D 机构数较多而高技术企业数量较少。河南省和江西省物力资源得分较为接近。

（四）信息资源现状分析

由图 3 - 19 可以看出中部六省中山西省的信息资源近十年一直处于领

先位置。其次是湖北省，综合得分最低的省份是江西省。综合来看，六个省的排名由高到低分别为山西省、湖北省、安徽省、湖南省、河南省和江西省。

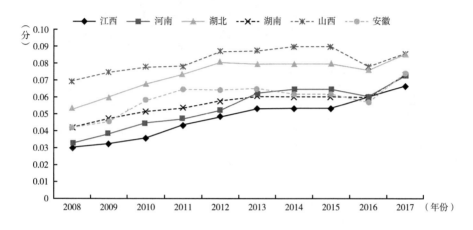

图 3 - 19　2008～2017 年中部六省信息资源综合得分

由图 3 - 20 可以看出六省的互联网普及率是逐年上升的，各个省份之间的差别不大，因此不会导致六省的信息资源综合得分有很大差别。就 2017 年的情况来看，互联网普及率由高到低分别为湖北省、山西省、安徽省、河南省、湖南省和江西省。全国 2017 年互联网普及率为 55.8%，除了湖南省和江西省以外，其他省份均超过了全国平均水平。

由图 3 - 21 可以看出六省的百人移动电话用户数量是逐年上升的。其中山西省的数量最多，接近 100 部/百人，其次是河南省和湖北省，其余三个省份的数量差别不大。总的来看，中部六省的移动电话普及率普遍较高。

由图 3 - 22 可以看出六省百人固定电话用户数逐年下降，这和移动电话的普及密切相关。就 2017 年的数据来看，排名分别是江西省、山西省、河南省、湖南省、湖北省和安徽省。

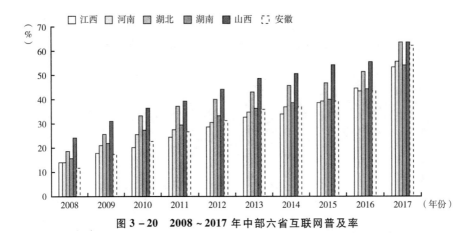

图 3 – 20   2008～2017 年中部六省互联网普及率

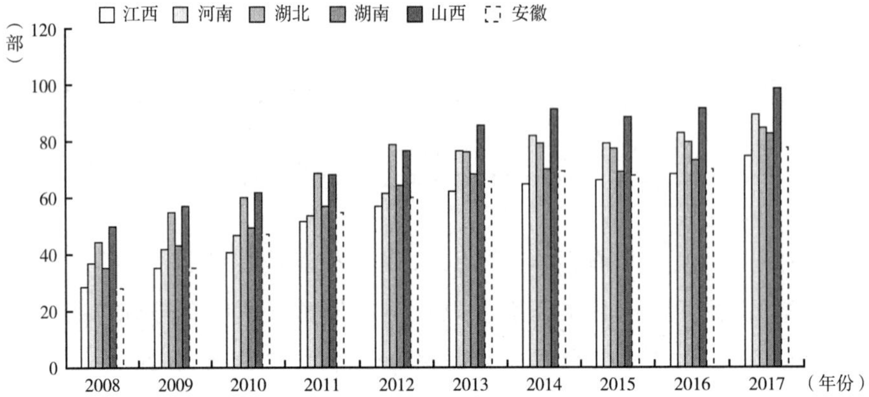

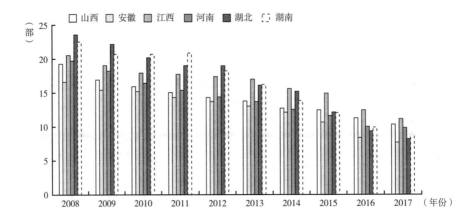

图 3 – 21   2008～2017 年中部六省百人移动电话用户数量

图 3 – 22   2008～2017 年中部六省百人固定电话用户数量

综合来看，六省的信息资源不断提升，山西省和湖北省的信息资源较丰富。其余四个省份信息资源差别较小。

（五）知识资源现状分析

由图 3－23 可以看出中部六省的知识资源综合得分由高到低分别为湖北省、湖南省、安徽省、河南省、山西省和江西省，且六省近十年的排名变化较小。其中排名上升最快的省份是安徽省，部分年份甚至超过湖北省居第一名。进步较慢的山西省逐渐被其他省份超过，在 2017 年排在第五名。江西省一直处于落后位置。

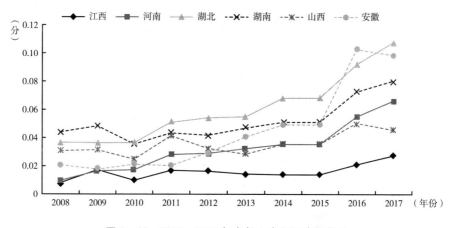

图 3－23　2008～2017 年中部六省知识资源得分

由图 3－24 可以看出六省的 SCI（EI/ISTP）收录的科技论文数是逐年上升的，其中排名由高到低分别为湖北省、湖南省、安徽省、河南省、江西省和山西省。其中湖北省的数量远远高于其余五个省份，而江西省和山西省仅湖北省的 1/5 上下。

由图 3－25 可以看出六省发明专利授权数占专利授权数比重情况。从 2017 年的情况看，排名依次为湖北省、安徽省、山西省、湖南省、河南省和江西省。整体上山西省、安徽省、湖北省和湖南省的发明专利授权数占专利授权数比重多于其余 2 个省份。2017 年全国平均水平为 24.42%，六省均低于全国平均水平。

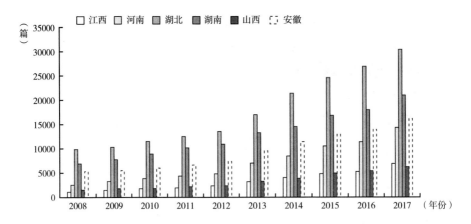

图 3 – 24　2008 ~ 2017 年中部六省 SCI（EI/ISTP）收录的科技论文数

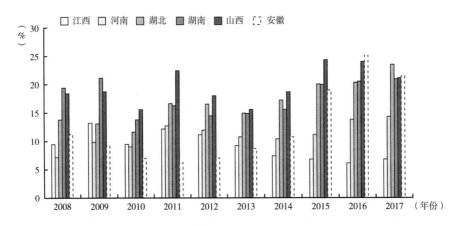

图 3 – 25　2008 ~ 2017 年中部六省发明专利授权数占专利授权数比重

　　从专利申请数上来看，六省均呈现逐年上升的趋势，数量由高到低分别是安徽省、河南省、湖北省、湖南省、江西省和山西省。2017 年只有安徽省超过了全国平均水平的 127150.35 件，其余五个省份的专利申请数均低于全国平均水平（见图 3 – 26）。

　　总之，中部六省中湖北省和湖南省的知识资源较丰富，安徽省的进步最快，并于 2016 年超过湖南省和湖北省。湖北省的 SCI（EI/ISTP）收录的科技论文数较高但是专利申请数较低，安徽省则正好相反。六省发明专

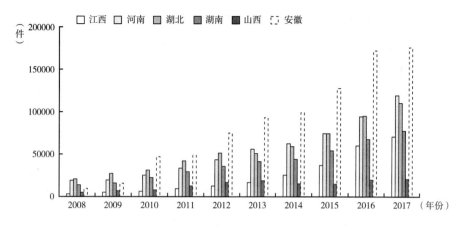

图 3 - 26 2008 ~ 2017 年中部六省发明专利申请数

利授权数占专利授权数比重均低于全国平均水平,今后有较大的提升空间。

(六) 市场环境资源现状分析

由图 3 - 27 可知,中部六省的市场环境资源评分相差较大,整体得分由高到低分别为江西省、河南省、安徽省、湖北省、湖南省和山西省。其中江西省市场环境资源优势明显,近十年一直居六省第一位。其次是河南省,除了部分年份低于湖北省之外,近四年仅次于江西省位于第二名。安

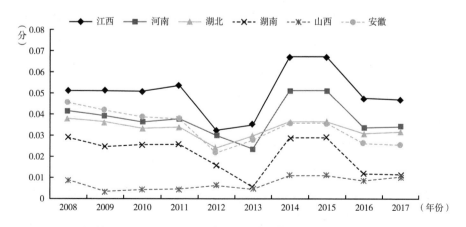

图 3 - 27 2008 ~ 2017 年中部六省市场环境资源综合得分

徽省和湖北省得分最为接近，2012 年湖北省超过安徽省居于第三名。山西省市场环境得分近十年一直是六省最低，这和山西省的地理位置有着密切关系。

从政府与市场的关系来看，2017 年得分由高到低分别为安徽省、湖北省、河南省、江西省、山西省和湖南省。2017 年全国政府与市场的关系指数为 5.60 分，除了安徽省和湖北省外，其余四个省份的得分均低于全国平均水平（见图 3 – 28）。

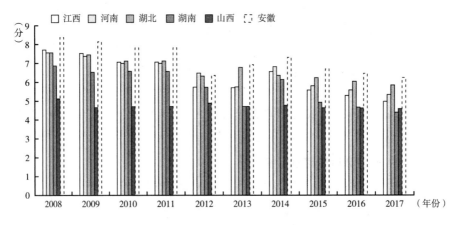

图 3 – 28　2008～2017 年中部六省政府与市场的关系

从市场中介组织的发育和法律制度环境的得分来看（见图 3 – 29），安徽省的指数得分最高且逐年上升。从数据走势上来看，六省的数据走势基本一致，均在 2011 年和 2014 年有较大的波动，其他年份稳步上升。2017 年市场中介组织的发育和法律制度环境全国平均得分为 5.07 分，除了江西省和山西省之外，其余四个省份均超过了全国平均水平。

从市场化指数来看六个省份的指数得分没有很大区别，近十年有小幅度的上涨。2017 年六省得分由高到低分别为湖北省、安徽省、河南省、湖南省、江西省和山西省。全国平均水平为 6.01 分，山西省未达到全国平均水平。与全国市场化指数最高的江苏省（11.23 分）相比，中部六省的市场化指数相对较低（见图 3 – 30）。

总体上来看，安徽省的市场资源较丰富，并且没有明显短板。湖北

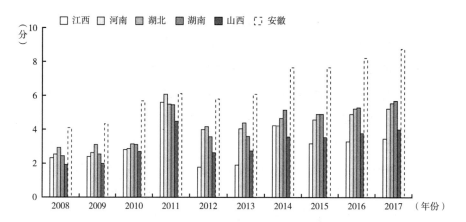

图 3 - 29　2008 ~ 2017 年中部六省市场中介组织的发育和法律制度环境

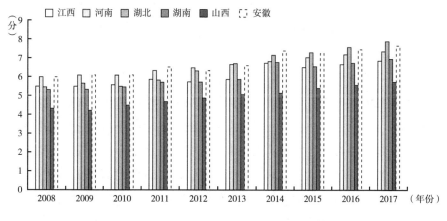

图 3 - 30　2008 ~ 2017 年中部六省市场化指数

省、河南省、湖南省和江西省的市场资源较为接近，分别位于六省的第二名、第三名、第四名和第五名。山西省的市场资源最低，主要短板是市场化指数。

第三节　中部地区科技对绿色发展贡献力研究

科技创新是引领绿色发展的第一动力，也是推进生态文明建设的重要着力点。2017 年中国 R&D 经费投入 1.76 万亿元，居世界第二，创历史新高。2017 年环保产业总收入达 1.35 万亿元，环保产业技术和装备水平稳步提升。但当前生态保护形势依然严峻，资源环境所限成为我国发展的主要瓶颈。科技创新是应对生态环境挑战、支撑绿色发展的利器，唯有科技创新才是走向高质量发展未来的根本路径。党的十九大提出，要构建市场导向的绿色技术创新体系。2018 年国际生态环境新技术大会上亮相的绿色科技瞄准生产需求、贴近日常生活、坚持问题导向，以更好的技术和更优化的解决方案为保护人类健康和生存环境助力。"生态环境和资源是基础，这是我们的共识。但实际上生态环境既是发展的基础，又是发展的目的。"复旦大学环境科学与工程系教授包存宽在绿色发展分论坛上阐明了"绿色发展"的实质。绿色发展是在生态环境容量和资源承载能力的制约下，创新出的有利于资源节约、环境保护、生态改善的新型发展模式。

怎样用科技创新支撑绿色发展？相关专家认为，企业始终是连接科技创新与绿色发展的中坚力量。"一方面，企业赢利为实现绿色发展奠定了坚实的经济基础；另一方面，绿色发展中的诸多问题都是因企业生产造成的。解铃还须系铃人，要想从根本上解决绿色发展中存在的问题，真正实现绿色发展，必须依靠企业努力。"江苏省社会科学院研究员孙克强说。绿色技术的经济性是推广应用绿色技术的关键。"要重视研发具有经济性的绿色技术，让绿色生产有利可图。"孙克强提出，绿色发展最紧迫的是加快发展绿色产业，包括对传统产业的绿色改造。"没有传统产业的绿色改造，就难以全面实现中国经济的绿色发展。"绿色发展不仅是价值理性，更是工具理性，体现为实实在在的绿色行动。"支持培育以绿色农业、绿色工业和绿色服务业为主的绿色低碳循环产业体系，大幅提高经济绿色化程度，使源头治理、绿色制造、循环经济、系统治理和综合施策等贯穿产业转型和优化升级全过程。"中国环境科学研究院李小敏提出了构建绿色转型发展模式的建议。"绿色技术创新是一个复杂的技术和市场过程，需要强化顶层设计和系统谋划。"紧紧围绕绿色发展和创新驱动的总体目标要求，研究确定科技创新驱动绿色发展的基本内涵、核心指标和统计体系。[①]

一 中部地区科技对绿色发展的贡献力评价指标体系与模型构建

（一）中部地区科技对绿色发展的贡献力指标选取

本章在第二节已经评价了六省的科技创新水平，因此在第三节就科技对绿色发展的贡献力做出评价。首先，本文将科技对六省绿色发展的贡献力分为经济增长贡献、能源利用贡献和节能环保贡献三个部分。尚勇敏等（2017）[②] 认为科技创新对区域经济发展模式转型的作用主要表现为经济发展水平提升和经济结构优化两个方面，因此在查阅大量文献过后，本文将经济增长贡献分为发展总量和产业结构两个子系统。发展总量包括三个指标层，分别为人均 GDP、人均工业增加值、人均第三产业增加值，相比总量人均更能体现地方经济发展现状。产业结构包括第三产业产值占 GDP 比重和高新技术产业产值占 GDP 比重，这两个指标可以直观地衡量经济对区域经济结构的改变和贡献力。

企业始终是连接科技创新与绿色发展的中坚力量，一方面，企业赢利为实现绿色发展奠定了坚实的经济基础，另一方面，绿色发展中的诸多问题都是因企业生产造成的。[③] 绿色技术的经济性是推广应用绿色技术的关键，技术的进步能够极大提高能源利用效率，利用更少的资源发展经济，有利于区域绿色发展。因此本文中的能源利用贡献采用能源利用效率评价科技对区域绿色发展的贡献，从能源、电力、可再生能源、水资源、固体废弃物以及能源与 GDP 之间关系着手，包括能源消费弹性系数、电力消费弹性系数和单位 GDP 电耗等 7 个指标层。

高效清洁绿色发展是能源革命的核心目标，是企业的社会责任。清洁

---

① 孙庆、张宣、王甜：《用科技创新引领绿色发展》，《新华日报》2018 年 10 月 24 日。

② 尚勇敏、曾刚：《科技创新推动区域经济发展模式转型：作用和机制》，《地理研究》2017 年第 12 期。

③ 孙庆、张宣、王甜：《用科技创新引领绿色发展》，《新华日报》2018 年 10 月 24 日。

技术不仅可以运用在工业，减少工业企业"三废"排放，还可以运用在农业、生活和环境保护，因此本文使用单位工业增加值废水排放量、单位耕地面积化肥使用量、城市污水处理率和水质优良率等9个指标层，分别从工业、农业、生活和环境预防与检测4个子系统评价科技的减排环保贡献。

　　本文中提到的科技对绿色发展的贡献力指标如表3-5所示。该指标的选取首先是根据各个子系统本身的特点将21个指标层分为7个子系统层和3个系统层，然后依据前人的研究成果确定各个指标层。其中，OECD将绿色发展分为环境与资源生产率、自然资产基础、生活质量与政策响应四个方面；李小西的《人类绿色发展指数的测算》在社会经济可持续发展和生态资源环境可持续发展两大维度同等重要的基础上，构建了"人类绿色发展指数"，以教育、卫生、水等12个元素指标为计算基础。本文在借鉴了相关文献中的绿色发展指标后，对其进行科学的筛选，最终确定了科技对绿色发展的贡献力评价指标体系。

表3-5　科技对绿色发展的贡献力评价指标体系

系统层	子系统层	指标层	单位	方向
经济增长贡献	发展总量	人均GDP	元	+
		人均工业增加值	元	+
		人均第三产业增加值	元	+
	产业结构	第三产业产值占GDP比重	%	+
		高新技术产业产值占GDP比重	%	+
能源利用贡献	能源利用效率	能源消费弹性系数		−
		电力消费弹性系数		−
		单位GDP电耗	千瓦时/万元	−
		单位GDP能耗	吨标准煤/万元	−
		单位工业增加值水耗	立方米/万元	−
		可再生能源发电比例	%	+
		工业固体废物综合利用率	%	+
减排环保贡献	工业	单位工业增加值废水排放量	吨/亿元	−
		单位工业增加值SO_2排放量	吨/亿元	−
		单位GDP化学需氧量排放量	吨/万元	−
	农业	单位耕地面积化肥使用量	公斤/公顷	−

续表

系统层	子系统层	指标层	单位	方向
	生活	城市生活垃圾无害化处理率	%	+
		城市污水处理率	%	+
		农村无害化厕所普及率	%	+
	环境预防 与检测	水质优良率	%	+
		空气优良率	%	+

（二）　熵权法确定指标权重

首先进行归一化处理。其中 X_{ij} 为第 i 个省份的第 j 项指标，正指标值越大，系统的正面效应越大，负指标值越大，系统的负面效应越大。

正向指标归一化公式为

$$X'_{ij} = \frac{X_{ij} - \min X_j}{\max(X_j) - \min(X_j)} \tag{8}$$

负向指标归一化公式为

$$X'_{ij} = \frac{\max X_j - X_{ij}}{\max(X_j) - \min(X_j)} \tag{9}$$

其余具体步骤见第二节。

（三）　运用 TOPSIS 法计算综合得分

本文采用熵权法确定各个指标权重，具体指标权重如表 3 - 6 所示。运用 TOPSIS 法进行评价，根据第二节中熵权法计算过程，计算出各个指标权重，并以权重乘以归一化处理后的矩阵，得出新的矩阵。其中 W_j 为指标权重。

$$Y = \begin{bmatrix} Y_{11} & Y_{12} & \cdots & y_{1n} \\ y_{21} & y_{22} & \cdots & y_{2n} \\ \vdots & \vdots & \vdots & \vdots \\ y_{m1} & y_{m2} & \cdots & y_{mn} \end{bmatrix} = \begin{bmatrix} r'_{11} \cdot \omega_1 & r'_{12} \cdot \omega_1 & \cdots & r'_{1n} \cdot \omega_1 \\ r'_{21} \cdot \omega_1 & r'_{22} \cdot \omega_1 & \cdots & r'_{2n} \cdot \omega_1 \\ \vdots & \vdots & \vdots & \vdots \\ r'_{m1} \cdot \omega_1 & r'_{m2} \cdot \omega_1 & \cdots & r'_{mn} \cdot \omega_1 \end{bmatrix} \tag{10}$$

根据上式得出的矩阵，可以求出各个指标的正负理想解。

$$Y^+ = \{ \max_{1 \leqslant j \leqslant n} y_{ij} | j = 1, 2, \cdots, n \} = \{ y_1^+, y_2^+, \cdots, y_n^+ \} \tag{11}$$

$$Y^- = \{ \max_{1 \leqslant j \leqslant n} y_{ij} | j = 1, 2, \cdots, n \} = \{ y_1^-, y_2^-, \cdots, y_n^- \} \tag{12}$$

关于距离的计算，本文选用的方法是欧氏计算法。分别计算不同地区评价向量到正理想解的距离 D_i^+ 和到负理想解的距离 D_i^-。

$$D_i^+ = \sqrt{\sum_{j=1}^{n} (y_i^+ - y_{ij})^2} \tag{13}$$

$$D_i^- = \sqrt{\sum_{j=1}^{n} (y_i^- - y_{ij})^2} \tag{14}$$

贡献力贴近度的取值区间为 [0，1]，T_i 越大，越接近最优贡献力。当 $T_i = 1$ 时，贡献力最高；当 $T_i = 0$ 时，贡献力最低。本文研究的科技对绿色发展贡献力通过与理想解的贴近度来反映：贴近度越大，贡献力越好；反之，贴近度越小，贡献力越不好。计算公式为：

$$T_i = \frac{D_i^-}{D_i^+ + D_i^-} \tag{15}$$

（四） 中部地区科技对绿色发展的贡献力测算与分析

本文以 2008～2017 年近十年中部六省的数据为研究样本，指标数据主要来自《中国统计年鉴》《中国科技统计年鉴》《中国环境统计年鉴》《中国工业统计年鉴》《山西统计年鉴》《安徽统计年鉴》《江西统计年鉴》《河南统计年鉴》《湖北统计年鉴》《湖南统计年鉴》 与地方统计公报等。部分丢失数据由各省 2008～2017 年政府工作总结报告和年鉴补全。

（五） 评价指标的权重分析

由表 3-6 可以看出各个指标的权重，其中 3 个系统层的权重由高到低分别为减排环保能力、能源利用能力和经济增长能力。其中，经济增长能力中人均 GDP 的权重最高，为 0.0453，能源利用能力中权重最高的是可再生能源发电比例，为 0.0458，减排环保能力中权重最高的是单位 GDP 化学需氧量排放量等，权重为 0.0448。除此之外，人均工业增加值、人均第三产业增加值和高新技术产业产值占 GDP 比重的权重相对于其他指标而言较高，分别为 0.0451、0.0452 和 0.0451。

表 3 - 6　科技对绿色发展的贡献力指标权重均值

系统层	系统层权重	子系统层	指标层	指标层权重均值
经济增长能力	0.2258	发展总量	人均 GDP	0.0453
			人均工业增加值	0.0451
			人均第三产业增加值	0.0452
		产业结构	第三产业产值占 GDP 比重	0.0450
			高新技术产业产值占 GDP 比重	0.0451
能源利用能力	0.3122	能源利用效率	能源消费弹性系数	0.0448
			电力消费弹性系数	0.0448
			单位 GDP 电耗	0.0437
			单位 GDP 能耗	0.0434
			单位工业增加值水耗	0.0452
			可再生能源发电比例	0.0458
			工业固体废物综合利用率	0.0445
减排环保能力	0.4003	工业	单位工业增加值废水排放量	0.0445
			单位工业增加值 SO_2 排放量	0.0434
			单位 GDP 化学需氧量排放量	0.0448
		农业	单位耕地面积化肥使用量	0.0448
		生活	城市生活垃圾无公害化处理率	0.0445
			城市污水处理率	0.0446
			农村无害化厕所普及率	0.0448
		环境预防与检测	水质优良率	0.0444
			空气优良率	0.0447

（六）中部六省科技对绿色发展贡献力评价结果

根据相对接近度值的大小对各评价对象进行优劣排序，T_i的取值范围是［0，1］。T_i值越接近1，表示该评价对象越接近最优水平。通过模型计算得到2008～2017年绿色发展竞争力的灰色关联相对贴近度和排名，如表3-7、表3-8所示。2017年的排名由高到低分别为湖北省、湖南省、河南省、安徽省、江西省和山西省，其中六省的贴近度最接近的是2010年，此时六省的绿色发展是最接近的。山西省的排名近十年总体排名下降，由2008年的第三名下降到2017年的第六名。安徽省和湖南省进步最大，2008年这两省的排名分别为第六名和第四名，2017年安徽省上升到第四名，湖南省上升到第二名。河南省2008～2011年的排名由第二名下降到第五名，但是2012年之后排名逐渐上升。湖北省除了2009年和2010年以外，一直稳居六省第一。

表3-7　2008～2017年中部六省科技对资源贡献力贴近度排名

省份	2008年	2009年	2010年	2011年	2012年	2013年	2014年	2015年	2016年	2017年
山西	3	3	3	4	4	5	6	5	6	6
安徽	6	6	4	3	3	3	3	3	3	4
江西	5	5	6	6	6	6	5	6	5	5
河南	2	1	5	5	5	4	4	4	4	3
湖北	1	2	2	1	1	1	1	1	1	1
湖南	4	4	1	2	2	2	2	2	2	2

表3-8　TOPSIS法计算科技对绿色发展贡献力

年份	地区	D^+	D^-	T_i	年份	地区	D^+	D^-	T_i
2008	山西	0.1352	0.1348	0.4993	2009	山西	0.1291	0.1351	0.5114
	安徽	0.1414	0.1144	0.4474		安徽	0.1384	0.1178	0.4599
	江西	0.1353	0.1157	0.4609		江西	0.1356	0.1232	0.4761
	河南	0.1127	0.1376	0.5497		河南	0.1050	0.1460	0.5816
	湖北	0.0992	0.1457	0.5950		湖北	0.1058	0.1426	0.5740
	湖南	0.1272	0.1177	0.4805		湖南	0.1254	0.1244	0.4979

续表

年份	地区	D^+	D^-	T_i	年份	地区	D^+	D^-	T_i
2010	山西	0.1232	0.1336	0.5204	2014	山西	0.1564	0.1017	0.3939
	安徽	0.1250	0.1302	0.5102		安徽	0.1338	0.1311	0.4949
	江西	0.1332	0.1273	0.4888		江西	0.1569	0.1051	0.4011
	河南	0.1252	0.1294	0.5083		河南	0.1333	0.1133	0.4594
	湖北	0.1135	0.1394	0.5513		湖北	0.0836	0.1601	0.6569
	湖南	0.1074	0.1357	0.5583		湖南	0.0996	0.1421	0.5879
2011	山西	0.1318	0.1284	0.4934	2015	山西	0.1496	0.1216	0.4483
	安徽	0.1302	0.1290	0.4977		安徽	0.1340	0.1275	0.4876
	江西	0.1462	0.1203	0.4514		江西	0.1479	0.1112	0.4291
	河南	0.1322	0.1185	0.4727		河南	0.1328	0.1128	0.4594
	湖北	0.1088	0.1486	0.5774		湖北	0.0918	0.1532	0.6254
	湖南	0.1144	0.1313	0.5344		湖南	0.1006	0.1383	0.5789
2012	山西	0.1361	0.1215	0.4716	2016	山西	0.1592	0.0966	0.3777
	安徽	0.1396	0.1277	0.4778		安徽	0.1208	0.1411	0.5386
	江西	0.1437	0.1195	0.4540		江西	0.1492	0.1091	0.4224
	河南	0.1315	0.1143	0.4650		河南	0.1228	0.1385	0.5302
	湖北	0.0913	0.1538	0.6274		湖北	0.0810	0.1600	0.6638
	湖南	0.1114	0.1312	0.5408		湖南	0.0870	0.1470	0.6284
2013	山西	0.1425	0.1159	0.4486	2017	山西	0.1736	0.0905	0.3426
	安徽	0.1357	0.1309	0.4909		安徽	0.1260	0.1191	0.4859
	江西	0.1488	0.1094	0.4236		江西	0.1385	0.1122	0.4475
	河南	0.1313	0.1120	0.4605		河南	0.1234	0.1397	0.5309
	湖北	0.0950	0.1511	0.6139		湖北	0.0683	0.1663	0.7090
	湖南	0.1040	0.1381	0.5704		湖南	0.0860	0.1478	0.6322

1. 经济增长能力评价结果分析

如表 3 - 9、表 3 - 10 和图 3 - 31 所示，六省的得分是用熵权法 -TOPSIS 计算贴近度而来。由表中 2017 年的情况可以看出，六省科技对经济增长贡献力排名依次为湖北省、湖南省、山西省、江西省、安徽省和河南省。湖北省除了 2008 ~ 2009 年排名第二外，其余年份均排名第一。山西省的得分整体上有下降趋势，从 2008 年的第一名逐年下降到 2017 年的第三名。安徽省总体排名比较稳定，湖南省总体上排名有所上升。江西省 2008 ~

2015 年排名靠后，近两年有上升趋势。湖北省的排名最近八年一直位列第一。

表 3 – 9　2008 ~ 2017 年中部六省经济发展贡献力子系统贴近度

省份	2008 年	2009 年	2010 年	2011 年	2012 年	2013 年	2014 年	2015 年	2016 年	2017 年
山西	0.6804	0.7768	0.6925	0.5860	0.5737	0.5399	0.4194	0.4124	0.3880	0.3767
安徽	0.4380	0.4167	0.3682	0.3403	0.3442	0.3484	0.3416	0.3711	0.3947	0.3015
江西	0.1915	0.1549	0.1265	0.0957	0.1440	0.1281	0.1536	0.2759	0.3390	0.3556
河南	0.4062	0.4707	0.3628	0.2582	0.2732	0.2374	0.2629	0.2962	0.2873	0.2668
湖北	0.6325	0.6942	0.7389	0.6851	0.6992	0.7970	0.7807	0.7123	0.6877	0.7277
湖南	0.4838	0.6065	0.5683	0.5479	0.5610	0.5500	0.5627	0.5823	0.5524	0.5422

表 3 – 10　2008 ~ 2017 年中部六省经济发展贡献力子系统排名

省份	2008 年	2009 年	2010 年	2011 年	2012 年	2013 年	2014 年	2015 年	2016 年	2017 年
山西	1	1	2	2	2	3	3	3	4	3
安徽	4	5	4	4	4	4	4	4	3	5
江西	6	6	6	6	6	6	6	6	5	4
河南	5	5	5	5	5	5	5	5	6	6
湖北	2	2	1	1	1	1	1	1	1	1
湖南	3	3	3	3	3	2	2	2	2	2

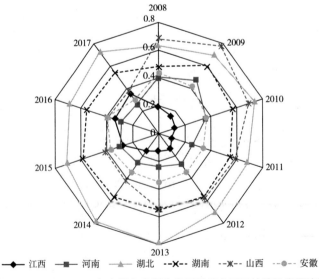

图 3 –31　2008 ~ 2017 年中部六省经济发展贡献力子系统贴近度雷达图

从整体上看，六省的人均 GDP 逐年上升（见图 3 - 32），其中 2017 年的排名由高到低分别为湖北省、湖南省、河南省、江西省、安徽省和山西省。2017 年全国人均 GDP 是 57261 元，除了湖北省其余五个省份均低于全国平均水平，说明六省的经济发展水平整体偏低。山西省的人均 GDP 自 2012 年增长速度逐年减缓，2017 年位于第六名，与第一名的湖北省相差 18136 元。江西省与安徽省的人均 GDP 最相近。

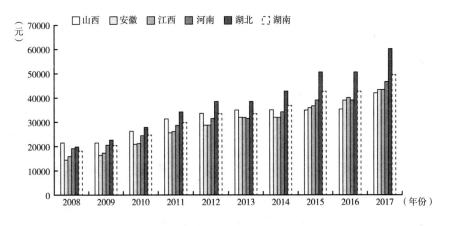

图 3 - 32　2008 ~ 2017 年中部六省人均 GDP

从人均工业增加值来看（见图 3 - 33），2012 年之前总体排名由高到低分别为山西省、河南省、湖北省、湖南省、江西省和安徽省，2012 年之后排名由高到低分别为湖北省、河南省、湖南省、安徽省、江西省和山西省。由此可见，山西省退步最大，其余五个省份均稳步向上。

从人均第三产业增加值来看（见图 3 - 34），2017 年增加值由高到低分别为湖北省、湖南省、山西省、河南省、江西省和安徽省。且六省的第三产业增加值均逐年稳步上升，其中湖北省的增长速度最快。2017 年全国人均第三产业增加值为 30719.92 元，六省的增加值均低于全国平均水平，整体来看六省的第三产业发展水平较低。

从第三产业产值占 GDP 的比重来看（见图 3 - 35），2013 年之前湖南省高于山西省位于第一，2013 年及之后山西省的比重超过湖北省和湖南省

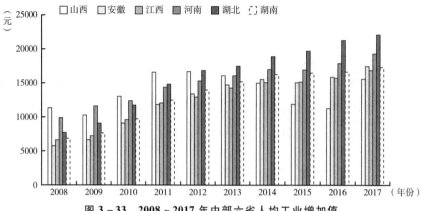

图 3 - 33　2008～2017 年中部六省人均工业增加值

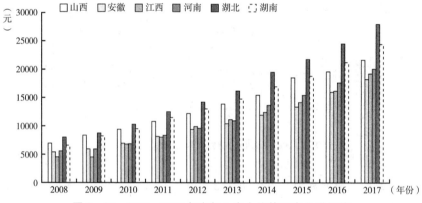

图 3 - 34　2008～2017 年中部六省人均第三产业增加值

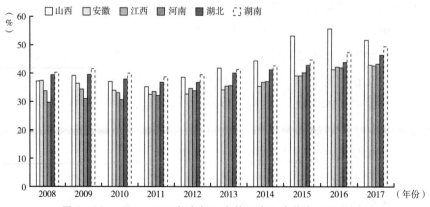

图 3 - 35　2008～2017 年中部六省第三产业产值占 GDP 比重

位居第一,说明山西省的经济近几年正在转型。就整体上来看,六省的第三产业 2014 年之前发展较为缓慢,2014 年之后发展速度逐渐加快。

从高新技术产业产值占 GDP 比重来看(见图 3-36),安徽省除 2017 年之外,其余年份均遥遥领先,由此可见安徽省的高新技术产业已经具备一定的规模。就整体来看,江西省的比重除 2009 年外逐年上升,而河南省和山西省均处于靠后的位置。可见山西省虽然第三产业产值占 GDP 的比重较高,但高新技术产业发展不够充分。湖北省的高新技术产业近十年发展一直较为稳定,处于六省中偏上水平。

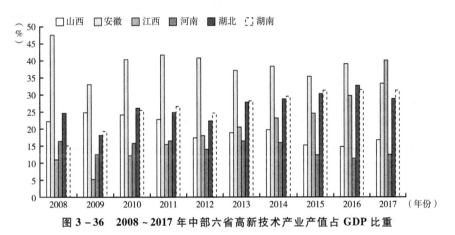

图 3-36 2008~2017 年中部六省高新技术产业产值占 GDP 比重

2. 能源利用能力评价结果分析

由表 3-11、表 3-12、图 3-37 可以看出,2017 年六省能源利用能力由高到低分别为湖北省、河南省、湖南省、安徽省、江西省和山西省。虽然 2008~2017 年六省得分排名一直在变化,但是整体上湖北省、湖南省和河南省的能源利用能力高于其他三个省份。湖北省的能源利用能力一直处于六省中较高水平,安徽省的排名波动较大但是整体上是在向好的方向发展,而江西省和山西省的能源利用能力依然是六省中较低的,增强能源利用能力应该是江西省今后发展应该着重努力的方向。山西省是我国重要的能源重化工基地,能源工业发展较快,拥有固定资产较多,但是能源利用能力较低。

表 3 - 11　2008～2017 年中部六省能源利用贡献力子系统贴近度

省份	2008 年	2009 年	2010 年	2011 年	2012 年	2013 年	2014 年	2015 年	2016 年	2017 年
山西	0.4160	0.4224	0.4485	0.4268	0.3798	0.4025	0.4134	0.4692	0.3904	0.2965
安徽	0.4475	0.4916	0.5582	0.5861	0.4365	0.4417	0.4665	0.4389	0.5174	0.4978
江西	0.4718	0.4665	0.5315	0.4720	0.4953	0.4155	0.3824	0.3904	0.3886	0.4331
河南	0.5027	0.5883	0.5903	0.6203	0.6260	0.5748	0.5369	0.5365	0.6552	0.6374
湖北	0.6365	0.5229	0.4938	0.5907	0.7009	0.5270	0.6640	0.5845	0.6579	0.6765
湖南	0.6072	0.5771	0.6641	0.6126	0.5845	0.6418	0.5664	0.5372	0.6419	0.6274

表 3 - 12　2008～2017 年中部六省能源利用贡献力子系统贴近度排名

省份	2008 年	2009 年	2010 年	2011 年	2012 年	2013 年	2014 年	2015 年	2016 年	2017 年
山西	6	6	6	6	6	6	5	4	5	6
安徽	5	4	3	4	5	4	4	5	4	4
江西	4	5	4	5	4	5	6	6	6	5
河南	3	1	2	1	2	2	3	3	2	2
湖北	1	3	5	3	1	3	1	1	1	1
湖南	2	2	1	2	3	1	2	2	3	3

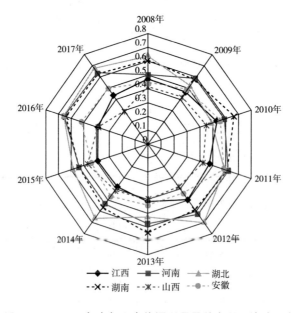

图 3 - 37　2008～2017 年中部六省能源利用贡献力子系统贴近度雷达图

　　能源消费弹性系数和电力弹性系数是负向指标，分别反映能源消费增长速度与国民经济增长速度之间比例关系和反映电力消费增长速度与国民经济增长速度之间比例关系。其中，能源消费弹性系数是能源消费量年平均增长速度和国民经济年平均增长速度的比值，电力消费弹性系数是电力消费量年平均增长速度和国民经济年平均增长速度的比值，这两个指标越小，能源和电力利用效率越高。

　　如图 3-38 所示，除了山西省和湖北省的能源消费弹性系数波动较大外，其余四个省份的系数很接近。在国民经济中重工业比重大、科学技术水平还很低的情况下，能源消费增长速度总是比国民生产总值的增长速度快，即能源消费弹性系数 >1，又因为各个省份的 GDP 年平均增长速度均大于 0，因此能源消费弹性系数越小，表示科技发展水平和能源利用效率越高。由图 3-38 可以看出湖北省 2012 年之前能源消费弹性系数在各省中较高，2012 年之后虽然波动较大但是总体数值较小，能源利用效率总体提高。其余五个省份总体来看差别不大，2017 年六省的能源消费弹性系数由低到高依次为河南省、湖北省、湖南省、江西省、安徽省和山西省。2017 年全国能源消费弹性系数为 0.42，只有山西省的系数大于全国平均水平，处于较为劣势的地位。

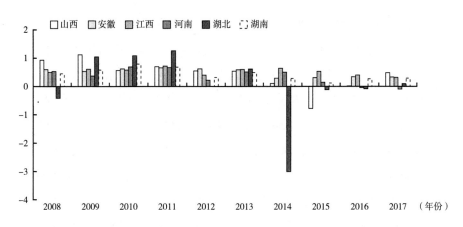

图 3-38　2008~2017 年中部六省能源消费弹性系数

从电力消费弹性系数来看，六省的波动较大。就 2017 年的数值来看，六省的电力消费弹性系数由低到高分别为湖北省、湖南省、河南省、江西省、安徽省和山西省。其中山西省、江西省和河南省的电力消费弹性系数和能源消费弹性系数的走向基本一致。2017 年全国电力消费弹性系数为 0.91，山西省、安徽省和江西省均大于 0.91，说明这三个省份的电力利用效率低于全国平均水平（见图 3 - 39）。

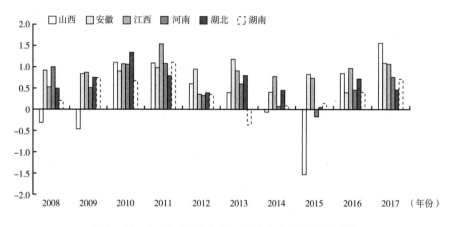

图 3 - 39　2008 ~ 2017 年中部六省电力消费弹性系数

从图 3 - 40 和图 3 - 41 可以明显看出，单位 GDP 电耗和单位 GDP 能耗六省整体上逐年下降，说明六省的能源利用效率逐年上升。但山西省的单位 GDP 电耗和单位 GDP 能耗远远高于其他省份，可能和山西省的经济结构有着密切关系，因此经济转型对于山西省来说是一直以来面临的问题。2017 年，单位 GDP 电耗由低到高分别为湖南省、湖北省、江西省、河南省、安徽省和山西省，单位 GDP 能耗由低到高分别为江西省、湖南省、安徽省、湖北省、河南省和山西省，除了山西省以外其他五个省份的数据比较接近，其中湖南省、湖北省和江西省的排名一直处于中间偏上位置。由于 2017 年全国单位 GDP 能耗与单位 GDP 电耗数据缺失，于是将六省与全国 2016 年数据相比较。2016 年全国单位 GDP 能耗与单位 GDP 电耗分别为 0.59 吨标准煤/万元和 800 千瓦时/万元，只有山西省的数据远远超过了全国平均水平。

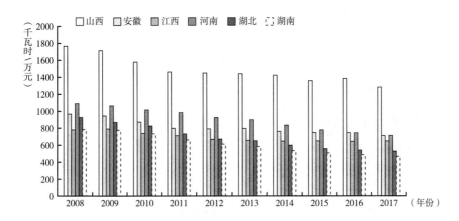

图 3-40 2008~2017 年中部六省单位 GDP 电耗

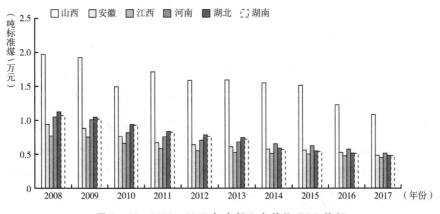

图 3-41 2008~2017 年中部六省单位 GDP 能耗

由图 3-42 可以看出，与单位 GDP 电耗和单位 GDP 能耗一样，单位工业增加值水耗也是整体呈现逐年明显下降的趋势，其中 2008~2011 年下降最明显，2011 年以后下降速度开始减缓。其中安徽省、湖北省、湖南省和江西省的工业耗水量远远高于河南省和山西省。2017 年单位工业增加值水耗由低到高分别为山西省、河南省、湖北省、湖南省、江西省和安徽省，并且除了山西省和河南省外，其余四个省份单位耗水量均高于 2017 年全国平均水平 46.17 立方米/万元。

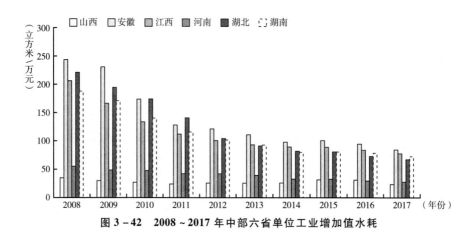

图 3 - 42 2008~2017 年中部六省单位工业增加值水耗

从可再生能源发电量占比来看，六省的差别明显。2017 年可再生能源发电量占比由高到低分别为湖北省、湖南省、江西省、安徽省、山西省和河南省。这不仅和科技发展有关，更与区域地形和水资源有关。山西省、河南省、安徽省均是以火力发电为主，且六省均没有核发电站，提高可再生能源发电比例，减少煤炭使用量，不仅可以减少对不可再生能源的依赖性，还可以减少环境污染。因为全国 2017 年可再生能源发电量占比数据缺失，此处采用 2016 年的全国数据作为对比。2016 年可再生能源发电量占比为 24.29%，湖北省和湖南省超过了全国平均水平，其他四个省份均低于全国平均水平（见图 3 - 43）。

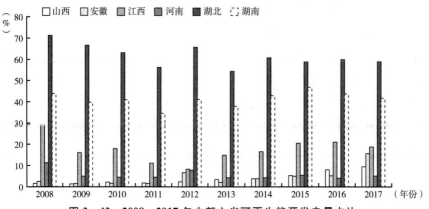

图 3 - 43 2008~2017 年中部六省可再生能源发电量占比

从工业固体废弃物综合利用率上来看（见图 3 - 44），2017 年排名由高到低分别是安徽省、湖南省、河南省、湖北省、江西省和山西省。由于《中国统计年鉴》中的工业固体废弃物综合利用率只更新到了 2015 年，所以此处采用 2015 年的全国数据作为对比。由数据可知，2015 年全国工业固体废弃物综合利用率为 60.2%，安徽省、河南省、湖北省和湖南省均超过全国平均水平，尤其是安徽省，2015 年工业固体废弃物综合利用率达到 90%。

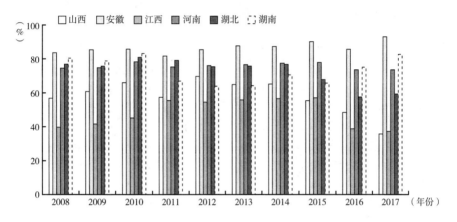

图 3 - 44　2008 ~ 2017 年中部六省工业固体废弃物综合利用率

3. 减排环保能力评价结果分析

由表 3 - 13、表 3 - 14 可以看出，2017 年六省的减排环保能力由高到低分别为湖北省、湖南省、安徽省、河南省、江西省和山西省。山西省的排名近十年一直在下降，说明山西省减排环保能力较弱，在追求经济快速发展时可能忽略了环境保护。安徽省则相反，其 2008 ~ 2009 年减排环保能力较弱，2010 年及以后逐渐好转。江西省 2013 年之前减排环保能力处于六省中间偏上，2013 年以后减排环保能力下降。河南省除了 2008 ~ 2009 年排名第一，其他年份节能环保能力排名开始下降。湖北省除个别年份排名较靠后，整体上节能环保能力较强。湖南省的减排环保能力排名则逐年上升。事实上，排名的落后不意味着环保能力的下降，由指标层数据可以看出多个省份的节能环保能力是整体上升的（见图 3 - 45）。

表 3 – 13　2008～2017 年中部六省节能环保能力子系统贴近度

省份	2008 年	2009 年	2010 年	2011 年	2012 年	2013 年	2014 年	2015 年	2016 年	2017 年
山西	0.4898	0.4975	0.5099	0.5074	0.4900	0.4397	0.3608	0.4490	0.3604	0.3583
安徽	0.4536	0.4556	0.5674	0.5319	0.6091	0.6319	0.6249	0.6170	0.6589	0.5960
江西	0.5651	0.6139	0.6007	0.5579	0.5311	0.5254	0.4984	0.5164	0.4811	0.5176
河南	0.6667	0.6420	0.5318	0.4682	0.4396	0.4863	0.4814	0.4779	0.5548	0.5713
湖北	0.5453	0.5611	0.5198	0.5179	0.5376	0.6069	0.5980	0.6093	0.6529	0.7271
湖南	0.3920	0.3890	0.4812	0.4786	0.5013	0.5234	0.6150	0.6089	0.6530	0.6851

表 3 – 14　2008～2017 年中部六省节能环保能力子系统排名

省份	2008 年	2009 年	2010 年	2011 年	2012 年	2013 年	2014 年	2015 年	2016 年	2017 年
山西	4	4	5	4	5	6	6	6	6	6
安徽	5	5	2	2	1	1	1	1	1	3
江西	2	2	1	1	3	3	4	4	5	5
河南	1	1	3	6	5	5	5	5	4	4
湖北	3	3	4	3	2	2	3	2	3	1
湖南	6	6	6	5	4	4	2	3	2	2

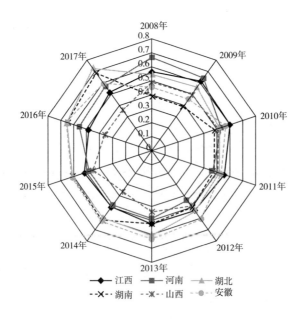

图 3 – 45　2008～2017 年中部六省节能环保能力子系统贴近度雷达图

　　单位工业增加值废水排放量是负向指标，六省整体上均呈现减少的趋势。就 2017 年的数据来看，单位工业增加值由低到高分别为湖南省、河南省、湖北省、安徽省、山西省和江西省。近十年六省中单位工业增加值排放量最高的省份一直是江西省，减少工业废水排放对江西省来说是目前面临的重要问题。河南省和山西省 2010 年之前废水排放量远远低于其他四个省份，之后六省的排放量差距逐渐缩小。因为数据缺失，此处采用 2015 年全国单位工业增加值废水排放量作为对比，结果发现只有湖北省、河南省和湖南省的排放量低于全国平均水平，其他省份均大于全国平均水平，说明六省的工业废水排放量普遍较高（见图 3－46）。

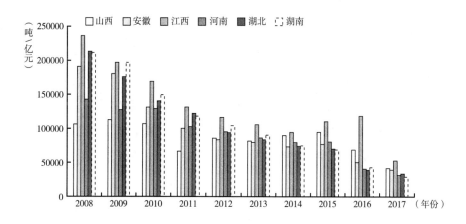

图 3－46　2008～2017 年中部六省人均工业增加值废水排放量

　　从总体上看，六省的单位工业增加值 SO_2 排放量逐年减少，但山西省的排放量远远高于其他省份。就 2017 年的数据来看，六省的排放量由低到高分别为湖北省、河南省、湖南省、安徽省、江西省和山西省。山西省的单位工业增加值 SO_2 排放量远远高于其余五个省份，但是近两年来六省的差距逐渐缩小（见图 3－47）。

　　从单位 GDP 化学需氧量排放量来看，六省的排放量总体上有所波动，但是自 2011 年之后六省的单位排放量逐年下降。就 2017 年的数据来看，

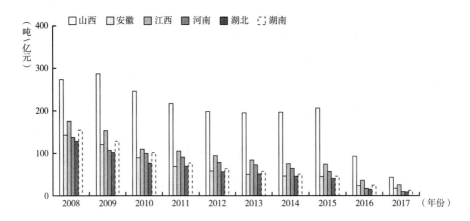

图 3 – 47　2008 ~ 2017 年中部六省单位工业增加值 SO_2 排放量

单位 GDP 化学需氧量排放量由低到高分别为河南省、山西省、湖北省、湖南省、安徽省和江西省。2017 年全国单位 GDP 化学需氧量排放量 0.0012 吨/万元，除了河南省外，其余五省的排放量均高于全国平均水平。化学需氧量排放量反映了水中受还原性物质污染的程度，该指标也作为有机物相对含量的综合指标之一，说明六省水污染整体上超过全国平均水平，较为严重（见图 3 – 48）。

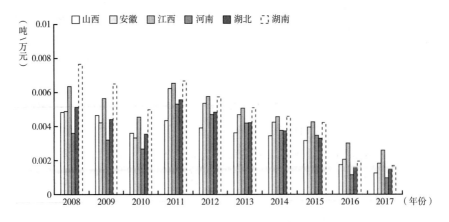

图 3 – 48　2008 ~ 2017 年中部六省单位 GDP 化学需氧量排放量

从城市污水处理率来看，近十年六省的城市污水处理率波动较小。2017年，城市污水处理率由高到低分别为安徽省、河南省、湖南省、江西省、湖北省和山西省。2017年全国城市污水处理率为94.5%，只有山西省未达到全国平均水平（见图3－49）。

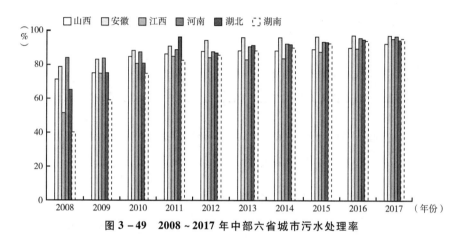

图 3 － 49   2008～2017 年中部六省城市污水处理率

卫生厕所指有完整下水道系统的水冲式、三格化粪池式、净化沼气池式、多翁漏斗式公厕以及粪便及时清理并进行高温堆肥无害化处理的非水冲式公厕。无害化卫生厕所指的是符合卫生厕所的基本要求，具有粪便无害化处理设施、按规范使用管理的厕所。无害化厕所的普及不仅有利于防止传播疾病，还能让粪便经过处理后无臭、无害，减少了污染，改善了环境。从图3－50可以看出，2017年中部六省均低于全国平均水平62.5%，排名由高到低分别为湖北省、河南省、江西省、安徽省、湖南省和山西省。整体上来看，无害化厕所普及率是上升的，但是和北京的98.1%、天津的93.2%相比依然有较大差距。

从水质优良率来看（见图3－51），排名由高到低分别为湖南省、江西省、湖北省、安徽省、河南省和山西省。这和前面所提到的城市污水处理率和单位工业增加值废水排放量排名差别不大。2017年全国水质优良率为67.9%，山西省和河南省的水质优良率低于全国平均水平，分别为56%和57.5%。

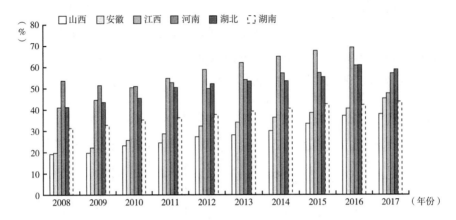

图 3 – 50 2008～2017 年中部六省农村无害化厕所普及率

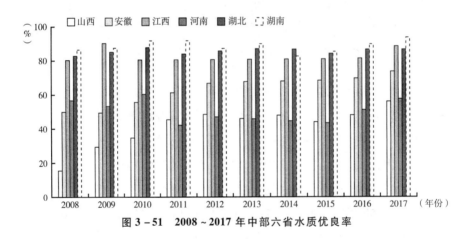

图 3 – 51 2008～2017 年中部六省水质优良率

从空气优良率来看，2008～2012 年六省的空气优良率较高且比较稳定，2012 年之后六省的空气优良率整体上呈现恶化的趋势。就 2017 年的数据来看，空气优良率由高到低分别为江西省、湖南省、湖北省、安徽省、山西省和河南省，其中江西省、湖南省、湖北省水平较为接近，安徽省、山西省和河南省数据较为接近。2017 年江西省、湖北省和湖南省略高于全国空气优良率 78%，其余三个省份均低于全国平均水平（见图 3 – 52）。

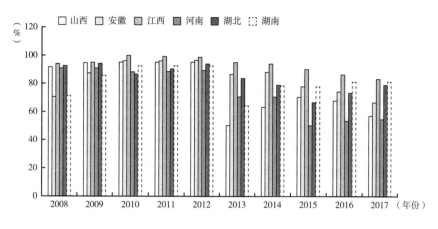

图 3-52 2008～2017 年中部六省空气优良率

第四节 提升中部地区科技创新的政策建议

由中部地区科技资源综合排名和科技对绿色发展贡献力贴近度排名来看，除了部分省份的排名有所差别之外，六省的科技资源与贡献力度基本上一致。因此，如第三节所述，科技进步不仅有助于推动经济发展，还能够极大提高能源利用效率，清洁技术的进步也有助于减少"三废"的排放和促进地区绿色发展。总而言之，科技创新与科技对绿色发展的贡献力之间有着明显的正向关系。为进一步推进中部地区科技创新资源的合理开发利用，提升科技对绿色发展的贡献力，实现绿色发展的共同愿景，本文针对现有不同类型问题提出切实可行的政策建议。

一 加强科技投入，促进科技投入多元化

科技资源的投入对科技的进步有着重要作用。总体来看，中部地区的科技发展整体水平较低。从人力资源来看，六省的人力资源排名分别为湖北省、湖南省、安徽省、河南省、山西省和江西省，湖北省的人力资源近十年一直是六省第一名。与全国水平相比，从财力资源来看，湖北省和安

徽省的得分一直处于较高的水平，其余省份的综合得分均较低。从物力资源来看，除了安徽省，其他五个省份的规模以上工业企业有研发机构的企业占企业总数的比例均低于全国平均水平，山西省的高技术企业数量低于全国平均水平，安徽省的 R&D 机构数低于全国平均水平。从信息资源来看，六个省的排名由高到低分别为山西省、湖北省、安徽省、湖南省、河南省和江西省。湖南省和江西省的互联网普及率低于全国平均水平。中部六省百人移动电话用户数量均较高。从知识资源来看，六省近十年均取得了进步，但是依然有进步的空间。从市场资源来看，山西省的市场资源是六省之中最为匮乏的。由此，中部六省应根据自身的发展情况，加大科技投入水平，多方面探索资金的投入模式，并营造出有利于科技发展的环境。要分别从人力、财力、物力、信息和市场方面着手，建立以市场经济为主导的多元科技投入创新体系。

二 加强地区合作，实现资源互补

各个省份之间都是相互联系、密不可分的，因此加强地区合作至关重要。例如：湖北省的科技资源在中部地区是最强的，但是依然有短板，比如物力资源；江西省和山西省的科技资源整体排名靠后，但是也都有较强的方面，例如江西省的物力资源与山西省的信息资源。总而言之，中部六省在科技资源方面有各自的特色和优劣势，存在明显的互补性。在科技对绿色发展有着越来越重要作用的今天，拥有广泛合作基础的中部地区应该顺应科技发展的趋势。一方面可以充分利用科技资源实现科技成果共享，积极促进一些科技项目的建设并形成有效的规模，同时合理利用彼此的优势相互取长补短，积极合作攻克科技难题，从而实现资源互补，促进地区共同发展。另一方面，互联网在知识共享过程中发挥着重要作用。随着移动互联网、云计算、大数据、物联网、人工智能等技术的快速发展，基础设施智能化逐步成为可能。这是集聚和利用科技创新资源的重要基础条件，对于优化生活环境和事业环境均有直接意义。应尽早将智能化推进方案提上议事日程，将先进的技术成果用于基础设施的建设和运营。另外，还需要完善大型科技基础设施共享合作机制，加快创新资源的整合联合，建设要素齐全、合作开放、运行高效、区域特色鲜明的研发基地体系。

三 推动教育事业现代化，培养和吸引人才

人才和信息会给地区带来丰富的知识资源，对科技发展有着重要作用。目前，中部地区的高校进入国际权威排名的数量比较少、位次比较低，高等教育水平与西方发达城市存在较大差距。因此，首先应努力学习国际一流大学的科教成功经验，并结合中部地区的大学实际情况，培育一批全球一流学科，建设若干所全球一流高校。其次，中部地区要将长期坚持培养高技能、专业化技术人才的职业教育作为教育发展重点。同时，必须关注新的教育理念、方法、技术对于目前教育组织形态的影响和冲击，密切关注获取、分享、利用知识形式的变化，跟踪未来教育形态的演变趋势，并推动相关体制和机制改革。尝试在更大范围内整合分布在世界各地的知识和信息资源，构建面向全球的新型教育模式。最后，应积极引进人才，中部六省要根据自身科技发展现状，制定科技人才引进战略，构建有效的人才奖励和激励机制，改善人才外流情况，调动科研人员的积极性和主动性，使其全身心地投入科技创新中去。

四 完善政策制度，激活企业科技创新能力

由上文可知，2017年中部六省发明专利授权数占专利授权数比重低于全国平均水平，专利申请数除了安徽省外其他五个省份均低于全国平均水平，由此可见中部六省目前总体科技创新意识不够强，科技创新实力上升空间较大。因此，中部地区要进一步建立健全以企业为龙头、产学研三方面相结合的技术创新体系，加快建设有效的科技成果转化平台，使科技有力地推动地区绿色发展。

企业作为创新主体，既要扮演决策主体和研发投入主体的角色，还要发挥科研组织、成果转化等核心作用，其能力高低将决定整个科技创

新治理体系的效率。企业创新能力的提升主要有两条途径：一是"实践出真知"，在企业发展实践中不断提升自己，例如企业可根据自身发展目标、发展愿景和资源实力，努力向市场导向型或者研究导向型转型，探索适合自身发展的企业类型；二是与包括国外创新主体在内的高手过招或开展合作，例如本土企业可与国外处于价值链中高端的企业合作，学习其成功经验，探索自身发展的更高层次目标。另外，加强知识产权保护、完善相关法律制度对于激发创造活力有重要作用。创新最大的动力是能够带给企业巨大的经济利益，但是知识产权很容易被外部主体所剽窃，当创新主体花费高额的金钱成本和时间成本创作出来的成果被社会外部以低价模仿使用，就会极大地打击创新主体的积极性。因此，知识产权保护制度可以提高其他创新主体模仿和使用创新成果的成本，提高创新主体的积极性。

五　发挥宏观调控作用，提高资源配置效率

中部地区政府应发挥宏观调控的作用，健全政府科技投入管理制度，不断提高科技资源配置效率。第一，要合理规划科技资源规模，使资源配置效率达到最优。科技资源配置的合理性主要体现在财力资源和人力资源方面，研发人员投入数量和研发资金数额应与各省的实际情况相一致，投入过多会造成资源浪费，投入过少则会阻碍科技进步。第二，各省在追求科技前沿的同时，应该注重基础研究。基础学科由于研究周期长、存在难以快速市场化和科研风险大等问题，很容易受到忽视。但是不可否认的是只有加强基础研究，科技竞争力才能稳步提升。第三，应注重发挥互联网在资源配置中的重要作用。2015 年 3 月，李克强总理确定"互联网 +"行动计划，"互联网 +"的概念使"互联网 +"模式为大家所熟知，它充分发挥互联网在生产要素配置中的优化和集成作用，将互联网的创新成果深度融合于经济社会各领域之中，提升实体经济的创新力和生产力，形成更广泛的以互联网为基础设施和实现工具的经济发展新形态。

第四章　生态文明评价[*]

傅　春　邓俊鹏[**]

　　根据 2015 年国家统计局公报，我国第三产业对 GDP 的贡献率已经超过 51%，标志着我国进入了后工业化时代。在后工业化时代，传统制造业经济将转向服务业经济，金融、消费、旅游等第三产业将会得到快速发展，而良好的地区生态文明将对第三产业的发展起到重要的支撑作用。2017 年 10 月 18 日，习近平同志在十九大报告中指出，坚持人与自然和谐共生，必须树立和践行绿水青山就是金山银山的理念，坚持节约资源和保护环境的基本国策。2018 年，"生态文明"被写入宪法，为我国下一步制定更为具体有效的生态环境保护法规提供法律基础。为协调工业化、人民福祉和环境保护等多方面发展，我国开启了生态文明新时代。根据《促进中部地区崛起"十三五"规划》对中部地区在全国发展大局中的战略定位，中部地区将建设成为全国重要先进制造业中心、全国新型城镇化重点区、全国现代农业发展核心区、全国生态文明建设示范区、全方位开放重要支撑区。

　　推进生态文明建设将会对我国社会经济发展产生促进作用，促使社会经济发展转型。我们国家过去的发展是以牺牲人类赖以生存的生态环境换

　　* 本文为基金项目——国家社科基金年度项目（18BGL187），江西省自然科学基金项目（20181BAB206046）的成果。

　** 傅春，南昌大学中国中部经济社会发展研究中心研究员，博士生导师，主要研究方向为水资源的持续利用与管理；邓俊鹏，南昌大学建筑工程学院水利工程专业硕士研究生。

取社会经济的增长，简称"环境换取增长"，随着我国 GDP 体量的变大，这种发展方式现在已经基本走到头了，必须实行转变，转变到通过加强环境保护而优化和促进经济发展的新模式上来，简称"环境优化增长"，这种新型的发展模式反映了环境与经济积极互动和相互促进的关系，这正是建设生态文明所要达到的目标。生态文明建设不等于自然生态环境的建设，其重心是落在"文明"上的。因此，生态文明建设不仅意味着生态环境质量的改善和提升，更意味着全社会文明行为的普及和提高，也就是说，生态文明建设不仅仅是一场宏大的保护自然环境的工程，也是一场持久、深刻、重大的人类社会改造运动，使得人与自然和谐相处。而现在，全社会还缺乏尊重自然、顺应自然、保护自然的伦理观念。目前我国生态环境形势十分严峻，未来的可持续发展能力令人担忧，其原因是：在价值观上，全社会还缺乏尊重自然、顺应自然、保护自然的伦理观念；在行为方式上，以邻为壑、转嫁污染、竭泽而渔的行为比较普遍，遵纪守法、承担责任的普遍意识还没有形成，生态文明水平还不高。而通过生态文明建设将逐步建成一个以资源节约和保护环境为特征的新社会。在此背景下，为探索未来中部六省生态文明竞争力和经济社会绿色发展的潜力，本文采用"压力－状态－响应"（PSR）来建立生态文明竞争力评价指标体系，用模糊物元法－TOPSIS 评估模型对中部六省的生态文明竞争力进行比较，以分析中部六省的生态文明在压力、状态和响应方面的优势与不足，为今后生态文明建设的相关政策提供可靠的依据和建议。

第一节　生态文明的发展历程及中部地区生态文明发展现状

一　国外生态文明的发展历程

20 世纪六七十年代以来，西方发达国家环境公害事件频发，引发了人类对盲目追求工业化的反思，《寂静的春天》是蕾切尔·卡逊的一本环境科学书，她用触目惊心的案例、生动的语言，阐述大量使用杀虫剂对人与环境产生的危害，深刻揭示出资本主义工业繁荣背后人与自然的冲突，对传统的"向自然宣战"和"征服自然"等理念提出了挑战，敲响了工业社会环境危机的警钟，拉开了人类走向生态文明社会的帷幕。20 世纪50 年代末，卡逊把注意力转向了保护环境，特别是她认为是由合成农药引起的环境问题。"寂静的春天"刺激了美国农药政策的逆转，导致了美国全国范围内禁止 DDT 的农业使用，并引发了一场导致美国环境保护局诞生的环保运动。1996 年出版了一本由 H. F. van Emden 和 David Peakall 合写的《寂静的春天》（Beyond Silent Spring）的后续书。2006 年，《发现》杂志将《寂静的春天》评为 25 部最伟大的科学书籍之一。

瑞典于 1968 年首次向联合国经济及社会理事会（ECOSOC）建议召开联合国会议，以关注与环境有关的人类互动，经济与社会理事会通过了第1346 号决议——针对人类对环境的影响来举行会议。1969 年大会第 2398 号决议决定于 1972 年召开一次会议，并授权一组来自联合国秘书长的报告，建议会议着重"刺激并提供国家政府和国际组织在环境问题上采取行动的指导方针"。会议的筹备工作十分广泛，历时四年，包括 115 个政府，耗资3000 万美元。1972 年，在斯德哥尔摩召开的"人类与环境会议"上，有史以来第一次从国际政治的高度讨论并通过了著名的《人类环境宣言》（又称斯德哥尔摩人类环境会议宣言），标志着人类漫长生态文明建设之旅的开始。

1972 年，罗马俱乐部发表《增长的极限》，引起了人们对经济增长带来的环境污染的反思，进一步惊醒了人们对于人与自然关系的关注与认识，警告世人，如果人们不改变传统的高增长、高消费的理念，人类必将进入发展的极限，遭受前所未有的灾难。这项研究结果首次于 1971 年夏天在莫斯科的国际聚会上提出，报告作者丹尼斯·L. 米都斯博士运用计算机模拟了指数经济增长、人口增长和有限的资源供给三者之间的关系，掀起了一时的生态研究热潮。

1992 年，丹尼斯又和唐奈勒·H. 梅多斯等三位作者，向关注人类发展前途和命运的人们奉献了《超越极限》，它不仅对现实问题的解决提供了思路，并且倡导从系统、结构、思维方法上为人类生存出现的危机寻找解决方案。同年在巴西里约热内卢世界环境发展大会上，联合国通过了《里约环境与发展宣言》、《21 世纪议程》和《关于森林问题的原则声明》三项文件，"里约宣言"指出：和平、发展和保护环境是互相依存、不可分割的，世界各国应在环境与发展领域加强国际合作，为建立一种新的、公平的全球伙伴关系而努力，让环境与发展成为全球共识和各国政治承诺，同时也提出了全球性的可持续发展道路，真正意义上打开了建设生态文明时代的序幕。

二　国内生态文明的发展历程

改革开放以来，我们用 40 年的时间走过西方国家上百年走过的经济发展之路，我们也用 40 年的时间累积了西方国家用上百年时间累积的生态问题，我们的生态环境质量经历了从良好、恶化到总体好转的演进之路。在中国特色社会主义现代化建设的过程中，立足于基本国情与国际环境，积极应对时代发展的新要求，继承和发展马克思主义生态文明理论，批判吸收中国传统文化中的生态智慧，借鉴国外生态环保理论的有益成果，深入开展生态文明建设实践，明确提出并详细阐述生态文明建设思想，逐渐形成中国特色生态文明建设理论，探究我国生态文明建设理论和实践指导意义。我国的生态文明建设主要经历了萌芽阶段、发展阶段、成熟阶段和新时代四个发展历程。

（一）生态文明建设的萌芽阶段

1956 年毛泽东同志发出号召，"绿化祖国""实行大地园林化"；同年我国开始了第一个"12 年绿化运动"。1972 年 6 月，我国参加联合国召开的首届人类环境会议，发布了《人类环境宣言》，提出"人类只有一个地球"的口号。1973 年 8 月，国务院召开第一次全国环境保护会议，通过我国第一部环境保护法律，确定了"保护环境、造福人民"的环保战略方针。1978 年宪法第一次列入了"国家保护环境和自然资源，防治污染和其他公害"的内容。1979 年 2 月，全国人大决定每年 3 月 12 日为植树节；同年我国开始营造"三北"防护林。1981 年，中央制定《关于在国民经济调整时期加强环境保护工作的决定》，提出"管理好我国的环境，合理地开发和利用自然资源，是现代化建设的一项基本任务""保护环境是全国人民根本利益所在"。1982 年宪法列入了"国家保障自然资源的合理利用，保护珍贵的动物和植物"的内容。1983 年 12 月，第二次全国环境保护会议召开，确立环境保护为我国必须长期坚持的一项基本国策，标志着我国生态文明建设开始起步。不论是 1979 年规模空前的"三北"防护林工程，还是 1981 年全国人大四次会议上通过的《关于开展全民义务植树运动的决议》，都预示着生态文明建设开始进入第一代领导集体的治理视野。而《环境保护法》《森林法》《草原法》《大气污染防治法》等法律的颁布实施表明生态文明建设开始迈向法治化道路。

（二）生态文明建设的发展阶段

20 世纪 90 年代，全球性的生态环境问题日趋严重，如何解决生态危机成为世界各国共同关注的话题。1992 年 6 月联合国环境发展大会在巴西里约热内卢召开，大会通过了《里约环境与发展宣言》和《21 世纪议程》两个纲领性文件，提出了"可持续发展"的新战略和新观念。"可持续"本质上不是"可连续"，而是资源对于人口和经济发展的"可支撑"。可持续发展要求自然资源的开发利用和生态环境自身的更新之间取得平衡；追求代际公正，要求发展既要满足当代人的需求，又不对后代人的发展构成危害。自可持续发展战略作为应对环境难题的新思维、新战略被引入中国，其迅速成为我国的基础性战略，1994 年《中国 21 世纪议程——中国 21 世纪人口、环境与发展白皮书》（以下简称《中国 21 世纪议程》）发表，预示着可持续发展战略成为我国经济社会发展的重要指导思想。从环境保护到可持续发展，是党和国家对于生态文明的认识和建设实践的重要推进。1995 年 9 月，党的十四届五中全会提出实现经济增长方式从粗放型向集约型转变。1996 年 3 月，八届全国人大四次会议审议通过《国民经济和社会发展"九五"计划和 2010 年远景目标纲要》，明确把转变经济增长方式和实施可持续发展作为现代化建设的一项重要战略。同年 7 月，第四次全国环境保护会议召开，提出保护环境的实质就是保护生产力。1996 年，国务院发布《国务院关于环境保护若干问题的决定》，明确了跨世纪环境保护工作的目标、任务和措施。1997 年 9 月党的十五大召开，江泽民总书记在报告中强调，"在现代化建设中必须实施可持续发展战略"。2000 年 11 月，国务院印发了《全国生态环境保护纲要》，强调"通过生态环境保护，遏制生态环境破坏，减轻自然灾害的危害；促进自然资源的合理、科学利用，实现自然生态系统良性循环；维护国家生态环境安全，确保国民经济和社会的可持续发展"。2002 年 11 月，党的十六大召开，江泽民总书记在报告中把"可持续发展能力不断增强，人和自然和谐，走生产发展、生活富裕、生态良好的文明发展道路"作为"全面建设小康社会"的四个方面的目标之一。可持续发展战略的提出及相关环境保护原则和具体措施的落实，标志着我国生态文明建设迈出了实质性的一步，也昭示着中国特色社会主义生态文明建设思想的基本形成。

（三）生态文明建设的成熟阶段

进入新世纪新阶段，我国社会发展呈现一系列新的阶段性特征，一方面我国取得了举世瞩目的发展成就，另一方面长期形成的结构性矛盾和粗放型增长方式尚未根本改变，影响社会发展的体制机制障碍依然存在，尤其是资源环境问题日益成为影响经济社会发展的瓶颈。如何解决我国社会发展面临的这一严峻挑战成为社会广泛关注的重点。生态文明建设成为中国特色社会主义建设的重要组成部分。

2003 年 10 月，胡锦涛总书记在中共十六届三中全会上首次提出了"坚持以人为本，树立全面、协调、可持续的发展观，促进经济社会和人的全面发展"的科学发展观，这也是中国共产党又一重大战略思想。在 2005 年中央人口资源环境工作座谈会上，胡锦涛总书记提出"生态文明"概念，指出当前环境工作的重点之一便是"完善促进生态建设的法律和政策体系，制定全国生态保护规划，在全社会大力进行生态文明教育"。

2006 年 10 月，十六届六中全会明确指出按照"民主法治、公平正义、诚信友爱"以及"坚持科学发展"的原则构建社会主义和谐社会，并把"资源利用效率显著提高，生态环境明显好转"作为构建社会主义和谐社会的目标和主要任务之一。2007 年党的十七大第一次提出了"建设生态文明"的重要命题，把建设生态文明列入全面建设小康社会奋斗目标的新要求。胡锦涛总书记指出："建设生态文明，基本形成节约能源资源和保护生态环境的产业结构、增长方式、消费模式。"循环经济形成较大规模；可再生能源比重显著提高；主要污染物排放得到有效控制；生态环境质量明显改善；生态文明观念在全社会牢固树立。提出生态文明建设，这是党的十七大的理论创新成果，是中国共产党执政兴国理念的新发展，是对人类文明发展理论的丰富和完善，生态文明是科学发展观的升华和方向；至此，我国生态文明建设迈上新台阶。2008 年 1 月，胡锦涛总书记在中共中央政治局第三次集体学习时提出把经济建设、政治建设、文化建设、社会建设以及生态文明建设作为实现全面建设小康社会的奋斗目标，"五位一体"的思想呼之欲出。2010 年 10 月，党的十七届五中全会通过的"十二五"规划建议明确提出，树立绿色、低碳发展理念，以节能减排为重点，健全激励和约束机制，加快建设资源节约型、环境友好型社会，提高生态文明水平。"十二五"规划建议还提出加强主体功能定位、国土空间高效利用、发展循环经济等要求，并首次将碳排放强度作为约束性指标纳入规划，确立了绿色、低碳发展的生态文明建设方向。

（四）生态文明建设的新时代

2012 年 11 月召开的党的十八大使中国特色社会主义进入新时代，形成了习近平新时代中国特色社会主义思想，把生态文明建设提高到前所未有的高度。生态文明是这一思想的重要组成部分，是我国生态文明建设顶层设计的指导方针。在这一方针的指引下，我国正处于建设美丽中国、实现中华民族永续发展的社会主义生态文明新时代。生态文明在习近平新时代中国特色社会主义思想中具有高屋建瓴的战略定位和政治意义。习近平总书记把生态文明作为人类文明发展的新阶段，指出"生态文明是人类社会进步的重大成果……是工业文明发展到一定阶段的产物，是实现人与自然和谐发展的新要求。历史地看，生态兴则文明兴，生态衰则文明衰"，生态文明建设关乎党的执政基础，关乎中华民族的伟大复兴。党的十八大把生态文明建设与经济建设、政治建设、文化建设、社会建设一道列为"五位一体"的中国特色社会主义总体布局之一，要求把生态文明建设融入经济、政治、文化、社会建设的各方面和全过程，建设富强、民主、文明、和谐、美丽的社会主义现代化强国。把美丽中国建设纳入中国特色社会主义理论体系，体现了我党对社会主义建设规律、共产党执政规律和人类社会发展规律的认识的深化。实施绿色化发展，建设美丽中国是习近平生态文明思想的目标。

"绿色"发展是以人与自然和谐共生为原则，以低碳循环的生产方式为措施的永续发展模式。党的十八届五中全会提出"推动建立绿色低碳循环发展产业体系"，"十三五"规划把"绿色GDP"纳入经济社会发展评价体系。美丽中国是自然的本然之美和人与自然的和谐之美的表现，是自然的人化和人的自然化的辩证统一。"良好的生态环境是最公平的公共产品，是最普惠的民生福祉"。美丽中国建设满足人民群众日益增长的美好生态需求，是中华民族永续发展的客观要求。生命共同体、环境生产力、尊重自然、顺应自然、保护自然是习近平生态文明思想的重要理念。习近平指出，"山水林田湖是一个生命共同体"，要统筹山水林田湖草的治理。生命共同体思想表明了人与自然的内在联系，奠定了人与自然和谐发展的本体基础。习近平指出，要树立自然价值和自然资本观念，保护自然就是提高自然的资源生产能力和生态水平，"破坏生态环境就是破坏生产力，保护生态环境就是保护生产力，改善生态环境就是发展生产力"。党的十八大报告强调"尊重自然、顺应自然、保护自然"。尊重自然就是要尊重和维护自然的价值和权利，建立与自然和谐共生的关系；顺应自然就是要遵循自然规律，使经济社会发展与自然发展协调一致，在自然资源可支撑的条件下走永续发展的道路；保护自然就是要走环境优先的发展道路，使环境向好和经济社会发展同步。

党的十九大把"坚持人与自然和谐共生"作为"习近平新时代中国

特色社会主义思想"的要素和基本方略之一,强调"我们要建设的现代化是人与自然和谐共生的现代化,既要创造更多物质财富和精神财富以满足人民日益增长的美好生活需要,也要提供更多优质生态产品以满足人民日益增长的优美生态环境需要"。党的十九大还制定了我国生态文明建设的"三步走"规划,即2020年之前"打好污染防治的攻坚战"、2020~2035年"生态环境根本好转,美丽中国目标基本实现"、2035~2049年"生态文明全面提升"。节约优先、保护优先、自然恢复优先是习近平生态文明思想的基本方略。节约优先,就是要提高自然资源的利用率,以最小的资源消耗和污染排放获得最大的经济效益,实现低环境代价的高质量发展;保护优先,就是要更新发展理念,转变发展方式,用低碳排放代替高碳排放,用资源的循环利用代替线性利用,提倡简朴、减少资源消费的生活方式等;自然恢复也是自然休养、生态修复。党的十八大报告提出:"实施重大生态修复工程,增强生态产品生产能力。"2013年以来,习近平总书记多次重申"给自然留下更多修复空间"。党的十八届五中全会提出,要"筑牢生态安全屏障,坚持保护优先、自然恢复为主,实施山水林田湖生态保护和修复工程"。"绿色GDP"是生态文明建设的重要途径。习近平强调,不能"把'发展是硬道理'片面地理解为'经济增长是硬道理',把经济发展简单化为GDP决定一切"。"经济增长是政绩,保护环境也是政绩","既要GDP,又要绿色GDP"。"绿色GDP"是金山银山和绿水青山的辩证统一,是"生产、生活、生态良性互动的和谐"。"既要金山银山,又要绿水青山","把生态优势转化为经济发展优势,让绿水青山源源不断地带来金山银山"。"绝不能以牺牲生态环境为代价换取经济的一时发展","宁要绿水青山,不要金山银山"。因为绿水青山可带来金山银山,但金山银山却买不到绿水青山。习近平生态文明思想的显著特点是强化顶层设计和刚性执行。党的十八大以来陆续出台了《关于加快推进生态文明建设的意见》《生态文明体制改革总体方案》等40余项生态文明和环境保护改革方案,使生态文明建设有了制度依据。

三 中部六省生态文明发展现状

(一) 江西省

江西省地处我国东南部,古称"吴头楚尾,粤户闽庭",是"形胜之区"。全省土地总面积 16.69 万平方公里,约占全国陆地面积的 1.74%。整个地势四周高中间低,渐次向北倾斜,构成一个向北开口的巨大盆地。江西处于中亚热带地区,四季变化分明。境内降水量较为丰富,但地区分布不均衡。全境有大小河流 2400 余条,赣江、抚河、信江、修河和饶河为江西五大河流,境内河流多发源于周边山地,赣江、抚河等主要河流均汇入全国最大的淡水湖鄱阳湖,形成一个几乎覆盖全省国土空间的鄱阳湖水系。江西省山清水秀、生态环境优良,生态环境质量位居全国前列。截至 2018 年底,全省森林覆盖率高达 63.1%,被誉为中国"最绿的省"之一;主要河流及湖库Ⅰ~Ⅲ类水质断面(点位)比例高达 90.7%,国考断面水质优良比例为 92%,比全国平均水平高出 21 个百分点;空气质量优良,全省设区城市优良(达标)天数比例均值为 88.3%,比全国平均水平高出 9 个百分点;江西省生态环境状况指数值为 76.81,拥有 44 个国家森林公园、15 个国家湿地公园、11 个国家级自然保护区,生态环境总体稳定,生态环境质量位居全国前列。

20 世纪 80 年代,江西省提出"治湖必须治江、治江必须治山、治山必须治穷"的科学发展理念,启动"山江湖"工程。2003 年,江西省提出"要金山银山,更要绿水青山"的发展思路,要求加倍珍惜环境和资源,正确处理发展与合理利用资源、保护生态环境的关系。2006 年 12 月,中共江西省第十二次代表大会确立了建设"创新创业江西、绿色生态江西、和谐平安江西""三个江西"的战略目标。2008 年以来,江西确立"生态立省、绿色发展"战略,"五河一湖"生态环境综合治理、造林绿化、城镇污水处理、生态园区建设、农村垃圾无害化处理等重大生态工程建设成效显著。2009 年 12 月 12 日,国务院批复《鄱阳湖生态经济区规划》,标志着鄱阳湖生态经济区建设正式上升为国家战略。国家要求把鄱阳湖生态经济区建设成为世界性生态文明与经济社会发展协调统一、人与自然和谐相处的生态经济示范区和中国低碳经济发展先行区。2010 年 3 月，中共江西省委第十二届十二次全体扩大会议指出，要深入贯彻落实科学发展观，加快转变经济发展方式，在新的起点上迈出江西"科学发展、进位赶超、绿色崛起"的新步伐。2011 年 10 月召开的第十三次江西省党代会上提出"推进科学发展、加快绿色崛起，为建设富裕和谐秀美江西而不懈奋斗"的战略目标。2013 年 7 月，中共江西省委十三届七次全会要求按照"五位一体"总布局要求，沿着"发展升级、小康提速、绿色崛起、实干兴赣"的治省方略，积极探索经济与生态协调发展、人与自然和谐相处的发展新路子，为进一步开展国家生态文明先行示范区建设积累较为丰富的经验。生态文明理念已成为全省上下的共识，推进生态文明建设已成为各级政府发展经济、保障民生的自觉行动。2015 年 7 月，省委十三届十一次全体会议分析当前经济形势，安排下半年主要任务，研究深入贯彻"发展升级、小康提速、绿色崛起、实干兴赣"十六字方针，全力推进绿色崛起工作。省委书记强卫强调："江西已经进入了可以大有作为的战略机遇期，经济发展新常态、国家战略叠加支撑、建设生态文明先行示范区、风清气正的政治生态和已经形成的强劲发展势能带来了新的重大机遇。"会议强调："努力走出一条具有江西特点的绿色崛起新路子，打造好生态文明建设的江西样板。"

（二）湖南省

湖南地处云贵高原向江南丘陵和南岭山脉向江汉平原过渡的地带，地势呈三面环山、朝北开口的马蹄形地貌，由平原、盆地、丘陵地、山地、河湖构成，地跨长江、珠江两大水系，属亚热带季风气候。截至 2017 年底，湖南省森林覆盖率 47.8%，在中部六省中排名第二；345 个地表水监测评价断面中，达到或优于Ⅲ类水质标准的断面 323 个，占比 93.6%；全省 14 个城市平均优良天数比例为 81.5%，酸雨频率为 54.5%；国家级自然保护区 23 个，占辖区面积的 5.8%。

湖南省在生态环境保护事业发展壮大的过程中，始终坚持法律制度引领，强化立法，严格执法，第一部生态环境地方立法是 1981 年通过的《湖南省环境保护暂行条例》，1994 年正式修订为《湖南省环境保护条例》，其他相关地方性法律法规还包括《湖南省大气污染防治实施办法》《湖南省湘江流域水污染防治条例》《湖南省机动车排气污染防治办法》《湖南省污染源自动监控管理办法》《湖南省重点建设项目管理办法》。党的十八大以来，湖南省生态环境立法进程加快，质量提高，修订和出台了《湖南省湘江保护条例》《湖南省实施〈中华人民共和国固体废物污染环境防治法〉办法》《湖南省大气污染防治条例》《湖南省饮用水水源保护条例》等。同时，出台了一系列生态环境规章，1977 年颁发《关于环境保护若干问题的规定》，之后出台的生态环境重要文件还包括《湖南省人民政府关于落实科学发展观切实加强环境保护的决定》（2006 年）、《湖南省人民政府关于实施〈湖南省 2005~2007 年环境保护三年行动计划〉的决定》（2005 年）、《湖南省人民政府办公厅关于印发洞庭湖区造纸企业污染整治实施方案的通知》（2006 年）、《湘江流域水污染综合整治实施方案》（2008 年）、《湖南省"十二五"节能减排综合性工作方案》（2011 年）等。在改革开放以来，湖南省在治理湘江流域水污染的基础上，从 2013 年起连续实施三个"三年行动计划"，全流域推进治矿、治砂、治污，全面推进农村面源污染整治和畜禽养殖退养，大力实施洞庭湖水环境综合治理规划，推动黑臭水体治理、畜禽养殖粪污处理、沟渠塘坝清淤、湿地功能修复等"四个全覆盖"，在饮用水水源地保护、污水处理、采砂等方面出台"十条禁止性措施"。

（三）安徽省

安徽省位于中国华东地区，濒江近海，有八百里的沿江城市群和皖江经济带，内拥长江水道，外承沿海地区经济辐射。地势由平原、丘陵、山地构成；地跨淮河、长江、钱塘江三大水系。安徽省地处暖温带与亚热带过渡地区，淮河以北属暖温带半湿润季风气候，淮河以南为亚热带湿润季风气候。截至 2017 年底，安徽省森林覆盖率约为 27.5%；省内 136 条河流、37 座湖泊水库，总体水质状况为轻度污染，主要河流及湖库 Ⅰ~Ⅲ

类水质断面（点位）比例达 73.6%；平均空气质量优良天数比例为 66.7%，其中黄山市空气质量达到国家环境空气质量二级标准；拥有 7 个国家级自然保护区，占辖区面积的 3.6%。

2001 年 1 月 7 日，安徽省十届人大七次会议批准《安徽省生态省建设总体规划纲要》，从而拉开了生态省建设的大幕。2004 年，有 11 个省直部门、17 个省辖市、61 个县编制了生态建设规划；还确定了 3 个市、9 个县（区）为生态省建设试点市、县（区），并全面启动了生态经济示范、资源保障示范和人居环境示范等基地，将一大批生态工业、生态农业和生态旅游项目纳入生态省建设示范基地建设之中。比如，黄山市以"全国最美、山区最富、生态最佳"为目标，制订并实施了"443"行动计划。淮南市针对以煤、电、化为支柱产业的重工业城市特点，实施以"煤电化三大基地"建设为主要内容的"3671"行动计划，努力把淮南建成符合可持续发展和全面建设小康社会战略要求的现代化循环经济型生态城市。2007 年 12 月，安徽省提出《关于命名 2006 年度安徽省环境优美乡镇省生态村的决定》，授予肥东县撮镇镇等 41 个镇（乡）和肥西县三岗村等 127 个村这一殊荣。从 2009 年开始，安徽省环保厅每年命名一批"安徽省环境优美乡镇安徽省生态村"，截至 2013 年底整个安徽省已经有七批乡镇和村落被命名，有 251 个省级生态镇（乡），545 个生态村，更有 34 个全国环境优美乡镇和 5 个国家级生态村。2010 年，安徽省水利厅开展了《安徽省易灾地区生态环境综合专项规划（水保部分）》的编制工作，决定在 12 个县范围内，以县级行政区划分单位实施水土流失防治工作，从 2011 年至 2015 年，每个县 5 年的治理目标为 100 平方公里，以保障易灾地区人民的生命财产安全。

2013 年 12 月，安徽的巢湖流域和黄山市入围国家首批 55 个生态文明先行示范区建设地区，启动了国家级生态文明先行示范区建设。安徽省发布的《生态强省建设实施纲要》（皖发〔2012〕24 号），安徽省生态文明建设工作的总体目标是：到 2020 年，基本建成七大体系，力争全省生态竞争力综合指数比 2010 年翻一番，基本建成生态环境优美、生态经济发达、生态家园舒适、生态文化繁荣的宜居宜业宜游生态强省，使城乡居民都能喝更干净的水、呼吸更清洁的空气、吃更安全的食品、享受更良好的环境。具体目标落实在五个方面：一是力争生态环境质量位居全国前列；二是形成若干具有国际竞争力的生态产业和基地；三是确保资源产出率超过全国平均水平；四是创建一批低碳城市、森林城市和生态强市；五是建成绿色消费先行区。其重点任务包括"十大重点工程，七大体系"。

（四）湖北省

湖北省地势大致为东、西、北三面环山，中间低平，略呈向南敞开的不完整盆地。在全省总面积中，山地占 56%，丘陵占 24%，平原湖区占 20%，属长江水系。湖北省处于亚热带地区，全省除高山地区属高山气候外，大部分地区属亚热带季风性湿润气候。截至 2017 年底，森林覆盖率占全省面积的 38.4%，湖北省 74 条主要河流的 179 个监测断面中，水质优良，符合Ⅰ～Ⅲ类标准的断面占 86.6%；17 个重点城市空气质量平均优良天数比例为 79.1%；城市区域环境噪声平均为 53.7 分贝；生态环境状况良好，生态环境状况指数为 71.91，生态环境状况等级为"优"的地区面积占全省土地总面积的 44.07%；国家级自然保护区个数达到 18 个，保护区面积占辖区的 5.7%。

2004 年 12 月，湖北省环境保护局（厅）发布了《湖北省生态功能区划》，根据湖北省自然地理特征和社会经济发展分区的特点，在充分考虑省域生态系统类型、生态服务功能重要性、生态环境敏感性以及生态环境问题的条件下，将湖北省生态功能区划分为 3 种类型（水源涵养区、洪水调蓄区和生物多样性保护区）、7 个一级区（生态区）、11 个二级区（生态亚区）、24 个三级区（生态功能区）。2013 年，习近平总书记考察湖北时提出"建成支点、走在前列"的新要求。2014 年，湖北省正式全面推进生态省建设，各级政府积极推进生态市、县（区）、镇（乡）、村等基础和细胞工程建设。截至 2015 年底，全省共建成省级生态县 1 个，有 4 个县通过省级生态县考核验收，2 个县通过省级生态县技术评估，编制完成生态县建设规划并通过专家论证的有 19 个。

2001 年，远安县被国家确定为全国第六批生态示范区建设试点地区，2004 年被环保部命名为国家级生态示范区。2013 年，国家将湖北省纳入生态省建设的试点省份，远安作为湖北省率先开展生态创建的地区，积极响应湖北省委省政府建设生态省的号召。2013 年梁子湖区启动创建国家生态区建设工作，同年 9 月，完成《梁子湖（鄂州）生态文明示范区建设规划（2014~2020 年)》编制工作。2013 年 10 月，梁子湖区被环保部列为"全国生态文明示范区建设试点"。2016 年 4 月，神农架林区被授予"湖北省生态县"称号，同时正式启动国家生态文明建设示范县（区）的创建工作。

（五）河南省

河南省地势呈望北向南、承东启西之势，地势西高东低，由平原和盆地、山地、丘陵、水面构成；地跨海河、黄河、淮河、长江四大水系。河南省大部分地处暖温带，南部跨亚热带，属北亚热带向暖温带过渡的大陆性季风气候；河南地处沿海开放地区与中西部地区的接合部，是中国经济由东向西梯次推进发展的中间地带。截至 2018 年底，河南省森林覆盖率达到辖区面积的 21.5%；省辖市城市环境空气质量级别总体为轻污染；141 个省控监测断面中，水质达到Ⅰ~Ⅲ类水质断面（点位）比例有 81 个，占 57.5%；国家级自然保护区个数 12 个，占辖区面积的 4.7%。

河南省委省政府高度重视环境保护，贯彻落实习近平生态文明思想，发展理念、环保工作思路发生质变，把环境保护和绿色发展纳入经济社会发展目标和干部考核体系并占有重要分值，持续开展环境保护，强力推进污染防治攻坚。2016 年，河南省打响大气污染防治攻坚战。当年，从最受关注的治霾着手，源头抓起，实施控尘、控煤、控排、控车、控油、控烧"六控"，解决工地扬尘、燃煤锅炉、工业排放、黄标车、劣质油、秸秆焚烧等污染问题，开展不同领域的专项治理，全省燃煤发电机组全部实施超低排放改造。2017 年，河南省在继续打好大气污染防治攻坚战的同时，开展水、土污染防治治理，实施"三治本三治标"，大力推进集中供热供暖工程建设，依法整治"散乱污"企业，实施燃煤"双替代"，严格落实扬尘污染治理、工业企业污染管控、监测监控体系建设。2018 年，紧盯突出问题，河南省集中开展重型柴油车整治、工业治理项目、集中供热项目建设、餐饮油烟治理等多个专项行动。全省范围油品提前实现国Ⅵ标准，钢铁、水泥等行业超低排放试点取得突破。以全国人大常委会大气污染防治法执法检查和中央环保督察"回头看"为契机，紧盯目标不放松，持续发力不懈怠，全力改善环境质量。2017 年以来，以"绿盾专项行动"为重点，对自然保护区开展执法监管，严厉查处违法违规行为。"十一五"以来，河南省持续推动生态创建工作。截至 2018 年底，全省已经建成"绿水青山就是金山银山"实践创新基地 1 个、国家生态文明建设示范县 2 个、省级生态县 19 个。在 2018 年全省生态环境保护大会上，河南省又提出要实施经济结构提质、生态功能提升、国土绿化提速、环境治理提效四大行动，坚持削减污染排量与扩大环境容量"两手抓"，生态保护、生态建设、生态治理"三管齐下"，加快推动绿色发展，开创河南省生态文明建设新局面。

（六）山西省

山西省地势呈东北斜向西南的平行四边形，是典型的黄土覆盖的山地高原，地势东北高西南低，高原内部起伏不平，河谷纵横，地貌有山地、丘陵、台地、平原，山区面积占总面积的 80.1%。山西省地跨黄河、海河两大水系，河流属于自产外流型水系。山西省地处中纬度地带的内陆，属温带大陆性季风气候。截至 2017 年底，森林覆盖率占辖区面积的 18%；11 个地级市环境空气质量达标天数平均为 200 天，占全年有效监测天数的 57.1%；地表水水质属中度污染，在监测的 100 个断面中，水质优良（Ⅰ～Ⅲ类）的断面 56 个，占监测断面总数的 56.0%；全省城市区域环境噪声平均等效声级为 52.8 分贝（A）；国家级自然保护区有 7 个，面积占辖区面积的 7%。

1995 年国家启动生态示范区工作，山西省开始探索区域经济与环境保护相协调发展。2000 年开展生态省、市、县建设，探索建立良性循环的生态环境、经济、宜居和文化体系。2009 年，生态建设示范区展开，开始生态省、市、县创建工作。2013 年 6 月，"生态建设示范区"经过中央批准更名为"生态文明建设示范区"。山西省政府响应国家号召，从加强环境保护立法、切实规范执法过程、加强法制宣传教育等方面展开专项生态文明建设活动，还要加强环境保护建设力度，加大对环境保护各方面的投入，制定合理的环保规划，为山西生态文明建设创造必要的条件。1996 年 1 月 19 日，山西省为保护和改善生活环境与生态环境，防治污染和其他公害，保障人民健康，促进环境保护与经济建设协调发展，根据《中华人民共和国环境保护法》及有关法律法规，结合山西省实际，山西省人大常委会通过了《山西省环境保护条例》（修正）。山西省在煤炭资源型城市生态文明建设中，在法律层面上，相继出台了《山西省重点工业污染源治理办法》《山西省重点工业污染监督条例》《山西省减少污染物排放条例》等地方性法律法规。2015 年 12 月 13 日，山西省环境保护法律协会成立，其充分发挥政府与社会之间的桥梁和纽带作用，为各级政府及其资源、环保行政主管部门提供决策建议；开展相关资源及环境保护政策、法律、法规咨询服务；营造环保领域公众参与、社会监督氛围，多渠道、多角度为环保领域公众参与和社会监督创造条件，构建环保领域公众参与和社会监督的新平台；组织开展资源与环境保护专题研究，促进资源与环保事业的改革、创新与发展。2017 年，山西省为加快全省生态环境保护工作战略转型，提升生态文明建设水平，出台了《山西省"十三五"环境保护规划》。2017 年 6 月 9 日，桑干河治理工程在山西大同正式开工，标志着"两山七河"生态修复工程正式启动，坚持山水林田湖草系统治理，山西省水利厅厅长潘军峰介绍，七河生态修复工程将以河长制为抓手，实行"一河一策"，切实恢复河道生态功能，加快改善水生态环境。

第二节　中部地区生态文明评价指标体系

一　生态文明的基本内涵

"生态"一词源于古希腊文字，意思是指家或者我们的环境。简单地说，"生态"就是指一切生物的生存状态，以及它们之间和它与环境之间环环相扣的关系。"生态"后来还被定义为许多美好的事物，如健康的、美的、和谐的事物。"文明"是指人类所创造财富的总和，特指精神财富。文明是人类在认识世界和改造世界的过程中逐步形成的思想观念以及不断进化的人类本性的具体体现。生态文明的基本内涵可以从三个方面去理解：一是人与自然的关系；二是生态文明与现代文明的关系；三是生态文明建设与时代发展的关系。生态文明体现了人与自然的和谐关系，即认识自然、尊重自然、顺应自然、保护自然和合理利用自然，反对漠视自然、糟践自然、滥用自然和盲目干预自然，是人类与自然和谐相处的文明。生态文明是现代人类文明的重要组成部分，生态文明是物质文明、政治文明、精神文明、社会文明的重要基础和前提，没有良好和安全的生态环境，其他文明就会失去载体。

生态文明是人类社会文明的一种形式，是社会物质文明、精神文明和政治文明在人与自然和社会关系上的具体体现。生态文明以人与自然关系和谐为主旨，在生产生活过程中注重维系自然生态系统的和谐，追求自然－生态－经济－社会系统的关系协同进化，以最终实现人类社会可持续发展为目的。人与自然的关系是人类文明与自然演化的相互作用的演进，一方面，人类通过获取能源、资源、空间、排放废弃物、享受自然生态的服务来获得利益并影响自然；另一方面，自然由于能源、资源、空间供给有限、生态环境恶化等，限制了人类的发展。人与自然关系的历史演变是一个从原始的和谐到打破和谐，再到实现新的和谐的螺旋式上升的过程。随着社会生产力的不断发展，人类开发和利用自然的能力不断提高，人与自然的关系不断遇到新的挑战。不断追求人与自然的和谐，实现人类社会全面协调可持续发展，是人类共同的价值取向和最终的发展归宿。

生态文明作为一种全新的文明形态构想，区别于工业文明，具有以下四个方面的主要特征：一是在经济生产方式上，生态文明追求经济社会与环境的协调可持续发展，而不是单纯的经济增长；二是在生活方式上，生态文明提倡绿色消费而不是无节制的过度消费，倡导可持续消费；三是在社会价值上，生态文明的最终目标是人与自然关系的平衡而不是人类中心主义；四是在社会结构上，生态文明致力于实现包括环境正义在内的社会正义，并保障多样性。总之，生态文明走出了极端人类中心主义的价值观，从文明重建的高度重新确立人与自然的关系，把人与自然的协调发展视为人类文明的一种新的存在方式。

二　生态文明的特征

生态文明作为一个独立的文明形态，主要包括生态意识文明、生态制度文明、生态管理文明、生态社会文明、生态经济文明、生态环境文明和生态行为文明等七个子系统的文明形态。

生态意识文明指人们正确对待人与人、人与社会、人与自然的环境观念和生态意识形态要求，人对自然的改造限制在地球生态条件所容许的限度内，反对片面强调人对自然的统治，反对无止境地追求物质享乐的盲目倾向。生态制度文明是人们正确对待生态问题的一种进步的制度形态，包括生态法规、生态法律、生态规范、各种生态条例等。生态管理文明是指政府通过各种国家强制工具和手段来规范和实现生态文明建设内容的有效、有序、高速的推进全过程，其重点突出强制性生态技术法制的地位和作用。生态社会文明主要是指约束和规范人类生产生活过程中所有经济、环境、行为文明等方式的总和。生态经济文明是生态文明建设的经济基础，主要可分为生态农业、生态工业和生态服务业等建设内容。生态环境文明是生态文明建设整个系统的物质系统，它是提供人类幸福生活或生存的根本和源泉，是提高人类社会的生态和谐与环境健康福利水平的基本点。生态行为文明是指在一定的生态文明观和生态文明意识指导下，人们在生产生活实践中推动生态文明进步发展的活动，包括清洁生产、循环经济、环保产业以及一切具有生态文明意义的参与和管理活动。

生态文明观主张在改造自然的过程中发展物质生产力，不断提高人们的物质生活水平，但是生态文明更突出自然生态的重要性，强调尊重和保护自然环境，强调人类在改造自然的同时必须尊重和爱护自然，而不能随心所欲，为所欲为。追求生态文明的过程是人类不断认识自然、适应自然的过程，也是人类不断修正自己的错误、改善与自然的关系和完善自然的过程。人类应该科学定位自己在自然界中的位置，强调人与自然环境的相互依存、相互促进、共处共融。解决生态安全问题归根到底须检讨人类自身的行为方式和节制人自身的欲望。建设生态文明的关键在于人类真正做到用文明的方式对待生态环境，只有尊重自然、爱护生态环境、遵循自然发展规律才能实现人与自然界的协调发展。

生态文明是社会和谐与自然和谐相统一的文明，是人与自然、人与人、人与社会和谐共生的文化伦理形态，与工业文明相比，生态文明所体现的是一种更广泛、更具有深远意义的公平，它包括人与自然之间的公平、当代人之间的公平、当代人与后代人之间的公平，是既充分体现公平与效率统一又充分体现社会公平与生态公平统一的文明。生态文明要求当代人不能肆意挥霍资源、践踏环境，必须留给子孙后代一个生态良好、可持续发展的环境与地球。把生态文明纳入全面建设小康社会的总体目标，显示出中国共产党人对历史负责的态度，反映出为中华民族子孙后代着想的意愿。

生态文明关系人类的繁衍生息，是人类赖以生存发展的基础。作为对工业文明的超越，生态文明代表了一种更为高级的人类文明形态，代表一种更为美好的社会和谐理想。生态文明是保障发展可持续性的关键，没有可持续的生态环境就没有可持续发展，保护生态就是保护可持续发展能力，改善生态就是提高可持续发展能力。只有追求生态文明，才能使人口环境和社会生产力发展相适应，使经济建设与资源、环境相协调，实现良性循环，保证一代一代永续发展。

生态文明具有系统性、整体性，要从整体上把握生态文明，把自然界看成一个有机联系的机体，把人类看作自然界的有机组成部分。地球生态是一个有机系统，其中的有机物、无机物、气候、生产者、消费者之间时时刻刻都存在着物质、能量、信息的交换并相互作用、相互影响。生态问题是全球性的，生态文明要求我们具有全球眼光，从整体的角度来考虑问题。例如，保护大气层、保护海洋、保护生物多样性、稳定气候、防止毁灭性战争和环境污染等，必须依靠全球协作。生态文明的价值观强调尊重和保护地球上的生物多样性，强调人、自然、社会的多样性存在，强调人与自然公平、物种间的公平，承认地球上每个物种都具有其存在的价值。

建设生态文明，需要大规模开发和使用清洁的可再生能源。实现对自然资源的高效、循环利用，需要逐步形成以自然资源的合理利用和再利用为特点的循环经济发展模式。要按照自然生态系统物质循环和能量流动规律重构经济系统，将经济系统和谐地纳入自然生态系统的物质循环过程，建立一种符合生态文明要求的经济发展方式，使所有的物质和能源能够在一个不断进行的经济循环中得到合理、持久的利用，把经济活动对自然环境的影响降低到尽可能小的程度。

从生态文明视角看，人不是万物的尺度，人类和地球上的其他生物种类一样，都是组成自然生态系统的一个要素。不仅人是主体，自然也是主体；不仅人有价值，自然也有价值；不仅人有主动性，自然也有主动性；不仅人依靠自然，所有生命都依靠自然。因而人类要尊重生命和自然界，承认自然界的权利，要对生命和自然界给予道德关注，承认对自然负有道德义务。只有当人类把道德义务扩展到整个自然共同体的时候，人类的道德才是完整的。生态文明的文化性是指一切文化活动，包括指导我们进行生态环境创造的一切思想、方法、组织、规划等意识和行为都必须符合生态文明建设的要求，培育和发展生态文化是生态文明建设的重要内容。

三　中部地区生态文明评价指标体系

（一）研究背景

目前，国内对生态文明方面的评价研究已经有了一定的深度和广度，现有研究主要分为评价范围和评价要素两类情况。从生态文明的评价范围上来看，可分为国家、省域、县域、城市、村镇等五个尺度。马勇等（2016）①构建了包括生态环境保护、资源环境状态和经济社会发展的长江中游城市

---

① 马勇、黄智洵：《长江中游城市群生态文明水平测度及时空演变》，《生态学报》2016 年第 23 期。

群的城市生态文明水平评价体系，并用熵权－TOPSIS 法计算出 2009 ~ 2013 年各地区的 C_i 值，通过 ArcGIS 10.2 软件的 Jenks 自然间断点分级功能分别聚类，将结果可视化。李星平等[1]构建了包含生态经济、生态环境、生态生活、生态文化和生态制度在内的指标体系，对 2007 年、2012 年江苏省生态文明建设水平和各指标的进步率进行了评价。从生态文明的评价要素上来看，可分为水域、森林、草原、风景区、工业区等五个方面。黄和平等[2]在借鉴经济增长生态指数及生态效率概念的基础上，运用层次分析法和专家咨询法，构建了包括社会发展、经济增长、生态建设、资源利用和环境保护等五个模块在内的生态经济指数评价指标体系和模型，并将其应用到鄱阳湖生态经济区。刘婷婷等[3]独创性地提出森林生态安全压力－承压模型，应用 SPSS、Excel 等软件，通过主成分分析、熵权法和物元分析等手段对 2014 年我国 31 个省级行政单位的森林生态安全水平进行了实证研究。

（二）研究区概况

中部六省指的是江西、湖南、湖北、安徽、河南和山西六个省份。地理气候上，位于中国中部，面积约 102.85 平方公里，占全国陆地总面积的 10.71%，长江和黄河分别从其南北两端穿过，该地区的年均降水量、气温相差较大，比如山西省年均降水量为 520 毫米，全年平均气温 5℃ ~ 19℃，而江西省年均降水量为 1550 毫米，全年平均气温 16℃ ~ 23℃。生态环境上，中部六省处在长江和黄河的中游位置，水环境受到污染将直接影响下游地区人民的生产生活。社会经济上，截至 2018 年底，中部六省年末常住人口 3.71 亿人，占全国总人口的 26.6%，地区 GDP19.26 万亿元，占全国 GDP 的 21.4%，2018 年中部地区平均 GDP 增长率为 7.77%，

① 李平星、陈雯、高金龙：《江苏省生态文明建设水平指标体系构建与评估》，《生态学杂志》2015 年第 1 期。

② 黄和平、彭小琳、孔凡斌、张利国：《鄱阳湖生态经济区生态经济指数评价》，《生态学报》2014 年第 11 期。

③ 刘婷婷、孔越、吴叶等：《基于熵权模糊物元模型的我国省域森林生态安全研究》，《生态学报》2017 年第 15 期。

高于全国 GDP 增长率 6.6%。

（三）构建评价指标体系

构建生态文明指标体系的目的是对生态文明发展状况进行监测和预测，从而为生态文明的发展规划提供决策服务。学者关琰珠[①]根据生态文明的基本思想确定了以人与自然和谐发展为核心，以建设资源节约型、环境友好型社会两大主线为支撑的生态文明指标。高珊等[②]建立了江苏省域范围的生态文明指标体系，并从时间和空间两个层面，综合评价江苏省生态文明的建设绩效。马文斌等[③]构建了长江上游地区生态文明示范区评价指标体系，给出了重庆建设长江上游生态文明示范区的评价指标权重。何天祥等[④]在借鉴"压力-状态-响应"（PSR）模型基础上，提出从城市生态文明状态、压力、整治和支撑四个方面构建系统的评价指标体系，并运用熵值法进行评价，丰富和完善了现有评价体系。生态文明评价指标体系是一个涉及多部门多学科的复杂研究，存在着概念界定、指标取舍、数据采集等方面的问题。刘文静[⑤]认为生态文明相关指标体系多数倾向于对环境-经济-社会大系统的现状进行评价，对其发展趋势以及指标间相互关系协调程度的研究较少。因此，目前生态文明相关领域的多数研究主要是针对现状描述，对于生态文明发展的趋势预测研究稍显单薄。

本文的评价指标体系（见表 4-1）以"压力-状态-响应"（PSR）模型来构建，PSR（Pressure-State-Response），即压力、状态、响应，是目前环境质量评价学科中成熟且常用的一种评价模型，PSR 模型广泛应用于

---

① 关琰珠：《建立生态文明评估指标体系的建议》，《厦门科技》2013 年第 1 期。

② 高珊、黄贤金：《基于绩效评价的区域生态文明指标体系构建——以江苏省为例》，《经济地理》2010 年第 5 期。

③ 马文斌、杨莉华、文传浩：《生态文明示范区评价指标体系及其测度》，《统计与决策》2012 年第 6 期。

④ 何天祥、廖杰、魏晓：《城市生态文明综合评价指标体系的构建》，《经济地理》2011 年第 11 期。

⑤ 刘文静：《生态文明及其指标体系研究述评》，《2009 年中国可持续发展论坛暨中国可持续发展研究会学术年会论文集（上册）》，2009，第 308～312 页。

表4-1 中部六省生态文明竞争力评价指标体系

目标层	准则层	因素层	指标层和权重	指标的意义和计算公式	单位	类型
	压力（A1）0.3194	资源需求压力（B1）0.125	人均能源消费量（C1）0.0556	人均能源消费量＝能源消费总量/总人口数	吨标准煤/人	-
			人均用水量（C2）0.0452	人均用水消耗量＝用水消耗总量/总人口数	立方米/人	-
			人均耕地面积（C3）0.0242	人均耕地面积＝耕地面积/总人口数	亩/人	+
			人口密度（C4）0.024	人口密度＝总人口数/国土面积	人/平方公里	-
		环境承载压力（B2）0.1944	每亩耕地农药使用量（C5）0.0276	每亩耕地农药使用量＝农药使用总量/耕地面积	千克/亩	-
			每亩耕地化肥使用量（C6）0.028	每亩耕地化肥使用量＝化肥使用总量/耕地面积	千克/亩	-
			人均废水排放量（C7）0.0394	人均废水排放量＝废水排放总量/总人口数	吨/人	-
			人均废气排放量（C8）0.0403	人均废气排放量＝废气排放总量/总人口数	千克/人	-
			人均生活垃圾产生量（C9）0.0351	人均生活垃圾产生量＝生活垃圾产生总量/总人口数	千克/人	-
	状态（A2）0.5041	自然环境状态（B3）0.1595	森林覆盖率（C10）0.0269	森林覆盖率＝森林面积/国土面积×100%	%	+
			自然保护区面积率（C11）0.0241	自然保护区面积率＝自然保护区面积/国土面积×100%	%	+

续表

目标层	准则层	因素层	指标层和权重	指标的意义和计算公式	单位	类型
	状态（A2）0.5041	社会经济状态（B4）0.0902	空气优良率（C12）0.0534	空气优良率=空气优良天数/总天数×100%	%	+
			水质优良率（C13）0.0551	水质优良率=水质优良断面/总测量断面×100%	%	+
			人均GDP（C14）0.0434	人均地区生产总值	元/人	+
			GDP增长率（C15）0.0468	地区生产总值增长率	%	+
		社会发展状态（B5）0.1071	城镇化率（C16）0.0341	城镇化率=城镇人口/总人口数×100%	%	+
			城镇登记失业率（C17）0.0229	城镇登记失业率=城镇登记失业人数/（城镇从业人员总数+城镇登记失业人数）×100%	%	-
			居民人均可支配收入（C18）0.0269	居民当年人均可支配收入	元	+
		循环可持续状态（B6）0.1473	CPI同比增长（C19）0.0232	居民消费价格指数和商品零售价格指数同比增长率	%	-
			一般工业固体废物综合利用率（C20）0.0221	一般工业固体废物综合利用率=一般工业固体废物综合利用量/固体废物产生量×100%	%	+
			城市生活垃圾无害化处理率（C21）0.0321	城市生活垃圾无害化处理率=城市生活垃圾无害化处理量/城市生活垃圾总量×100%	%	+

续表

目标层	准则层	因素层	指标层和权重	指标的意义和计算公式	单位	类型
	响应（A3）0.1765		可再生能源发电占发电总量比重（C22）0.0407	可再生能源发电占发电总量比重＝可再生能源发电量/总发电量×100%	%	+
			城镇污水处理率（C23）0.0282	城镇污水处理率＝城镇污水处理量/城镇污水总量×100%	%	+
			农村人均处理农业废弃物沼气产气量（C24）0.0242	农村人均处理农业废弃物沼气产气量＝农业废弃物沼气产生量/农村人口	立方米/人	+
		政府响应（B7）0.1351	环境污染治理投资占GDP比重（C25）0.0373	环境污染治理投资占GDP比重＝环境污染治理投资/GDP×100%	%	+
			R&D经费占GDP比重（C26）0.0348	R&D经费占GDP比重＝R&D经费/GDP×100%	%	+
			政策制度完备性（C27）0.0368	河长制、湖长制和林长制的全面实施	定性	+
			水土流失治理面积（C28）0.0262	水土流失当年治理面积	千公顷	+
		公众响应（B8）0.0414	城市人均公交出行人次（C29）0.0414	城市人均公交出行人次＝公共交通客运总量/城镇人口	人次/人	+

生态安全评价、土地资源质量评价、土地利用可持续评价、生态系统健康评价等领域。1992 年，OECD 和 UNEP 共同提出，基于"压力 – 状态 – 响应"（PSR）模型构建相应指标体系，用于评估人类活动对生态环境的压力、压力对生态环境的影响以及人类对生态环境的影响。本文在 PSR 模型框架下，依据生态文明的内在逻辑来构建对中部六省的生态文明竞争力评价指标体系。其中，人类社会对环境压力既有输入压力也有输出压力，将压力分为资源需求压力和环境承载压力；生态文明下的状态不仅需要环境友好和社会富裕和谐，其资源的利用还要有可持续性，即可分为自然环境状态、社会经济状态、社会发展状态和循环可持续状态；生态文明下的响应可分为政府政策对环境压力的响应和公民环保意识的响应，即可分为政府响应和公众响应。在现有关于生态文明研究的基础上，参考其他研究者的指标体系，经专家甄选，本文选取了相关 29 项具体指标组成的指标层，其中正向指标对生态文明竞争力起到正面作用，类型标记为 + 。逆向指标则起到负面作用，类型标记为 – 。

第三节　中部地区生态文明评价

一　资料来源

本次评价所需的数据主要来源于国家统计局官网和 2010 ~ 2017 的《中国环境统计年鉴》，以及 2010 ~ 2017 年各省的统计年鉴和环境状况公报等官方已发布的统计数据资料。

二　评价方法

生态文明评价方法众多且各有优劣，对文献中常见评估方法进行归纳比较。生态文明建设涉及环境、经济、文化、制度等多个方面，指标的选择与量化是评价的关键。目前常用的评价方法包括主成分分析法、综合指数法、灰色关联分析法等，但这些方法仍存在一定缺陷，需要学者们不断改进。另外，"大数据"方法通过对海量数据的搜集和分析，克服了传统分析方法数据量有限、结果说服性不强等缺陷，近年来广泛应用于各个领域。生态文明建设评价涉及因素多，须兼顾区域发展的差异性及建设过程的长期性，更离不开大量数据的支撑。因此，未来应更加关注"大数据"等方法在该领域的拓展应用。层次分析法（AHP），魏晓双（2013）采用层次分析法构建省域生态文明评价指标体系，对我国31个省域生态文明建设情况综合评价，层次分析法主观性强，数据依赖性小，主要取决于决策者的判断经验，但不确定性无法估计。熵值法，宓泽锋等（2016）基于熵值法和协调度模型构建评价指标体系，对中国2000～2013年30个省生态文明建设情况进行评估，熵值法客观真实性强，不受主观判断影响，但容易忽视决策者的主观意愿。综合指数法，刘某承等（2014）采用综合指数法评估了2010年中国大陆各省的生态文明建设水平，综合指数法直观、简便，选用单项指标和多项指标，但评价指标体系及等级划分标准难以确定。主成分分析（PCA），张欢等（2014）运用主成分分析法评价了中国2012年30个省的生态文明建设状况及生态文明协调度，该方法能将系统中的多个指标转化为较少的几个综合指标，但其物理意义不易明确。灰色关联分析方法（GPA），李昌新等（2017）采用灰色关联分析方法诊断了江苏省13个市农村生态文明建设水平，能有效挖掘农村生态文明建设存在的具体问题。这种方法量纲、绝对值要求少，可分析因素之间的潜在联系，但当系统因素参数较少时，可能造成一定误差。在此背景下，为探索未来中部六省生态文明建设发展的潜力和竞争力，采用"压力－状态－响应"（PSR）来建立生态文明竞争力评价指标体系，以模糊物元法－TOPSIS评估模型对中部六省的生态文明竞争力进行比较，以分析各省在生态文明竞争力压力、状态和响应方面的优劣长短，为今后生态文明建设的相关政策提供可靠的依据。

（一）确定评价指标的权重

中部六省生态文明评价指标体系中一共包含有29个细化指标，不同指标对生态文明竞争力的反映程度也不一样，本文通过组合主观的层次分析法和客观的熵权法，来确定各个指标的组合权重系数，从而对中部六省的生态文明竞争力进行准确有效的评估。

1. 层次分析法

层次分析法是指将与决策有关的元素分解成目标、准则、方案等层次，在此基础之上进行定性和定量分析的决策方法。该方法是美国运筹学家匹茨堡大学教授萨蒂于 20 世纪 70 年代初，在为美国国防部研究"根据各个工业部门对国家福利的贡献大小而进行电力分配"课题时，应用网络系统理论和多目标综合评价方法提出的一种层次权重决策分析方法。它将复杂问题分解成多个组成因素，把未知的转化成已知的，以生态文明领域专家的经验为依据，对生态文明竞争力评价指标进行相互比较，判断评价指标间的相对重要性，构建出判断矩阵，再通过计算得到各个指标的权重。

（1）建立层次结构模型。决策目标、考虑因素（决策准则）和决策对象按它们之间的相互关系分为最高层、中间层和最低层，然后绘出层次结构图。最高层是指决策的目的、要解决的问题。最低层是指决策时的备选方案。中间层是指考虑的因素、决策的准则。对于相邻的两层，称高层为目标层、低层为指标层。

（2）构造判断（成对比较）矩阵。在确定各层次各因素之间的权重时，如果只是定性的结果，则常常不容易被别人接受，因而 Santy 等人提出一致矩阵法，即不把所有因素放在一起比较，而是两两相互比较，对此采用相对尺度，以尽可能减少性质不同的诸因素相互比较的困难，提高准确度。这里我们用九标度法构建判断矩阵。

（3）层次单排序及其一致性检验。对应于判断矩阵最大特征根 λ_{max} 的特征向量，经归一化（使向量中各元素之和等于 1）后记为 W。W 的元素为同一层次因素对于上一层次因素相对重要性的排序权值，这一过程称为层次单排序。能否确认层次单排序，则需要进行一致性检验，所谓一致性检验是指对 A 确定不一致的允许范围。其中，n 阶一致阵的唯一非零特征根为 n；n 阶正互反阵 A 的最大特征根 $\lambda \geqslant n$，当且仅当 $\lambda = n$ 时，A 为一致矩阵。

（4）层次总排序及其一致性检验。计算某一层次所有因素对于最高层（总目标）相对重要性的权值，称为层次总排序。这一过程是从最高层次到最低层次依次进行的。

大量研究表明，层次分析法具有系统、灵活、简洁等优点，经专家打分得到判断矩阵后，可以用 MATLAB 软件计算判断矩阵，以快速得出各个评价指标的主观权重 u_j。

2. 熵值法

熵（Entropy）有三个来源：热力学、统计力学和信息论。在信息论中，熵是对不确定性的一种度量。信息量越大，不确定性就越小，熵也就越小；信息量越小，不确定性越大，熵也越大。根据熵的特性，我们可以通过计算熵值来判断一个事件的随机性及无序程度，也可以用熵值来判断某个指标的离散程度，指标的离散程度越大，该指标对综合评价的影响越大。因此，可根据各项指标的变异程度，利用信息熵这个工具，计算出各个指标的权重，为多指标综合评价提供依据。熵权是指各指标传递给决策者的信息量大小在总信息量中所占的权数。熵值法以评价指标的原始数据为依据，寻找到指标层原始数据之间的内在联系，然后确定各个评价指标数据与评价目标之间的客观联系，再通过计算得到各个评价指标的客观权重 v_j。

（1）建立原始数据矩阵。设有 m 个评估项目，每个项目的指标层有 n 个评价指标，其原始数据矩阵为

$$X = (x_{ij})m \times n$$

其中 x_{ij} 表示第 i 个评价指标。

（2）对指标层原始数据进行无量纲化处理，即

$$Y = Y_{ij} = \frac{X_{ij}}{\sum_1^m X_{ij}}$$

（3）第 j 项评价指标的熵值为

$$E_J = -\frac{1}{\ln_m} \sum_1^m Y_{ij} \ln Y_{ij}$$

（4）第 j 项评价指标的客观权重为

$$v_j = \frac{1 - E_j}{\sum_{j=1}^{n} (1 - E_j)}$$

因中部六省的指标数据相近，2010～2017 年数据所得到的年度熵值法权重 v_j 相差很小，故这里采用中部六省 2017 年数据使用熵值法所得到的客观权重作为所有年度的客观权重。通过计算得到主观权重 u_j 和客观权重 v_j 后，结合两者可得其组合权重，即 $w_j = (u_j + v_j)/2$ ，各个指标的具体权重数值见表 4－1。

（二）利用模糊物元－TOPSIS 法进行评价

（1）模糊物元法是著名学者蔡文 1983 年提出来的。这是以原始数据为基础，分析其质变和量变的关系，并从定性和定量两个角度对复杂问题进行综合解决。在物元分析法的基本理论中，事物、特征和模糊量值三要素为描述事物的基本元；物元的三要素在本文分别对应项目省的名称 M、项目省的评价指标 C 和项目省评价指标的数值 x ，将物元的三要素组合起来构成了有序的三元组，利用 $R(M,C,x)$ 来表征。假设有 m 个事物，每个事物有 n 个特征量 C_1 , C_2 , $\cdots$, C_n , 特征的参数值为 $v_{ij}(i = 1,2,\cdots,m ; j = 1,2,\cdots,n)$ ，则中部六省生态文明评价的 n 维物元矩阵 R 为

$$R = \begin{bmatrix} & C_1 & \cdots & C_n \\ M_1 & x_{11} & \cdots & x_{1n} \\ \vdots & \vdots & & \vdots \\ M_m & x_{m1} & \cdots & x_{mn} \end{bmatrix}$$

（2）构建加权模糊物元矩阵。首先，计算从优隶属度。本文的指标中，包含有正向指标和负向指标，其计算方法如下。

越大越优型指标为

$$y_{ij} = \frac{x_{ij}}{\max(x_{ij})}$$

越小越优型指标为

$$y_{ij} = \frac{\min(x_{ij})}{x_{ij}}$$

式中, y_{ij} 表示第 i 个项目中第 j 个指标的模糊值; $\max(x_{ij})$ 表示 M_i 中的最大值; $\min(x_{ij})$ 表示 M_i 中的最小值。构建 n 维模糊物元矩阵 $\boldsymbol{R}_0$ 为:

$$\boldsymbol{R}_0 = \begin{bmatrix} & C_1 & \cdots & C_n \\ M_1 & y_{11} & \cdots & y_{1n} \\ \vdots & \vdots & & \vdots \\ M_m & y_{m1} & \cdots & y_{mn} \end{bmatrix}$$

再通过组合权重 w_i 和模糊物元矩阵 $\boldsymbol{R}_0$, 得到加权模糊物元矩阵 $\boldsymbol{Z}$。模糊物元矩阵 $\boldsymbol{Z} = (z_{ij})$, 即

$$\boldsymbol{Z} = \begin{bmatrix} & C_1 & \cdots & C_n \\ M_1 & z_{11} & \cdots & z_{1n} \\ \vdots & \vdots & & \vdots \\ M_m & z_{m1} & \cdots & z_{mn} \end{bmatrix}$$

其中, $z_{ij} = v_{ij} w_i (i = 1, 2, \cdots, m; j = 1, 2, \cdots, n)$。

（3）再利用 TOPSIS 法对得到的加权模糊物元矩阵 $\boldsymbol{Z}$ 进行评估。

确定正理想解 $Z_j^+ = (z_1^+, z_2^+, \cdots, z_n^+)$ 和负理想解 $Z_j^- = (z_1^-, z_2^-, \cdots, z_n^-)$; 其中, $z_j^+ = \max\{z_{1j}, z_{2j}, \cdots, z_{mj}\}$, $z_i^- = \min\{z_{1j}, z_{2j}, \cdots, z_{mj}\}$。

计算评估项目省到正理想解与负理想解的欧氏距离。评估项目省到正理想解的欧氏距离 S_i^+ 为

$$S_i^+ = \sqrt{\sum_{j=1}^{n}(z_j^+ - z_{ij})^2}$$

评估项目省到负理想解的欧氏距离 S_i^- 为

$$S_i^- = \sqrt{\sum_{j=1}^{n}(z_j^- - z_{ij})^2}$$

计算评估项目省与正理想解的贴近度 C_i 为

$$C_i = \frac{S_i^-}{S_i^+ + S_i^-}$$

贴近度 C_i 代表中部六省各省的生态文明情况，比较 C_i 的大小，C_i 越大，就代表该省的生态文明竞争力越好，中部六省生态文明竞争力的压力、状态、响应和综合年度贴近度 C_i 见表 4 - 2。

表 4 - 2　中部六省生态文明竞争力评价结果

项目		2010 年	2011 年	2012 年	2013 年	2014 年	2015 年	2016 年	2017 年
江西	压力 C_i（排名）	0.549(1)	0.54(2)	0.547(1)	0.54(1)	0.551(1)	0.55(2)	0.536(2)	0.524(3)
	状态 C_i（排名）	0.518(3)	0.464(3)	0.391(3)	0.535(3)	0.528(3)	0.576(3)	0.531(3)	0.48(3)
	响应 C_i（排名）	0.468(3)	0.513(2)	0.535(2)	0.401(4)	0.402(4)	0.589(1)	0.536(1)	0.506(1)
	综合 C_i（排名）	0.564(1)	0.547(1)	0.536(2)	0.553(2)	0.552(3)	0.595(1)	0.56(1)	0.54(2)
湖南	压力 C_i（排名）	0.538(2)	0.546(1)	0.539(2)	0.532(2)	0.548(2)	0.552(1)	0.548(1)	0.529(1)
	状态 C_i（排名）	0.619(2)	0.61(2)	0.588(2)	0.596(2)	0.635(2)	0.66(2)	0.648(2)	0.659(2)
	响应 C_i（排名）	0.322(6)	0.357(6)	0.356(6)	0.315(5)	0.319(6)	0.319(5)	0.294(4)	0.34(6)
	综合 C_i（排名）	0.539(2)	0.538(3)	0.531(3)	0.531(3)	0.559(2)	0.531(3)	0.502(3)	0.534(3)
安徽	压力 C_i（排名）	0.446(3)	0.435(5)	0.421(5)	0.435(4)	0.432(4)	0.444(4)	0.463(4)	0.41(6)
	状态 C_i（排名）	0.257(5)	0.306(4)	0.296(5)	0.371(4)	0.392(4)	0.42(4)	0.396(4)	0.328(4)
	响应 C_i（排名）	0.358(4)	0.427(4)	0.457(3)	0.5(2)	0.469(3)	0.373(3)	0.291(5)	0.446(4)
	综合 C_i（排名）	0.411(4)	0.435(4)	0.44(4)	0.464(4)	0.463(4)	0.442(4)	0.418(4)	0.439(4)

续表

项目		2010 年	2011 年	2012 年	2013 年	2014 年	2015 年	2016 年	2017 年
湖北	压力 C_i（排名）	0.383(6)	0.389(6)	0.386(6)	0.411(6)	0.41(6)	0.418(6)	0.441(5)	0.415(5)
	状态 C_i（排名）	0.703(1)	0.671(1)	0.678(1)	0.74(1)	0.737(1)	0.7(1)	0.723(1)	0.756(1)
	响应 C_i（排名）	0.513(1)	0.578(1)	0.582(1)	0.568(1)	0.569(1)	0.411(2)	0.405(2)	0.506(2)
	综合 C_i（排名）	0.537(3)	0.544(2)	0.54(1)	0.573(1)	0.587(1)	0.534(2)	0.538(2)	0.589(1)
河南	压力 C_i（排名）	0.431(5)	0.457(3)	0.428(3)	0.436(3)	0.468(3)	0.456(3)	0.52(3)	0.526(2)
	状态 C_i（排名）	0.375(4)	0.25(5)	0.3(4)	0.241(5)	0.365(5)	0.373(5)	0.349(5)	0.318(5)
	响应 C_i（排名）	0.335(5)	0.425(5)	0.4(5)	0.266(6)	0.324(5)	0.159(6)	0.166(6)	0.445(5)
	综合 C_i（排名）	0.395(6)	0.362(6)	0.371(6)	0.346(6)	0.401(5)	0.372(5)	0.376(6)	0.423(5)
山西	压力 C_i（排名）	0.441(4)	0.438(4)	0.425(4)	0.434(5)	0.43(5)	0.433(5)	0.438(6)	0.442(4)
	状态 C_i（排名）	0.219(6)	0.196(6)	0.168(6)	0.135(6)	0.123(6)	0.239(6)	0.207(6)	0.175(6)
	响应 C_i（排名）	0.473(2)	0.48(3)	0.456(4)	0.48(3)	0.472(2)	0.363(4)	0.402(3)	0.472(3)
	综合 C_i（排名）	0.409(5)	0.408(5)	0.391(5)	0.394(5)	0.383(6)	0.364(6)	0.383(5)	0.388(4)

注：括号里面的数字代表该省在中部六省中当年的排名，例如 0.549（1）表示贴近度 C_i = 0.549、当年排名第一。

三 中部六省生态文明竞争力评价结果分析

（一）中部六省生态文明竞争力横向对比分析

结合图 4-1，对 2017 年中部六省的各项情况进行分析，压力因子排名情况是湖南、河南、江西、山西、湖北、安徽，因在构建模糊物元矩阵时对负向指标进行了转化，所以其压力排名越靠前，表示其省份的生产生活方式对地区生态文明的压力越小；状态因子排名情况是湖北、湖南、江西、安徽、河南、山西，状态排名越靠前，表示其省份现状的自然环境、社会经济发展和资源可持续性产业的现状越好；响应因子排名情况是江西、湖北、山西、安徽、河南、湖南，响应排名越靠前，表示其省内的政府对生态文明建设所做的贡献越多以及公众的生态文明意识越强；生态文明竞争力综合排名情况是湖北、江西、湖南、安徽、河南、山西，综合排名越靠前，表示其省份在 2017 年的生态文明竞争力越强。

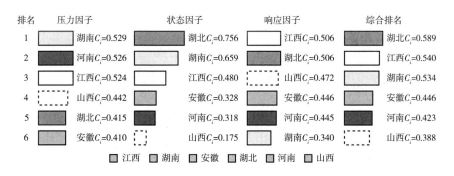

排名	压力因子	状态因子	响应因子	综合排名
1	湖南C_i=0.529	湖北C_i=0.756	江西C_i=0.506	湖北C_i=0.589
2	河南C_i=0.526	湖南C_i=0.659	湖北C_i=0.506	江西C_i=0.540
3	江西C_i=0.524	江西C_i=0.480	山西C_i=0.472	湖南C_i=0.534
4	山西C_i=0.442	安徽C_i=0.328	安徽C_i=0.446	安徽C_i=0.446
5	湖北C_i=0.415	河南C_i=0.318	河南C_i=0.445	河南C_i=0.423
6	安徽C_i=0.410	山西C_i=0.175	湖南C_i=0.340	山西C_i=0.388

■ 江西　■ 湖南　■ 安徽　■ 湖北　■ 河南　■ 山西

图 4 – 1　2017 年中部六省生态文明竞争力各项因子排名

（二）中部六省生态文明竞争力纵向对比分析

图 4 - 2 是中部六省在 2010 ~ 2017 年八年期间的压力、状态、响应和综合排名情况，其省份所围的面积越大，表示在这八年期间的生态文明竞争力的各个因子整体情况越好。

压力因子的面积以湖南省和江西省较大，表示其省份的生产和生活方式对生态文明所造成的压力要小。湖北省面积最小，表示其省份的生产和生活方式对生态文明所造成的压力较大。从压力因子的年度趋势上看，湖南、湖北、河南、山西四省的趋势向上，排名是越来越好，江西、安徽两省的年度趋势向下，对地区生态文明的压力在变大。

状态因子的面积湖北省最大，表示其省份的环境、经济和资源利用过程等方面符合生态文明的要求。山西省面积最小，表示其省份的环境、经

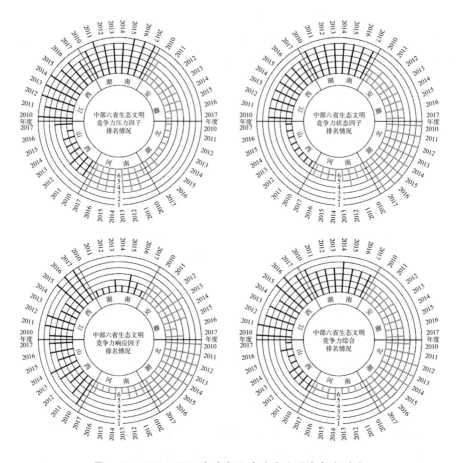

图 4 - 2　2010 ~ 2017 年中部六省生态文明竞争力对比

济和资源的利用过程等方面与生态文明的要求相差甚远。从状态因子的年度趋势上看，中部六省各年度均比较稳定，因为环境保护、经济发展和产业结构的改变是一个缓慢的过程。

响应因子的面积以湖北、江西、山西三省的面积较大，表示其地方政府较为重视生态文明的建设以及省内公众的环保意识较强。湖南和河南两省的面积较小，表示其地方政府对生态文明建设所做的努力还不够，今后还需加强对公众的生态文明普及教育。从响应因子的年度趋势上来看，仅江西省的年度趋势向上，说明江西省非常重视生态文明的建设，其他省份比较混乱，并无趋势。

综合排名的面积以湖北和江西两省较大，表示该省份的生态文明竞争力在中部六省中情况较好，山西和河南两省的综合排名面积较小，表示该省份的生态文明竞争力较为落后；从综合排名的年度趋势上看，江西和河南两省的年度趋势向上，说明两省的生态文明竞争力在不断变好，而山西省的年度趋势向下，说明该地区的生态文明竞争力在下降。

第四节　中部地区生态文明竞争力提高的对策及建议

一　江西省

压力因子排名靠前，说明其生产生活方式对生态文明的压力较小，但状态因子是江西省的弱点。所以，江西省须加大固定资产的投资力度，加快第三产业的基础设施投资建设，将深厚的红色文化底蕴和良好的生态环境结合起来，开发生态旅游，打造旅游圈的"红色""绿色""古色"三种特色相结合的旅游景点，既宣传了红色文化，又可以实现绿色发展；再者需引进或培育高新技术的新兴产业，例如5G、人工智能和VR等产业链，保持高瞻远瞩，拥抱未来工业科学技术，在全力构建新兴产业链的同时，探索可持续发展之路，加强省内社会经济和循环经济产业的发展，实现新兴产业链生态化，并将生态产业化。

二　湖南省

压力因子和状态因子排名均较靠前，但响应因子排名靠后，所以湖南省需从生态制度上打开切入口，以社会主义生态文明观为指导，建立一套完整的生态文明制度体系，例如河长制、湖长制和林长制等制度，完善有关生态环境保护的法规条例，例如《生活垃圾分类管理条例》、《城市市容和环境卫生管理条例》和《秸秆禁烧和综合利用管理办法》等等，在生态环境保护方面做到有法可依，保障生态文明建设健康有序发展。湖南省应加大在环境保护方面的投资，提高其在GDP的比重，尤其是在公众的生态文明意识和生态文明教育的普及率方面较其他五省来说差距较大，这方面可利用湖南广播电视台的影响力加大对生态文明的宣传力度，让社会主义生态文明观深入人心。

三 安徽省

安徽省各项排名比较均衡，但是均不靠前，所以安徽省在生态环境压力方面，思路应由生态治理转变到生态预防，不能先污染后治理，而应从源头抓起，淘汰落后、重污染、高能耗和低效率的企业，实现核心产业的更新换代。在社会发展方面，调整产业结构，大力发展生态产业，加快实现经济生态化、生态经济化。在政府和公众响应方面，加大对监管侧的资金投入，重点研发、引进和推广先进的生态监测仪器和设备，建立公众参与机制，培养公众生态意识、规范公众生态行为，提高公众参与生态环境的积极性和自觉性。

四 湖北省

湖北省压力因子排名靠后，但状态因子排名靠前。所以湖北省需从压力方面入手，将其粗放经营管理和高强度的工业污染排放改变成集约、循环可持续的生产生活方式，提高水资源和能源的利用效率，减少废水、废气和生活垃圾的排放，保持本省在生态文明建设上的优势，实现生态文明高质量发展。另外，要结合本省的生态环境和社会经济特点，取长补短，保持生态文明竞争力在中部六省第一的位置，推广生态文明建设成熟地区的生态经济模式，做好生态文明建设的样板，让"绿水青山"成为真正的"金山银山"。

五 河南省

状态因子和响应因子排名均靠后。河南省是人口大省，防止劳动力人口流失，大力发展消费、服务等第三产业，增加就业机会，吸引劳动力回流，加快人口城镇化，实现传统制造产业的转型升级；同时，河南省也是农业大省，加快农业现代化，通过制度化建设（如河长制、湖长制等）来保护水资源，提高水资源利用效率，减少农业的面源水污染和秸秆焚烧造成的空气污染；协调好资源利用与经济增长平衡点，以生态环境保护为宗旨，加大对公众生态文明的普及教育宣传力度，促进节能减排，提倡低碳消费和绿色出行，尽量采用公共交通出行方式，从教育入手，培养公众科学健康的生活习惯，形成良性循环的低碳生活。

六 山西省

响应因子居于中等靠前，但压力因子和状态因子排名均较靠后。其主要原因是，山西省是能源生产大省，煤炭的大量开采和发电导致地区的水环境、大气环境等生态环境受到严重的破坏，加上山西省降水量少，森林覆盖率低，生态环境脆弱，所以需大力提高能源利用效率和可再生能源的能源占比，减少煤炭等化石能源的使用，而且山西省的能源产量大部分都是外送，单靠山西省自身力量进行生态文明建设远远不够，必须依靠外部力量进行推动，完善生态补偿机制对山西省生态文明建设特别重要。

参考文献

王彦发、马琼：《新疆农业资源环境与区域经济协调性评价研究》，《资源开发与市场》2018 年第 12 期。

陈盼、施晓清：《基于文献网络分析的生态文明研究评述》，《生态学报》2019 年第 10 期。

马勇、黄智洵：《长江中游城市群生态文明水平测度及时空演变》，《生态学报》2016 年第 23 期。

张宁、蔡金锭：《基于模糊物元－逼近理想点法的油纸绝缘状态评估》，《电工技术学报》2018 年第 22 期。

黄和平、杨宗之：《基于 PSR－熵权模糊物元模型的森林生态安全动态评价——以中部 6 省为例》，《中国农业资源与区划》2018 年第 11 期。

陈伟、乔治、黄小芬、胡韫频：《生态文明建设视角下国家可持续发展实验区资源配置评价》，《科技进步与对策》2017 年第 9 期。

王耕、李素娟、马奇飞：《中国生态文明建设效率空间均衡性及格局演变特征》，《地理学报》2018 年第 11 期。

崔春生：《基于 Vague 集的中部五省生态文明建设评价》，《管理评论》2017 年第 8 期。

第五章　产业发展评价

　　绿色产业和产业的绿色发展具有不同的内涵。绿色产业至今并没有一个被普遍接受或认可的定义。余春祥[①]认为，"绿色产业是指在绿色经济发展中，应用绿色技术生产绿色产品，提供绿色服务，有利于生态资源的保护和生态环境的改善，有利于增进人类健康，有利于人类社会经济可持续发展的产业"。刘国涛等认为[②]，"绿色产业涉及第一产业、第二产业和第三产业各生产领域和行业，在国民经济中的比重越来越大，发展速度迅猛，被誉为朝阳产业"。蔡凤兰[③]认为，"绿色产业泛指各种对环境友好的产业，即产品和服务符合防治环境污染的要求，可改善生态环境、保护自然资源、有利于优化人类生存环境的新兴产业。绿色产业的生产力、生产过程和经营管理、自然环境都必须是绿色的，并生产出绿色产品，提供绿色劳务"。产业绿色化是指围绕产业经济增长实现绿色化发展，包括单个产业内部凭借技术创新而促进的产业绿色化发展以及单个产业内部依靠组织管理方式创新促进的产业绿色化发展。

　　基于以上绿色产业和产业绿色化发展特定内涵，鉴于第一产业农业本身属于绿色经济，不存在产业绿色化问题，故中部产业绿色发展重点在于

---

*　罗海平，南昌大学中国中部经济社会发展研究中心副研究员，硕士生导师，主要研究方向为中部地区产业发展研究；邹楠，南昌大学经济管理学院硕士研究生。

①　余春祥：《论云南绿色产业发展的战略选择》，《生态经济》2003 年第 12 期。

②　刘国涛等：《论绿色产业的内涵》，《中国环保产业》2003 年第 9 期。

③　蔡凤兰：《我国绿色产业健康发展道路探索》，《商场现代化》2007 年第 23 期。

实现工业的绿色化。工业是立国之本、兴国之器,自中部地区崛起政策推出后,中部工业实现了显著增长,工业增加值从 2006 年的 18135.90 亿元增长至 2017 年的 67869.20 亿元,增长了近 3 倍,年均增长率达 12.75%。根据国务院发布的《促进中部地区崛起"十三五"规划》,中部地区将建设成为全国重要的先进制造业中心,可见工业是推动中部国民经济增长的重要支柱和核心动力。当前中部地区迎来了引领我国经济增长实现加速崛起的新时期,2019 年 5 月 21 日,习近平总书记在南昌市召开的"推动中部地区崛起工作座谈会"中要求:"中部地区应该积极主动融入国家战略,推动高质量发展,增强综合实力和竞争力,开创中部崛起新局面。"而产业竞争力正是一个区域竞争力和地位的核心体现①。因此,面对重要的经济发展机遇,中部地区应该从工业入手谋进步、促崛起,在把握产业竞争力现状的基础上找到发展亮点、问题及突破口,推动中部工业高质量跨越式发展。

"竞争力"的概念始于 20 世纪 80 年代关于国际竞争力的研究。世界经济论坛(WEF)和洛桑国际管理发展学院(IMD)均将竞争力看作一个综合的概念,认为竞争力是由企业内部效率和外部环境两个方面相互联系和补充形成的能力②。而美国经济学家迈克尔·波特则将国际竞争力定义为该国持续提升高水平竞争的能力,其中产业创新和升级是关键③。20世纪 90 年代后期基于对国际竞争力研究的延伸,关于产业竞争力和企业竞争力的探讨开始兴起,完善了竞争力体系中的中观和微观层次,而产业竞争力正是其中重要的一部分。目前国内关于产业竞争力的概念尚不统一。蔡昉等④认为竞争力和比较优势是彼此相容的,基于此将产业竞争力定义为一个国家工业对于该国资源禀赋结构和市场环境的反应、调整能

---

① 周平、熊曦:《湖南省各市州工业竞争力评价及转型建议》,《经济地理》2018 年第 10 期。
② 王洋:《中国区域工业竞争力研究》,吉林大学硕士论文,2007。
③ 张力薇:《中国工业竞争力的区域差异及其比较》,西北大学硕士论文,2007。
④ 蔡昉、王德文、王美艳:《工业竞争力与比较优势——WTO 框架下提高我国工业竞争力的方向》,《管理世界》2003 年第 2 期。

力。魏后凯等（2002）① 将概念范围缩小为区域竞争，并定义区域竞争力为区域内各主体市场竞争中争夺资源或市场的能力，表现为市场影响力、工业增长力、资源配置力、结构转换力和工业创新力五个方面。顾海兵等②基于广义竞争力视角认为，区域产业竞争力具有比较性和多维性，是一种立足本区域比较优势创造财富的能力，即对资本和市场的占有能力。李明等③认为，区域产业竞争力是一个区域的产业在市场上能较竞争对手更有效利用资源并获利的能力。

　　综上所述，产业竞争力是一个综合的概念，包含了宏观资源配置和获取能力以及微观经营效益和市场争夺能力两个方面的力量。在高质量发展时代，产业竞争力更多的是一种能力与潜力的综合，其中潜力是指一个区域较竞争对象能更快速有效积累科技创新能力、实现创新驱动和推动地区工业结构转换的力量。因而产业竞争力是指在包括发展环境等多种要素影响下，一个区域的工业潜力转换为能力并最终以高技术、高效率、低能耗、低污染创造更多财富与价值的能力。本报告研究中部产业竞争力，将首先从中部整体工业发展现状出发，通过东部、中部、西部、东北四个经济区域的比较，总体把握中部地区工业经济的优势与劣势；接着构建包含现阶段产业竞争实力、高质量产业竞争潜力、产业竞争环境三个方面的综合评价指标体系以及包含现阶段产业竞争实力的工业行业评价指标体系。在采用熵权法确定指标权重的基础上通过综合指数法及线性加权法分别探讨中部六省 2011～2017 年的工业纵向增长情况和产业综合竞争力竞位变化情况。通过结果分析找到工业发展存在的问题，并提出中部地区提高整体产业竞争力的对策。

---

①　魏后凯、吴利学：《中国地区工业竞争力评价》，《中国工业经济》2002 年第 11 期。

②　顾海兵、余翔：《我国区域工业竞争力的测定与评价——我国十大沿海城市工业的广义竞争力实证比较研究》，《学术研究》2007 年第 3 期。

③　李明、黄珊燕、刘宇嘉：《成都市工业竞争力的统计评价》，《统计与决策》2011 年第 18 期。

第一节　中部地区产业发展比较

中部地区包括江西、湖南、湖北、河南、山西、安徽六省。中部地区凭借良好的资源优势成为我国近代工业的发祥地之一。造船、钢铁等工业产业一度引领国内。但自 20 世纪 90 年代初起，在东西部发展夹击下，中部地区工业产量全国占比逐年下降，呈现"中部塌陷"的格局（赵西君，2015）①。"中部崛起"战略提出至今，中部地区顺应时代要求和国家战略导向，在充分把握国内外产业发展趋势、认清自身优劣的基础上加大政策支持力度，完成了对"中部塌陷"困境的扭转。当前，中部地区以国内占比 10.7% 的面积创造了全国 1/5 以上的工业增加值，在历史、资源、区位等多重因素影响下，工业规模、效益、结构、潜力和环境五个方面形成了独特的产业发展特色。

一　中部地区产业规模

中部地区产业规模实力近十年来始终位于全国前列，且当前工业规模扩张速度在国内领先。毫无疑问，中部地区工业对于全国经济发展至关重要。针对不同历史时期不同区域的经济情况，我国先后提出了东部优先发展、西部大开发、中部崛起、东北振兴等发展战略，形成了四大经济区域——中部地区 6 省、西部地区 12 省（区、市）、东部地区 10 省（市）、东北地区 3 省。2017 年中部地区工业增加值总量达到 67865.2 亿元，全国占比 24.38%。中部地区与东部地区的发展差距相较 2008 年得以不断缩小，这归功于中部地区较为稳定的高速增长率。2017 年中部地区更是以 8.83% 的高增长率超过东部领跑全国。其中山西省以 39.10% 的增长速度遥遥领先中部其他省份，成为当年高增长的主导力量。但山西省在十年间表现出"大起大落"的趋势，2014 年更是下跌至 20.31%。山西工业

① 赵西君：《新形势下中部地区工业现代化研究》，《科学与现代化》2015 年第 4 期。

规模扩张进程较为脆弱,不能长期支撑中部地区的高速增长。而江西、湖南、湖北三省在十年间始终保持较为稳定的增长。河南和安徽更是在本身工业体量较大的情况下在 2017 年仍能分别达到 8.27% 及 8.33% 的增长率。

工业增加值是中部地区工业规模在宏观层面的结果表现。而反映规模实力来源的微观层面则选取了规模以上工业企业数量、大中型企业数量及其在规模企业中的占比、规模以上工业企业资产总额等指标来表现中部工业规模扩张的支撑力量(见表 5 - 1)。首先,在绝对数上中部地区规模以上工业企业数量与东部地区相差不大,全国占比从 2011 年的 19.66% 上升到 2017 年的 31.17%。其次,从表中可以看出中部地区的大中型工业企业较多,在四大区域中占比领先,高于全国平均水平。但规模以上工业企业资产远小于东部地区,2017 年增速为 3.16%,全国占比仅 19.58%,且近几年始终维持在全国占比 19% 左右的水平。可见其他区域对中部地区造成了一定挤压,使得中部企业资产规模实力相比企业数量在竞争中稍显劣势,未来进一步实现规模扩张在一定程度上缺乏强有力的支撑。

表 5 - 1　2017 年四大经济区域工业企业情况

地区	大中型工业企业数量(个)	规模以上工业企业数量(个)	大中型企业占比(%)	规模以上工业企业资产总额(亿元)
中部地区	2359	14321	17.70	36607.97
东部地区	3405	21882	16.91	60284.76
西部地区	704	4304	16.08	19105.02
东北地区	731	5442	13.18	23384.71

资料来源:《中国统计年鉴 2018》,中国统计出版社,2018。

二　中部地区产业效益

中部地区的工业效益反映在企业层面就是各项经济效益指标的表现。总体而言,中部地区经营能力和盈利能力均能达到全国平均水平,但盈利能力稍显不足。同时,缺乏龙头引领企业使得中部整体工业企业竞争力不足。首先，从绝对数上看，近几年中部地区规模以上工业企业的主营业务收入和利润总额全国占比在稳步提高。2017 年规模以上工业企业主营业务收入和利润总额分别达到 256768.29 亿元及 15794.03 亿元，全国占比分别达到 22.65% 及 21.08%。其次，从资产负债率和全员劳动生产率两项指标看，2017 年中部地区平均资产负债率为 55.29%，其中山西省达到74.15%，其他五省自 2011 年起资产负债率始终保持在 40% ~ 60%。近几年由于国家政策号召及融资渠道拓宽，各省顺利降低了资产负债率。整体而言，除山西省外中部地区整体财务较为灵活，企业经营维持稳定。而中部全员劳动生产率更是优于全国平均水平，2017 年中部地区平均全员劳动生产率为每人 33.44 万元，而全国为每人 31.07 万元。中部地区工业企业无论是职工管理和技能培训，还是科技升级和装备更新都表现较好。但相较经营能力，中部地区工业企业的盈利能力略显不足。近几年成本费用利润率和总资产贡献率整体大幅下降。相较 2011 年，2017 年两项指标平均水平分别下降 16.39% 和 28.71%。即使在全国工业企业盈利水平均有所减弱的背景下，中部地区的下降率仍较为突出。2017 年中部六省的成本费用利润率平均为 6.47%，其中安徽省最低为 5.78%，江西省最高为 7.54%。总资产贡献率平均为 13.24%，山西省最低为 8.1%，江西省最高为 18.3%。而江苏和福建成本费用利润率分别为 7.11% 及 7.55%，总资产贡献率为 14.22% 及 14.61%。因而除江西省外，中部地区整体与东部地区先进工业省份相比企业盈利水平落后较大。在 2018 年中国制造企业 500 强中，中部六省共上榜 74 家企业，而仅山东省就上榜 79 家，浙江省 77 家，可见中部地区实力强劲的龙头引领型企业较为缺乏。总体而言，中部工业企业综合经济效益与国内先进地区相比仍有一定差距。盈利能力下降严重对提升企业竞争力造成了不利影响，形成了阻碍。

在高质量发展阶段，产业集聚成为实现地区跨越式发展的重要途径，因而提高工业园区的经济效益也是各省发展的焦点之一。以国家级高新区为例，由表 5 - 2 可见，中部地区园区功能规划总体情况较好，入统企业占比在四大经济区域中领先，呈现大企业引领集聚的特点。但营业收入和净利润的平均值与东部地区相差较远，平均净利润相差 1 倍有余，同时与西部、东北地区并未拉开较大的差距。2017 年中部地区高新区的营业净利率为 6.31%，仅略高于西部地区，利润可持续性在全国落后，在盈利能力上稍显不足。

表 5 - 2　2017 年四大经济区域国家高新技术产业开发区情况

国家级高新技术产业开发区主要指标	中部地区		东部地区		西部地区		东北地区	
	总量	平均值	总量	平均值	总量	平均值	总量	平均值
高新区数（个）	37	—	67	—	36	—	16	—
工商注册企业数（个）	253961	6864	1137180	16973	362724	10076	98800	6175
入统企业数（个）	17286	467	65227	974	15235	423	5883	368
入统企业占比（%）	6.81	—	5.74	—	4.20	—	5.95	—
营业收入（亿元）	57213.96	1546.32	181453.77	2708.27	50628.06	1406.34	17761.70	1110.11
净利润（亿元）	3609.55	97.56	13396.21	199.94	3114.77	86.52	1299.90	81.24
营业净利率（%）	6.31	—	7.38	—	6.15	—	7.32	—

资料来源：《中国火炬统计年鉴 2018》，中国统计出版社，2018。

三　中部地区产业结构

中部工业资源依赖性仍较强，中部地区资源密集型行业占据了主导地位。表 5 - 3 将工业产业分为资源、劳动、资本及技术四大要素密集型工业行业，并用规模以上工业企业资产总额和主营业务收入的占比两项指标从规模大小和经营结果两方面反映工业结构。从表中可见，2016 年中部地区资源和劳动密集型行业在两项指标上均超过了全国水平，而资本和技术密集型行业均小于全国水平。资源密集型行业的资产规模更是在中部地区中居于主导地位，占比达到 30.60%。山西省占比达到 67.29%，且安徽、江西及河南三省占比均超过了全国水平。整体而言，中部地区依靠当地资源优势发展工业的历史路径在短期内无法完全改变。从主营业务收入来看，技术密集型行业以 29.33% 的占比成为中部产业竞争中最主要的支撑力量，但与 34.95% 的全国水平相比仍有一定差距。总的来说，目前中部地区按要素密集度分类的工业结构与全国结构相异，资源密集型行业凭借强势的资产规模成为主导行业。技术密集型行业是中部地区主营业收入的最主要来源，但竞争力不够。劳动密集型行业同样是中部工业的一大支柱。中部地区的工业产业结构在人口红利逐渐消失、中美贸易竞争严重、高新技术新兴市场开启的今天具有明显的劣势。

表 5 - 3　2016 年中部地区及全国按要素密集度分类工业结构

单位：%

行业分类	项目	全国	山西	安徽	江西	河南	湖北	湖南	中部地区
资源密集型行业	主营业务收入	21.50	60.52	21.18	31.4	21.79	17.91	22.04	24.52
	资产总额	25.11	67.29	26.04	28.73	26.79	17.98	17.68	30.60
劳动密集型行业	主营业务收入	22.69	5.68	23.29	24.42	27.71	29.92	25.33	25.34
	资产总额	15.02	2.46	14.81	19.69	21.96	17.53	17.99	16.26
资本密集型行业	主营业务收入	20.03	21.86	18.05	17.37	22.46	18.76	20.19	19.98
	资产总额	25.90	21.77	22.19	22.18	23.47	23.83	25.91	23.22
技术密集型行业	主营业务收入	34.95	11.81	35.90	26.08	27.51	32.51	31.58	29.33
	资产总额	33.09	8.40	36.11	28.81	27.05	39.75	37.94	29.28

资料来源：《中国工业统计年鉴 2017》，中国统计出版社，2017。

我国正在向制造强国目标迈进，是否具备相应的工业结构转换能力是区域竞争的重点。中部地区在产业布局上存在较强的重合性，整体上是以资源开发粗加工为主的偏重型工业结构。目前仍以传统制造为主，主导产业集中在中端产品的制造上，高技术产业占比较小。根据《中国高技术产业统计年鉴 2017》，2016 年中部地区高技术产业企业数为 5946 家，占比 6.71%，主营业务收入为 23773.37 亿元，占比 9.25%。而东部地区两项指标分别占比 9.22% 及 16.06%，西部地区为 6.75% 及 10.38%，东北地区为 5.99% 及 7.07%。可见，中部地区在结构优化和产业竞争力升级上远落后于东部，甚至跟不上西部地区的发展。面对未来智能制造时代，中部在工业结构转换上缺乏强有力的技术支持。但中部地区高技术产业发展迅速，2015 年主营业务收入增速为 22.46%，2016 年为 14.10%，而全国增长率自 2014 年到 2016 年的三年间始终保持在接近 10% 的水平。同时，中部地区三次产业增加值与其对应的就业结构偏差较大，具有明显的二元结构矛盾①，即大量劳动力仍滞留在第一产业，工业发展不能有效吸收和消化农村剩余劳动力，这是制约中部工业结构转换的又一大问题。

四　中部地区产业潜力

新时代体现工业潜力的指标主要包含创新能力、新兴产业发展能力两个方面。首先，自 2012 年党的十八大提出新型工业化以来，中部地区工业企业科技创新能力有大幅提高。图 5-1 显示了 2012 年和 2017 年中部、东部、西部及东北地区规模以上工业企业 R&D 研究人员平均人数及平均研究经费的情况。可见，当前中部地区工业创新在人力投入和资金投入上远不及东部地区。2017 年研究人员总量及研究经费总额分别为 769359 人及 2269.54 亿元，平均 128227 人及 328.26 亿元，而东部地区总量 2672803 人及 8631.48 亿元，平均 267280 人及 863.15 亿元，相差 2 倍有余，追赶压力较大。但从全国占比来看，中部地区是四大经济区域中唯一占比有明显提升的区域，研究人员占比从 2012 年的 17.52% 上升到 2017 年的 19.02%，研究经费占比从 15.99% 上升到 17.85%。而东部占比有略微的下降，表明东部地区创新投入趋于平稳，此时中部地区强劲的增长势头对于整体工业创新能力的提升是一个强有力的支持。从规模以上工业企业专利申请数来看，中部地区从 2012 年的 74744 件上升到 2017 年的 142627件，增长了 90.82%，是四大经济区域中增长最快的区域，远超全国（66.76%）的增长率。同时，根据《中国区域创新能力评价报告 2018》，虽然中部地区整体创新能力仍然较弱，但追赶势头明显。从 2016 年到 2018年，中部六省创新能力综合排名有所提升，湖北省从第 12 名上升至第 9 名。总的来说，中部地区大力支持工业创新，上升势头强劲，即使目前与国内先进工业区域仍具有相当大的差距，但面向未来产业竞争的潜力较大。

---

① 姚鹏、张明志：《新中国 70 年中国中部地区工业发展——历程、成就、问题与对策》，《宏观质量研究》2019 年第 2 期。

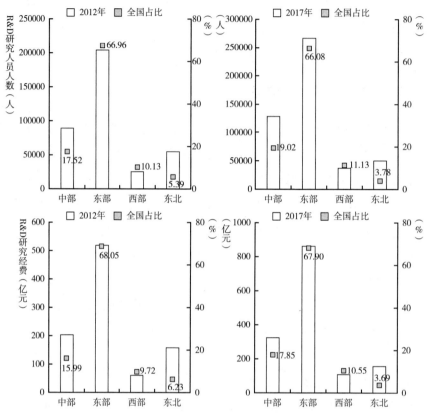

图 5 - 1　2012 年和 2017 年经济区域工业平均 R&D 情况及区域分布

资料来源:《中国科技统计年鉴 2017》。

　　当前我国处在重要的转型时期,新兴工业产业市场尚未定型,具有极大的空间。新兴产业的发展程度和速度成为工业潜力的一部分,而这对于中部地区而言更是一个实现弯道超车、加速中部崛起的大好机遇。根据各省国民经济和社会发展统计公报,2018 年河南省战略性新兴产业增加值增长 12.2%,占规模以上工业企业的 15.4%;江西省战略性新兴产业增加值增长 11.6%,比规模以上工业快 2.7 个百分点;安徽省战略性新兴产业增加值增长 16.1%,占规模以上工业比重达 29.5%,24 个战略性新兴产业集聚发展基地工业总产值增长 16.6%;山西省战略性新兴产业增加值增长 14.0%，占全部规模以上工业增加值的比重为 9.8%；湖南省战略性新兴产业增加值增长 10.1%，占地区生产总值的比重达 9.3%；湖北省规模以上高新产业市场主体达 5206 家，增长 13.7%。可见，中部六省新兴产业均以年增长率 10% 以上的速度进行扩张。而东部省份新兴产业扩张早于中部，目前增长有所放缓，趋于平稳。如福建省 2018 年工业战略性新兴产业增长 6.7%，河北省规模以上工业战略性新兴产业增加值增长 10%，江苏省战略性新兴产业增加值增长 8.8%。综上，中部地区新兴产业发展迅速，年增长率领先全国，在新兴工业市场的争夺上具有明显的后发优势。

五　中部地区产业环境

政策环境、基础设施环境和人才环境是产业发展必不可少的三大环境要素。

首先，中部六省结合本省情况和国家政策要求合理制定了符合自身优势和产业发展规律的规划，整体方向清晰、目标明确，为工业创造了一个有利的制度环境。湖南省以轨道交通和装备制造业为主导打造了"制造湘军"，重点支持十二大产业，实施七大专项行动，打造四大标志性工程，顺利对接国家战略部署，为今后的产业发展指明了道路。此外，湖南省还制定了"五化同步"协同发展及科技创新"1105"行动计划等战略规划，为全省工业信息化、创新化提供了政策支持。安徽省始终坚持发展实体经济，不断优化产业结构，扩展新兴市场，实现了从传统农业大省向新兴工业大省的转变。2017 年推出了《安徽省制造强省建设实施方案（2017～2021 年）》，重点培育 7 个高端产业，改造提升五大传统产业。2018 年推出《支持机器人产业发展若干政策》等推动新兴产业和高技术产业的发展。湖北省坚持抓实体经济、抓科技创新、抓高质量发展，政策规划上偏重促进产业结构升级，产业发展向高质量、绿色化方向推进。为此先后推出了《湖北产业转型升级发展纲要（2015～2020）》《湖北长江经济带产业绿色发展专项规划》《湖北省工业经济稳增长快转型高质量发展工作方案（2018～2020 年）》等政策计划。河南省作为老牌工业大省，于 2014 年就推出了《先进制造业大省建设行动计划》，助力打造"百千万"亿级优势产业集群。2016 年提出将产业细分为重点优势、战略新兴、民生消费等五大领域。2018 年省委省政府发布了《河南省智能制造和工业互联网发展三年行动计划（2018～2020 年)》，利用 18 项政策推动实现 3000 亿元智能装备产业规模。江西省绿色资源优势明显，在新兴工业发展道路制定上也以此为核心。2018 年发布《关于深入实施工业强省战略推动工业高质量发展的若干意见》，强调培育新兴产业和新经济新动能，并于 2019 年 2 月正式发布了《江西省"2+6+N"产业高质量跨越式发展行动计划（2019～2023 年左右)》，计划打造有色、电子信息 2 个万亿级产业。山西省目前处于中部低位，在前沿产业的把握和国家工业趋势的对接上均有滞后性。2019 年 4 月推出《山西省推动制造业高质量发展行动方案》，力争在 2022 年底初步形成全省制造业创新生态体系，推动两化融合。同年 5 月，工信厅也发布了《山西省智能制造发展 2019 年行动计划》。

　　其次，中部地区基础设施较为完善，人才储备较为充足。基础设施对我国区域经济发展具有正向促进作用①，完善的交通线路有利于提高工业企业之间的贸易效率和扩张速度。2017 年拥有 28246.63 公里的铁路营业里程，铁路密度仅略次于东部地区。根据国家铁路局发布的 2018 年中国各省高铁里程排名，安徽、湖南、河南、湖北、江西及山西省依次位于第 5、6、10、11、12 及 21 名。中部地区高铁建设的速度和完善程度同样处于全国领先地位。如图 5-2 中所示，中部公路密度也较高，几乎与沿海东部地区并肩。同时，图 5-2 中长途光缆密度、移动电话交换机容量密度和互联网宽带接入端口密度三项指标显示，中部地区在通信技术上的发达和完善程度远高于西部和东北地区，但与东部地区在移动通信、互联网建设程度上存在较大差距。

---

① 张军、高远、傅勇、张弘：《中国为什么拥有了良好的基础设施？》，《经济研究》2007 年第 3 期。

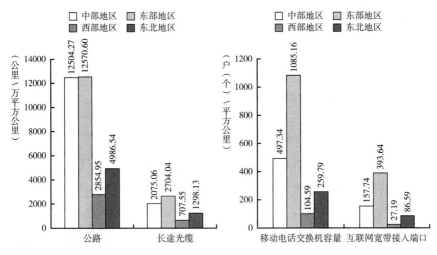

图 5-2 2017 年四大经济区域基础设施密度情况

资料来源：《中国统计年鉴 2018》。

同时，中部地区具有较好的人才优势。2017 年中部地区共拥有 686 所普通本、专科高校，应届毕（结）业生 2061008 人，中等职业学校（机构）毕业生 1125093 人。中部地区在平均高校数量和毕业生人数上均超越了东部地区，是全国重要的人才储备基地。近几年随着人才争夺战的开启，中部六省均制定了相应政策留住和吸引人才，人才流出率有略微下降。

第二节　中部地区产业竞争力比较

整体而言，中部地区处于工业化后期前半阶段，上承东部，下接西部，是我国重要的经济腹地和工业基地。当前中部六省产业发展程度各异，产业竞争激烈，对工业大省及制造强省的竞位加剧，各省均立足本省现状制定战略、调整结构，对传统产业进行集约式绿色改造，大力支持高新技术产业发展，以期在高质量发展新阶段提升地区产业竞争力。因此，本文在宏观把握中部地区产业发展现状和特点的基础上能较全面评价中部六省产业实力和高质量阶段的潜力，运用线性加权法从纵向综合比较和横向产业比较两个角度客观分析六个省份的工业优势和发展问题，从而更精准把握中部地区未来产业发展路径，更合理提出提升中部产业竞争力、实现高质量发展的对策建议。

一 产业竞争力评价指标体系构建

（一）指标选取依据及原则

波特于 1990 年提出的"钻石模型"突破了比较优势理论的局限①，其核心内涵是指决定一个国家某种产业竞争力的生产要素、需求条件、产业表现、竞争对手表现四个因素。因素之间均具有双向作用，从而形成了类似"钻石"的体系。波特模型凭借其稳固的分析框架及涵盖因素较完整的优点被广泛运用。其中适用中小企业省际区域竞争力的"星形模型"便是基于此提出的。在"星形模型"中，企业区域竞争力由贡献竞争力、规模竞争力、营运竞争力、获利竞争力及创新竞争力五个要素构成，前两者为基础竞争力，中间两者为现时竞争力，最后为潜在竞争力，五个要素相辅相成，在协同发展的条件下才能推进竞争力的提升②。而区域产业竞争力是多个因素合力作用的结果，包括微观层次上的企业竞争力和宏观层次上的产业竞争力两个方面③。在结合两个模型优势的基础上，借鉴学者对高新技术产业国际竞争力的评价框架④，本文从竞争实力、竞争潜力、竞争环境三个方面对中部六省产业竞争力进行全面的评价，将上述模型构成要素纳入其中，并适当进行融合与扩展。具体的指标选取原则如下。

第一，科学性原则。为保证评价结果的可信性、问题把握的准确性和竞争力分析的客观性，构建指标体系需要首先具备科学性，即在充分反映

---

① 石军伟、谢伟丽：《世界大国工业竞争力评价与演进趋势：2000～2010》，《产业经济评论》（山东大学）2015 年第 3 辑。
② 陈晓红、解海涛、常燕：《基于"星形模型"的中小企业区域竞争力研究——关于中部六省的实际测算》，《财经研究》2006 年第 10 期。
③ 蔡昉、王德文、王美艳：《工业竞争力与比较优势——WTO 框架下提高我国工业竞争力的方向》，《管理世界》2003 年第 2 期。
④ 穆荣平：《中国高技术产业国际竞争力评价指标研究》，《中国科技论坛》2000 年第 3 期。

产业竞争力内涵的基础上，融合高质量发展的要求和内在机制，以科学的视角选取具有明确含义和目的性的指标，按客观数据设立权重，最终形成体系，从而掌握产业竞争力的核心和本质。

第二，可行性原则。为确保数据可得且可比，构建指标体系时需要着重考虑可行性原则。选取指标一方面需要保证概念含义清晰、来源可靠且易得、计算公式合理且符合经济或会计原理，另一方面从官方统计中获取数据时要确认统计指标和规则统一，以保障数据的可比性及客观性。

第三，定性与定量相结合原则。定量是指以客观数据来反映事实的原则，而定性是指对研究对象进行"质"的方面的剖析原则。一般来说，纯数据分析的方法具有极大的局限性，往往使结论浮于表面，而纯理论的分析则概括性强、缺乏有力的论据支撑。因而在构建指标体系时需要满足定性与定量相结合的原则，使数据背后有含义，数据结果有意义。

第四，系统性和代表性相结合原则。系统性是指指标体系需要全面覆盖，能反映产业竞争力的全貌，同时具备层次性，各指标之间相互联系又相互独立。代表性是指根据分析目的，指标体系构建需要保证关键因素在其中起决定性作用，不因高度概括而缺失准确性，也不因全面体现而缺失针对性。因而，选取指标需要将系统性与代表性相结合，才能反映中部六省现阶段和高质量阶段的产业竞争力本质状况。

（二）指标体系构建及说明

竞争实力是指现阶段区域产业已形成的现实竞争力，从宏观角度包括规模实力和社会贡献两个因素，微观角度包括企业运营的经济效益和市场实力两个方面。竞争潜力是指目前已投入或形成的使区域产业在高质量发展阶段能增强竞争优势的潜在竞争力，从微观企业层面包括技术创新潜力及绿色发展潜力两个方面，而从宏观角度评价产业竞争潜力则需要考虑产业结构的转换能力，指标选取上参考了学者对中国区域产业竞争力测度时设计的结构转换力[①]。竞争环境是指区域拥有或建成的资源或设施等能

---

① 王涛、石丹:《中国区域工业竞争力的测度与比较》,《统计与决策》2019 年第 7 期。

提升本地产业竞争力的有利条件，主要是从宏观层面涵盖了人才、资源、基础设施及信息化支持四大方面，前三者反映了支撑产业发展的基础要素，而信息化条件则反映了产业实现高质量发展需要的关键要素（见表5-4）。

表5-4　中部地区产业竞争力综合评价指标体系

一级指标	二级指标	三级指标	指标解释	单位
现阶段产业竞争实力	规模实力	增加值	以货币形式反映一个地区产业生产的规模大小	亿元
		企业数量	反映一个地区的产业发展程度及规模地位	家
		主营业务收入	销售产品、提供劳务等取得的收入，以绝对数反映企业规模扩张实力	亿元
		资产总额	反映产业企业规模扩张的支撑力量	亿元
	经济效益	总资产贡献率	（利润总额＋税金总额＋利息支出）/平均资产总额，反映企业获利能力	%
		全员劳动生产率	增加值/全部从业人员年平均数，反映企业经营效率	元/人
		成本费用利润率	利润总额/成本费用总额，反映企业盈利效率	%
	市场实力	市场份额	地区产业销售产值/全国产业销售产值	%
	社会贡献	就业吸纳率	产业从业人员总数/全部从业人员总数，反映产业对解决地区就业问题的贡献	%
		税收贡献率	产业行业税收收入/税收收入行业合计，反映产业行业对拉动地区税收增长的作用力	%
高质量产业竞争潜力	技术创新潜力	R&D人员全时当量	反映地区科技创新的人力资源投入	人年
		R&D经费内外部支出合计	反映地区科技创新的资金资源投入	万元
		有R&D活动企业占比	反映地区科技创新的覆盖范围	%
		有效发明专利数	反映地区科技创新的成果	件

续表

一级指标	二级指标	三级指标	指标解释	单位
高质量 竞争潜力	绿色发展 潜力	固体废弃物综合利用率	产业固体废弃物综合利用量/(产业固体废弃物产生量+综合利用往年储存量),反映产业绿色循环能力	%
		单位增加值废水排放	产业废水排放总量/产业增加值,反向反映绿色产业现状	万吨/亿元
	结构转换 潜力	非国有企业占比	反映地区制度创新能力	%
		高新技术企业产值占比	反映企业高质量发展的核心竞争潜力	%
		新产品销售收入占比	反映企业适应市场变化的能力	%
产业 竞争环境	人才支持 环境	普通本专科高校数量	反映地区培养人才的基本支持条件	所
		本科毕业生人数	反映地区提供中高端人才的储备	人
		中等职业机构毕业人数	反映地区提供职业技术人员的储备	人
	资源支持 环境	人均水资源	反映地区水资源拥有状况	立方米/人
		人均发电	反映地区电力资源现状	千瓦时/人
	基础设施 支持环境	公路密度	公路里程/地区面积,反映地区交通建设完善情况	公里/ 万平方公里
		铁路密度	铁路里程/地区面积,反映地区交通建设完善情况	公里/ 万平方公里
	信息化 支持环境	长途光缆密度	长途光缆线路长度/地区面积,反映地区产业提高信息化程度的通信基础	公里/ 万平方公里
		移动电话交换机容量密度	移动电话交换机容量/地区面积,反映地区产业提高信息化程度的通信基础	户/平方公里
		互联网接入端口密度	互联网宽带接入端口数量/地区面积,反映地区产业提高信息化程度的网络基础	个/平方公里

　　资料来源：苏红键、李季鹏、朱爱琴：《中国地区制造业竞争力评价研究》,《中国科技论坛》2017年第9期。魏后凯、吴利学：《中国地区工业竞争力评价》,《中国工业经济》2002年第11期。

根据体系框架和指标选取原则，从 11 个方面共选取了 29 个指标，较为全面地反映中部六省的产业综合竞争力及其 2011 ～ 2017 年的竞位改变路径。具体评价指标体系及说明见表 5 - 4，其中涉及产业企业的指标均指代规模以上工业企业。

二　评价方法及资料来源

（一）熵权法确认权重

多指标评价体系往往因为各指标性质不同、量纲不一而在数量级上有较大的差距，直接使用原始数据进入模型处理会突出高数量级的指标，使得结果由单一元素决定，而非综合评价，因而，为保证研究具备可靠性及科学性，在确认权重之前需要首先对指标数据做标准化处理，即将数据按比例缩放从而消除量纲影响。这里采用 min - max 标准化方法，具体变换公式为：

$$正向指标：x_{ij}' = \frac{x_{ij} - \min_{1 \leqslant i \leqslant n}(x_{ij})}{\max_{1 \leqslant i \leqslant n}(x_{ij}) - \min_{1 \leqslant i \leqslant n}(x_{ij})} + 0.001 \tag{1}$$

$$负向指标：x_{ij}' = \frac{\max_{1 \leqslant i \leqslant n}(x_{ij}) - x_{ij}}{\max_{1 \leqslant i \leqslant n}(x_{ij}) - \min_{1 \leqslant i \leqslant n}(x_{ij})} + 0.001 \tag{2}$$

其中，x_{ij} 表示第 i 个评价地区第 j 个指标的原始数据，x_{ij}' 为标准化值，n 为评价地区的总数量。这里为方便熵权法计算，将标准化值平移了微小单位。

一般而言，确认指标权重的方法主要分为主观法和客观法两种。主观法包括专家调查法（Delphi 法）、层次分析法（AHP 法）等。主观法基于决策者或行业专家的知识及经验，判断指标重要性程度，从而确定各指标权重。目前该法较为成熟，需要达成各专家意见基本统一的条件，但主观性较强，不能适应时间变化，缺乏灵活性，且专家选择将直接影响结果准确性，使用难度较大。而客观法选择范围广，其客观性与适应性兼具的优点适用于大多数的评价问题研究。因此本文选取基于信息熵原理客观赋权的熵权法确认权重。熵是由 C. E. Shannon 最先从热力学引入信息论的，信息熵内涵表示，当某项指标熵值越小，即指标值变异程度越大时，包含和提供的信息量就越多，相应的权重就越大，反之则越小。多指标综合评价的实际运用步骤如下。

首先计算第 i 个评价地区第 j 个指标标准化值的比重。

$$r_{ij} = \frac{x'_{ij}}{\sum\limits_{i=1}^{n} x'_{ij}} \tag{3}$$

接着计算第 j 个指标的信息熵值。

$$e_j = -\frac{1}{\ln n} \sum_{i=1}^{n} r_{ij} \ln r_{ij} \tag{4}$$

最后确认第 j 个指标的熵权。

$$w_j = \frac{(1 - e_j)}{\sum\limits_{j=1}^{m} (1 - e_j)} \tag{5}$$

其中，m 为指标数量。在加入时间变量后，为能客观比较不同年份之间的变化，采用根据年份不同取不同权重值的改进熵值法[1]。出于篇幅限制，这里仅显示二级指标的权重结果。由于数据缺失，2011 年社会贡献二级指标中减少税收贡献率二级指标（见表 5 – 5）。

表 5 – 5 产业综合竞争力评价体系权重值

一级指标	二级指标	权重 w_{2011}	权重 w_{2013}	权重 w_{2015}	权重 w_{2017}
现阶段产业竞争实力	规模实力	0.134	0.128	0.116	0.113
	经济效益	0.114	0.066	0.089	0.110
	市场实力	0.038	0.032	0.027	0.028
	社会贡献	0.026	0.068	0.068	0.068

---

[1] 杨丽、孙之淳：《基于熵值法的西部新型城镇化发展水平测评》，《经济问题》2015 年第 3 期。

续表

一级指标	二级指标	权重 w_{2011}	权重 w_{2013}	权重 w_{2015}	权重 w_{2017}
高质量产业竞争潜力	技术创新潜力	0.121	0.143	0.138	0.106
	绿色发展潜力	0.066	0.049	0.065	0.059
	结构转换潜力	0.125	0.092	0.090	0.084
产业竞争环境	人才支持环境	0.110	0.121	0.116	0.121
	资源支持环境	0.084	0.103	0.099	0.085
	基础设施支持环境	0.080	0.088	0.081	0.078
	信息化支持环境	0.104	0.111	0.111	0.147

(二) 综合指数法

为反映中部各省 2011～2017 年产业发展的纵向变化情况，采用综合指数法进行评价。综合指数法是利用标准化后的数据及确认的权重，根据行业标准值计算出一个地区经济效益综合值从而用以评价当年当地工作质量的方法。这里将标准值用选定年份的数据来代替以反映增长变化情况。公式为：

$$D_t = \left(\sum_{j=1}^{m} \frac{x_{ij,t}}{x_{ij,2013}} w_{j,2013} \right) \cdot 100 \qquad (6)$$

其中，D_t 为第 t 年产业竞争力较 2013 年的相对增长变化指数，指数越大，表明增长速度越快，变化越大。由于 2011 年缺乏税收贡献率指标，因而为实现综合比较选取 2013 年数据作为基期标准值。若用标准化值做比较会出现 0.001 为除数使得结果偏大的情况，因而这里选取原始值做比较，负向指标做倒数处理。

根据指标体系和权重，利用线性加权法构建产业综合竞争力评价模型，公式为：

$$F_t = \sum_{a=1}^{3} q_{a,t} \left\{ \sum_{b=1}^{v} w_{ab,t} \left(\sum_{j=1}^{b} p_{bj,t} x_{ij,t}{}' \right) \right\} \qquad (7)$$

其中，F_t 为第 t 年的产业综合竞争力评价指数，$q_{a,t}$ 是指第 t 年第 a 个一级指标的权重，$w_{ab,t}$是指第 t 年第 a 个一级指标中第 b 个二级指标的权重，$p_{bj,t}$是指第 t 年第 b 个二级指标中第 j 个三级指标的权重。F_t越大，表示产业竞争力越强。

（三）资料来源

研究使用数据大多来源于 EPS 数据库和中部六省统计年鉴（2012～2018 年）。市场份额指标 2011～2015 年的数据出自《中国工业统计年鉴》，2017 年数据是从全国 31 个省区市的《2018 年统计年鉴》中提取并加总得到的；税收贡献率数据来自《中国财政年鉴》，其中 2011 年的数据有缺失；技术创新潜力二级指标中所有三级指标及结构转换潜力中的新产品销售收入数据均来自《中国科技统计年鉴》；绿色发展潜力二级指标中所有三级指标 2011～2015 年数据来自《中国环境统计年鉴》，2017 年数据出自各省《2018 年统计年鉴》；高新技术企业产值数据来自《中国火炬统计年鉴》。

三 纵向综合竞争力实证结果

（一）中部六省产业竞争力纵向变化

以 2013 年为基期标准值的相对增长指数的计算结果如表 5－6 所示。总体而言，江西省增长变化幅度最大，其次为安徽省，河南、湖北、湖南三省组成第二梯队，增长较为平稳，而山西省不仅增速最小且成为中部六省中唯一出现过产业竞争力下降的省份。从细化指标来看，中部地区在现阶段产业竞争实力方面的增长较小，而在高质量产业竞争潜力和产业竞争环境方面的增长明显，其中技术创新潜力和信息化支持环境成为进步的重要支撑和主要来源。可见，近几年中部地区高度重视创新及两化融合，重视转型升级和高质量发展。

山西省： 2015 年产业综合竞争力有所下降，以 2013 年的 100 综合指数为标准，2015 年仅为 95.35。最主要是源自现阶段产业竞争实力的削弱，从 29.43 的基期标准值到 2015 年的 22.71。从表中展示的二级指标来看，经济效益指标下降最为明显。2015 年山西省规模以上产业持续亏损，利润总额从 2013 年的 547.91 亿元骤然下降到－30.69 亿元，下降幅度达

表5-6 2015年、2017年中部六省相对增长指数实证结果

指标	基数	山西 D_{2015}	山西 D_{2017}	安徽 D_{2015}	安徽 D_{2017}	江西 D_{2015}	江西 D_{2017}	河南 D_{2015}	河南 D_{2017}	湖北 D_{2015}	湖北 D_{2017}	湖南 D_{2015}	湖南 D_{2017}
现阶段产业竞争实力	29.43	22.71	31.57	31.07	33.03	32.26	35.23	30.30	32.02	30.87	31.50	30.19	31.68
规模实力	12.81	11.43	13.35	14.58	16.10	15.48	17.18	14.91	16.22	14.56	15.24	14.15	15.73
经济效益	6.62	3.03	8.70	6.05	6.31	6.58	7.05	5.58	6.05	6.38	6.77	6.30	6.61
市场实力	3.21	2.25	3.02	3.50	3.73	3.69	4.16	3.70	3.91	3.43	3.20	3.34	3.51
社会贡献	6.79	6.00	6.50	6.95	6.88	6.51	6.85	6.11	5.84	6.50	6.29	6.40	5.82
高质量产业竞争潜力	28.39	28.38	37.21	35.36	49.12	34.24	57.98	31.91	43.46	34.75	46.48	36.12	47.71
技术创新潜力	14.28	14.74	19.82	20.51	30.10	19.78	36.38	18.56	25.13	19.86	27.09	20.16	26.54
绿色发展潜力	4.87	4.18	5.56	5.10	7.20	4.85	5.97	5.05	9.23	4.98	7.29	5.59	10.07
结构转换潜力	9.24	9.46	11.82	9.75	11.82	9.60	15.63	8.29	9.10	9.91	12.09	10.37	11.09
产业竞争环境	42.18	44.26	49.91	52.85	56.36	51.57	54.89	48.62	55.89	47.79	52.77	46.38	50.55
人才支持环境	12.06	11.69	11.53	12.90	11.90	11.78	10.66	11.11	10.80	10.13	9.88	11.42	11.33
资源支持环境	10.29	8.62	10.49	12.89	12.83	12.73	12.61	11.34	14.27	11.77	13.75	10.94	10.94
基础设施支持环境	8.76	10.38	10.72	9.96	10.49	10.25	10.81	9.15	9.55	9.43	9.91	9.41	9.70
信息化支持环境	11.07	13.58	17.17	17.10	21.14	16.81	20.81	17.02	21.28	16.47	19.23	14.61	18.58
合计	100	95.35	118.68	119.29	138.51	118.07	148.10	110.83	131.37	113.42	130.75	112.70	129.93

105.56%，亏损面为 44.71%，直接导致经济效益所有三级指标的减少。山西省是一个典型的资源依赖型省份，长期以煤炭产业作为全省支柱性产业。而 2015 年受到煤炭等能源原材料价格持续下跌的影响，全省经济运行面临严峻挑战，大部分产业企业包括省内龙头型企业的压力加剧。1123家规模以上煤炭开采和洗选业的企业中有 677 家亏损，导致整体的产业利润直线下降至负数，进而使得一系列经济效益指标倒退，这是 2015 年山西省产业竞争力下降的根本原因。2017 年产业综合竞争力回升，相对增长指数为 118.68，大多数指标均有所进步，从 2013 年到 2017 年现阶段产业竞争实力增长 7.27%、产业竞争环境增长 18.33%、高质量产业竞争潜力增长 31.07%。但市场份额始终达不到基期标准，随着全国产业结构的转变，传统产业在市场竞争中逐渐失去优势。对于山西省而言，抢占市场亟须迎合产业趋势和扶持新的支柱产业。同时山西省的人才支持环境指标逐年下降，相比基期的 12.06，2015 年为 11.69，2017 为 11.53。而高质量发展阶段，高科技和智能产业将是竞争的重点，技术人才是创新和科技发展的核心，人才支持指标持续的下降不利于山西省产业转型升级。总的来说，山西省产业发展不大稳定，综合竞争力从 2013 年到 2017 年是一个"先落后起"的经历，增长速度缓慢。

安徽省：2015 年安徽省产业综合竞争力增长了 19.29%。安徽是 2015 年中部六省中增长幅度最大的省份。其中产业竞争环境从基期标准值的 42.18 到 2015 年的 52.85，增长了 25.30%。除经济效益外其余二级指标均实现了一定程度的增长，最为明显的是技术创新潜力和信息化支持环境两项指标，分别上升了 43.63% 和 54.47%。安徽省企业有效发明专利数从 2013 年的 13582 件到 2015 年的 28568 件，翻了一番有余。同时互联网接入端口密度从 80.33 个/平方公里到 157.97 个/平方公里，增长明显。为适应产业结构升级，把握前沿产业的政策要求，安徽省对省内信息化基础设施的建设高度重视，成效显著。2017 年安徽产业综合竞争力相对增长指数为 138.51，仅次于江西省的增长速度。从 2013 年到 2015 年再到 2017 年，现阶段产业竞争实力增长稳定，但 2017 年相较 2015 年规模以上企业数量有所减少，从 19077 家下降为 18883 家。税收贡献率同样从 40.92% 下降为 39.75%。一方面反映了安徽省产业辐射和带动效应有所减弱，另一方面也能从侧面表现出安徽省结构转型的决心和魄力。高质量产业竞争潜力中所有三级指标均表现出持续的上升势头。有 R&D 活动的企业数量占比从 14.64% 到 17.08% 再到 24.88%，覆盖面不断扩大。专利数再次实现翻番，新产品销售收入占比提升到 20.51%。2017 年产业竞争环境增长指数的增长速度较 2015 年有所放缓但仍为中部最高。总的来说，安徽省综合产业竞争力增长迅速，其中产业环境为重要支撑，且产业竞争潜力所有指标实现连续增长。

江西省：2015 年江西省产业综合竞争力相对增长指数为 118.07，现阶段产业竞争实力一级指标从 29.43 增长到 32.26。江西为 2015 年中部六省在产业实力上增长最快的省份。其中规模实力和经济效益的增长较为明显，规模以上企业数量从 8126 家增加到 9941 家，主营业务收入从 27035.11 亿元增长为 32954.82 亿元，全员劳动生产率增长了 21.90%。高质量竞争潜力从 28.39 增长到 34.24，R&D 人力资源投入增长了 6.10%，资金投入增长了 27.13%，有 R&D 活动企业占比从 11.74% 增长为 12.88%。江西省企业技术创新覆盖面不高，但投入增长较快。结构转换潜力中江西省 2015 年相较 2013 年新产品销售收入占比从 6.22% 到 6.25%。产业竞争环境指标中资源支持和基础设施支持环境增长速度较快。公路和铁路密度都达到 29% 的增长率。江西省对完善省内交通基础设施做出了相当的努力，也取得了成效，成为产业发展的重要支撑。2017 年江西省以 148.10 的相对增长指数远超其他省份成为中部地区产业竞争力增长变化最大的省份。根据江西省工信厅的报告，"2017 年在经济下行压力持续下江西保持 9% 的增速，排位稳居全国'第一方阵'"，可见江西省的迅猛势头。其中高质量产业竞争潜力更是取得了跨越式发展。尤其是 2015 年到 2017 年，是江西产业潜力成长的关键阶段。除固体废物综合利用率有所下降外，其余指标均实现了高速增长。有 R&D 活动企业占比一举增长至 23%，新产品销售收入占比达 22.59%。总的来说，江西省产业综合竞争力增长迅速，尤其以 2015~2017 年这一段时间为甚。

河南省: 2015 年产业综合竞争力相对增长指数为 110.83，仅高于处于下降状态的山西省，增长速度较为缓慢。其中现阶段产业竞争实力增长率为 2.96%，如图 5-3 所示，河南省工业增加值 2013~2015 年的增长较为平缓，相比之下，规模以上工业企业的主营业务收入增长较快，从 2013 年的 59975.16 亿元到 2015 年的 73365.96 亿元，规模实力增长速度为中部第二。但经济效益和社会贡献指标出现了下降情况，主营业务收入快速增长，但企业经营效率有所下降，全员劳动生产率下降了 17.78%，成本费用利润率从 8.13% 下降至 7.2%，总资产贡献率也从 16.9% 下降至 13.9%，同时就业和税收也处于不利状态。可见 2015 年面对国内外严峻形势，河南省工业企业经营和竞争压力加大，形成了一定挑战。与中部其余五省相比，河南省高质量产业竞争潜力的增长相对迟缓，尤其是结构转换指标 2015 年下降至 8.29，其中高新技术企业产值占比从 8.86% 下降为 6.12%。新产品销售收入占比从 7.99% 到 7.89%，也有细微的下降。可见河南省产业以传统产业为主，至 2015 年尚未形成足够的迎接高质量发展阶段的结构转换力量。产业竞争环境中信息化支持指标增长较快，但人才支持有所下降，中等职业机构毕业生人数减少。2015~2017 年相对 2013~2015 年，产业综合竞争力增长速度有所提升，但高质量产业竞争潜力的增

图 5-3 2011~2017 年河南省规模以上工业企业主营业务收入及工业增加值变化

长仍略显疲软。2017 年的相对增长指数仅高于山西省，其中技术创新潜力和结构转换潜力的增长均未达到中部平均水平。R&D 人员全时当量从 2013 年的 125090.5 人年到 2015 年的 131051 人年到 2017 年回落到 123619 人年，人力资源投入不够。同时高新技术企业产值占比自 2015 年下降后 2017 年也保持在 6%~7% 的水平，没有回升的趋势，对于河南省而言，产业潜力缓慢增长将成为未来竞争的一大不利因素。总的来说，河南省产业竞争力增长缓慢，近两年有所加速，但技术创新和结构转换成为主要阻碍。

湖北省：2015 年湖北省产业综合竞争力相对增长指数为 113.42，增长速度属于中部中等水平，较为稳定。就规模实力而言，2015~2017 年工业增加值增长了 13.74%，规模以上工业企业数量增长 12.03%，主营业务收入增长较快，增长了 13.08%，企业资产增长了 15.56%。可见湖北省工业规模扩张较为均衡，其中企业实力较为突出，有较为牢靠的支撑。高质量产业竞争潜力从 28.39 增长为 34.75，指数在中部六省中同样处于中等水平。如图 5-4 所示，湖北省有 R&D 活动企业占比、高新技术企业产值占比及新产品销售收入占比三项重要指标在 2013~2015 年这个阶段的增长均趋于平缓。产业竞争环境从 42.18 增长至 47.79，其中人才支持环境指标下降明显，在中部六省中指数最低。湖北作为教育大省，

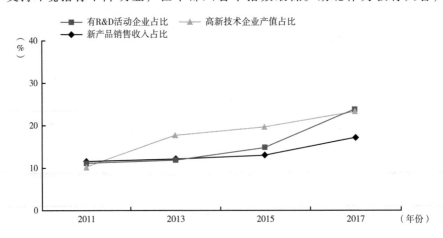

图 5-4　2011~2017 年湖北省高质量产业竞争潜力主要指标变化

2015 年拥有 126 家普通本专科高校，就全国而言教育资源都居于前列，但本科毕业生人数增长较慢，从 2013 年的 180278 人到 2015 年的 209246 人，仅增长了 16.07%。且湖北省始终存在人才流出率较高的问题，根据 2015 年发布的《大学生就业流向报告》，湖北省成为主要人才输出地，毕业生偏好远距离迁移，对湖北省发展高新技术产业、提高工业科技创新能力造成了阻碍。2017 年相较 2015 年相对增长指数增长较快，达到 130.75，居中部第四。现阶段产业竞争实力指数为中部最低，其中规模实力增长仅高于山西省，2017 年规模以上工业企业数量相较 2015 年有所下降，从 16413 家下降至 15097 家，同时主营业务收入的增长趋于停滞，两年间增长了 31.31 亿元。受此影响，市场实力指标相较 2013 年出现了下降的趋势，从 3.43 下降为 3.20，可见湖北省工业扩张目前陷入了一定的瓶颈期。相较 2013~2015 年，2015~2017 年的高质量产业竞争潜力有了明显上升，即使增长指数仍处于中部下游，但从图 5-4 可以看出，尤其以 R&D 活动企业占比指标为主，湖北省的工业结构升级、工业创新能力提升正在加快进度。产业竞争环境中资源支持指标的增长领先于中部，为提升产业竞争力增长速度做出了贡献，但人才支持仍然处于持续下降状态。总的来说，湖北省产业综合竞争力提升速度一般，但近两年有增长的趋势，人才问题成为重大阻拦。

湖南省： 2015 年湖南省产业综合竞争力相对增长指数为 112.70。现阶段产业竞争实力增长较慢，指数仅高于处于下降状态的山西省，主要受限于规模扩张的缓慢。图 5-5 所示，湖南省工业企业资产总额的增长自 2011 年起始终比较稳定，但工业增加值和主营业务收入在 2013~2015 年阶段的增长明显放缓。这段时间内工业效率不高，全员劳动生产率仅增长了 4.10%。同时在产业结构调整下就业吸纳率也有所下降，使得湖南省产业实力成长缓慢。但高质量产业竞争潜力的相对增长为 36.12，为当年中部六省中最高的省份。其中技术创新潜力增长仅低于安徽省，但绿色发展潜力和结构转换潜力均为当年最高，R&D 人力投入增长了 13.95%，资金投入增长了 28.74%，企业覆盖面增长了 38.64%。高新技术企业产值

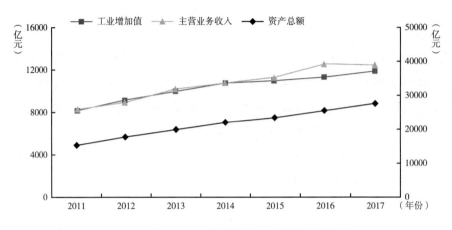

图 5 - 5　2011～2017 年湖南省工业规模实力变化

占比从 21.00% 增长至 24.16%。新产品销售收入占比从 17.97% 增长到 20.76%。可见湖南省在这段时间侧重产业升级和创新能力提升，使得增长速度快于产业实力提升。2017 年产业综合竞争力相对增长指数为 129.93，居于中部第五。从图 5 - 5 可以看出湖南省在 2015～2017 年的产业实力增长较前一阶段快，但主营业务收入略显不稳定。2017 年较上年有细微的下降，尚未稳固结构转换的成果。同时以绿色发展和结构转换两项指标为主，2017 年高质量产业竞争潜力仍然保持了较为迅速的增长，R&D 资金投入增长速度加快至 32.52%。湖南省绿色发展潜力的增长居于中部首位。湖南省工业废水排放量明显下降，固体废物利用率从 2013 年的 63.7% 升至 81.96%。相比之下，湖南省产业竞争环境的增长相对较为缓慢，成为综合竞争力相对增长指数不高的主要原因。

（二）中部产业综合竞争力竞位变化

通过线性加权，得到中部六省的产业综合竞争力评分（见表 5 - 7）。根据得分情况，2017 年排名依次为河南省、安徽省、湖南省、湖北省、江西省和山西省。从 2011 年到 2017 年，排名始终保持不变的省份有河南省和安徽省，其中河南省稳居中部第一，安徽省守住中部第二。山西省自 2013 年到 2015 年下降一位后始终处于中部垫底位置，而江西省 2015 年取代山西省向前进了一个位次，目前保持了中部第五的位置，且增长较快，与山西省的差距在逐渐拉大。湖北省和湖南省之间的差距较小，二者竞位情况较为激烈，最初 2011 年湖南省排名第三，湖北省排名第四，2013 年排名互换，2015 年保持了 2013 年的排名情况，而 2017 年湖南省再次超越湖北省位居第三，湖北省暂居第四。

表 5-7　2011~2017 年中部六省产业综合竞争力排名变化情况

省份	2011 年		2013 年			2015 年			2017 年		
	得分	排名	得分	排名	排名变化	得分	排名	排名变化	得分	排名	排名变化
山西	0.008	5	0.008	5	—	0.007	6	↓1	0.006	6	—
安徽	0.019	2	0.020	2	—	0.023	2	—	0.022	2	—
江西	0.006	6	0.006	6	—	0.009	5	↑1	0.010	5	—
河南	0.026	1	0.027	1	—	0.025	1	—	0.028	1	—
湖北	0.015	4	0.017	3	↑1	0.016	3	—	0.014	4	↓1
湖南	0.016	3	0.016	4	↓1	0.016	4	—	0.014	3	↑1

1. 现阶段产业竞争实力

2017 年中部六省现阶段产业竞争实力排名为河南省、江西省、安徽省、湖北省、湖南省和山西省。相较综合竞争力，中部六省在产业实力上的竞位表现较为活跃，如表 5-8 所示，2011 年、2013 年、2015 年及 2017 年的四个间隔断点时间上河南省及山西省始终居中部第一和第六的位置。河南省产业实力突出且从得分上看受到竞争加剧形势的影响较小，竞争实力并未减退，综合竞争力稳居中部第一。而山西省产业实力不仅垫底且得分差距没有缩小，受到竞争挤压较大。江西省竞位上升较快，虽然 2013 年下降一位成第五名，但 2015 年得分上涨缩小了差距，2017 年又一跃连升三个位次位居中部第二。安徽省 2013 年上升一名至第二名，但 2017 年又回落到第三的位置，产业竞争实力在后期出现增长瓶颈。湖北省 2013 年产业实力在中部六省中排名第三，但 2015 年下降了一个位次。湖南省 2013 年排名第四，2015 年险胜湖北上升了一个位次，但 2017 年又下降至中部第五名。可见湖北省和湖南省的产业实力竞位仍然比较激烈,但受到中部其他省份赶超的影响,二者目前均处于中部下游水平。

表5-8　中部六省现阶段产业竞争实力排名变化情况

省份	2011 年		2013 年			2015 年			2017 年		
	得分	排名	得分	排名	排名变化	得分	排名	排名变化	得分	排名	排名变化
山西	0.008	6	0.007	6	—	0.006	6	—	0.006	6	—
安徽	0.012	3	0.012	2	↑1	0.016	2	—	0.012	3	↓1
江西	0.011	4	0.008	5	↓1	0.013	5	—	0.018	2	↑3
河南	0.029	1	0.023	1	—	0.021	1	—	0.022	1	—
湖北	0.010	5	0.012	3	↑2	0.013	4	↓1	0.011	4	—
湖南	0.013	2	0.012	4	↓2	0.013	3	↑1	0.010	5	↓2

图5-6~图5-9展示了中部六省工业在规模实力、经济效益、市场实力和社会贡献上的竞争表现。

河南省重工业基础良好,是我国重要的能源和材料加工基地,传统产业的优势较大,在规模实力和市场实力上始终保持了中部领先的态势,且与其他省份差距较大,成为河南保持产业竞争实力中部第一位置的主要原因,但经济效益及社会贡献上的竞争优势有所减弱。

安徽省产业竞争实力表现波动性较大。规模实力发展较快,赶超势头强劲,助力总体竞争实力始终保持在中部前列水平。相较之下市场实力表现较为稳定,竞争力在中部处于中游水平。而经济效益指标则呈现波动下降的趋势,企业经营和盈利能力成为主要问题。

山西省产业结构较为单一,无论是规模扩张还是市场占领都不具备优势,均处于中部倒数第一的位置。产业实力显弱,经济效益指标原本在湖北省和安徽省之上,但受外部环境和市场竞争影响,2013年起山西省经济效益便一蹶不振,始终不能缩小与其他省份之间的差距。与经济效益相反,社会贡献指标自2013年起便一跃成为中部领先,表明在中部六省中山西省对于工业拉动发展的依赖性较高。

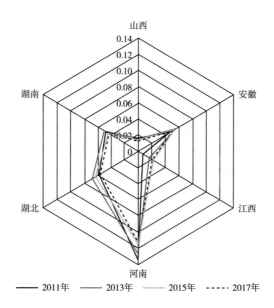

图5-6 中部六省现阶段产业竞争实力规模实力指标值

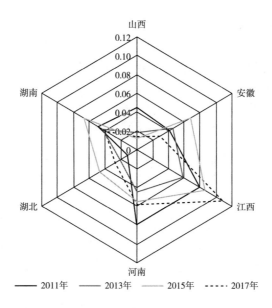

图5-7 中部六省现阶段产业竞争力经济效益指标值

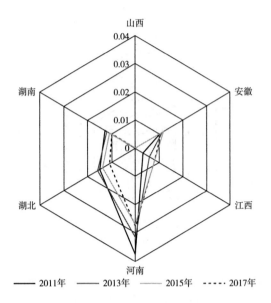

图 5 - 8　中部六省现阶段产业竞争力市场实力指标值

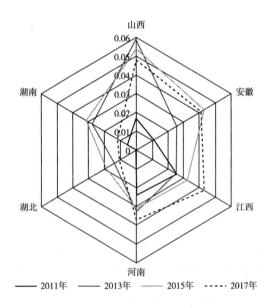

图 5 - 9　中部六省现阶段产业竞争实力社会贡献指标

江西省在规模实力和市场实力上的竞位较为艰难。在中部六省中始终处于下游位置，短期内难以突破。但经济效益指标在 2013 年排名出现下降之后增长迅速。一方面是由于其他省份在 2015~2017 年这段时间内经济效益下滑严重，而江西省工业企业保持了良好的盈利和经营能力；另一方面江西省全员劳动生产率较高，在中部领先，企业自身的生产效率良好，后发优势明显，使得企业受到冲击而利润下滑的影响较小。江西省社会贡献指标的竞争力也较为突出，上升趋势明显，工业产业在全省的地位越发重要。

湖北省工业规模实力表现良好，尽管后期受到一定竞争冲击，但仍保持了中部第二的位置。由于汽车产业在我国占据重要的位置，湖北省工业的市场实力也表现较好，仅次于河南省，但竞争力下降明显。2017 年安徽省取代了湖北省的位置，可见湖北省在开拓和占领新市场上的力量相较中部后起省份有所不足，使得其在产业综合市场实力上落后。湖北省工业经济效益竞争力较弱，2011 年时属于中部垫底位置，尽管后期增长较为迅速，但仍在中部下游水平徘徊，成为湖北产业发展的短板。

湖南省规模实力和市场实力均在中部中游。总的来说水平较为稳定但有一定下降趋势。相较之下经济效益和社会贡献两项指标的竞争力变化较大。2015 年二者均增长迅速，缩小了与第一梯队省份的差距。产业实力排名在 2015 年超越了湖北省成为第三名。但增长并不稳定，2017 年迅速回落位居中部下游，导致当年产业实力下降两个位次。

2. 高质量产业竞争潜力

2017 年中部六省高质量产业竞争潜力排名为安徽省、湖南省、湖北省、河南省、江西省和山西省。与 2015 年的排名一致，目前各省水平较为稳定（见表 5-9）。在 2011 年、2013 年、2015 年及 2017 年四个间断时间点上安徽省和湖南省分别保持了中部第一和第二的位置。山西省 2013 年下降了一个位次成为中部垫底，且得分不断下降，2017 年仅为 0.001 分，在工业潜力上完全不具备竞争优势。江西省 2013 年上升了一个位次成为中部第五,比产业综合竞争力的上位提前了一年。表明江西省工业潜力竞争力成长先于整体产业发展,一定程度上助力了产业实力的攀升。为此,综合竞争力在 2015 年实现了一个位次的增长。而相较于产业实力,河南省的工业潜力成为制约其产业综合竞争力发展的一大因素,2013 年短暂上升成为中部第三,但 2015 年又回落到第四的位置并保持至2017 年。与之相对的是湖北省,可见河南及湖北在工业潜力上表现较为接近,竞争性也更为明显。就目前来看,湖北省略胜一筹,保持了中部中等偏上的水平。而河南省下降情况较为严峻,不利于今后继续保持中部第一工业大省的位置。

表 5 – 9　2011 ~ 2017 年中部六省高质量产业竞争潜力排名变化情况

省份	2011 年		2013 年			2015 年			2017 年		
	得分	排名	得分	排名	排名变化	得分	排名	排名变化	得分	排名	排名变化
山西	0.006	5	0.003	6	↓1	0.002	6	—	0.001	6	—
安徽	0.025	1	0.024	1	—	0.025	1	—	0.019	1	—
江西	0.002	6	0.004	5	↑1	0.004	5	—	0.006	5	—
河南	0.018	4	0.021	3	↑1	0.019	4	↓1	0.013	4	—
湖北	0.019	3	0.020	4	↓1	0.019	3	↑1	0.015	3	—
湖南	0.025	2	0.022	2	—	0.023	2	—	0.018	2	—

如图 5 – 10 所示,中部六省在技术创新上的竞争表现整体较为稳定。河南省在 2011 年及 2013 年都保持了中部首位,且得分有所上涨。2015 年被安徽省赶超之后也始终居中部第二。可见河南省即使总体工业潜力排名不高,但工业技术创新能力仍属于前列水平。对比之下,安徽省和江西省在该指标上的竞争力增长迅速。安徽省 2011 年的创新水平仅为中部第四,2013 年一跃成为中部第二,得分直逼河南省。2015 年超越了河南,领先中部地区。2017 年在江西省强势增长的冲击下得分有所下降,安徽省仍以较大的得分差距保持中部第一。而江西

省尽管增长迅速，但由于起步较晚、起点较低，仅在 2013 年超过了山西省，此后始终处于中部第五的位置，工业技术创新水平属于中部下游。山西省工业资源依赖程度高，煤炭开采等相关行业在长期内仍然是山西省工业的最大支柱，因而在技术创新上面临的竞争压力较大。湖北及湖南的技术创新能力均发挥稳定，始终属于中部地区中等水平，其中湖南省略胜一筹。

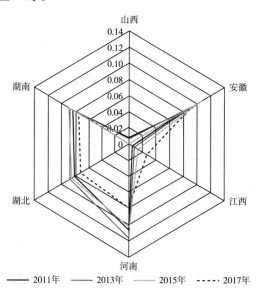

图 5 - 10　产业竞争潜力技术创新比较

　　由于数据无法统一，绿色发展仅涵盖了工业"三废"中的固体废物和废水两项，分别从正向利用率和反向污染程度表现目前各省工业绿色循环和生态保护的发展程度。从图 5 - 11 中可见，绿色发展指标的差异变化较大，安徽省在这项指标上得分较高，可见安徽工业不仅在创新能力上领先，在循环工业和生态保护上也保持了先进水平。河南省在绿色发展上的表现也较好，始终保持在中等偏上的水平，得分上升趋势明显。对于一个以传统工业制造为主的省份来说，河南省对传统工业的绿色改造相对成功。湖北省工业绿色化表现较为稳定，即使竞争环境改变，得分也始终维持在 0.035 左右，在废物处理和废水排放上控制较好。相比之下，湖南省属于后期发力的省份，在 2011 年和 2013 年都处在中部倒数第二的位置，2015 年上升了一个位次，2017 年迅速增长成为中部第一，"制造湘军"在绿色发展上做到了跨越式的发展。而山西省工业污染逐年严重，2011 年时在中部排名第三，当时工业固体废物利用率为 57.5%，单位增加值废水排放为 6.66 吨/亿元，为中部最低。江西省作为一个以丰厚的生态资源闻名的省份，工业绿色发展指标却始终处于中部垫底位置。一方面基于行业特点，江西主要支柱性工业产业。如有色金属等自身废水产量大，另一方面江西省固体废物的利用率始终较低，2017 年更是下降至 37.15%。

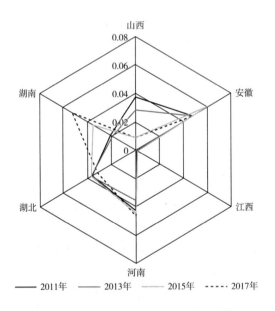

图 5-11 产业竞争潜力绿色发展比较

结构转换指标选取了非国有企业占比、高新技术企业产值占比和新产品销售收入占比来分别表现制度灵活度、面向未来新兴市场的竞争力及市场适应能力。结构转换指标能综合反映出一个省份实现高质量发展阶段工业结构升级的能力，因而是一个相对重要且具有长期性的指标。

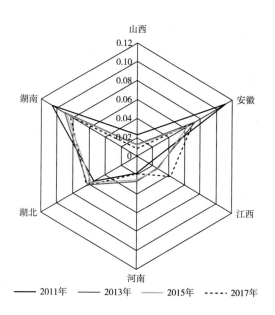

图 5 - 12 产业竞争潜力结构转换比较

从图 5 - 12 中可以看出排名较为稳定，2011 年安徽省排名第一，但 2013 年下滑一名后一直保持在第二的位置，得分虽有下降，但 2017 年又有所回升。而湖南省 2011 年排名第二，2013 年超越安徽省后一直居于中部首位。这是推动和助力湖南省产业竞争潜力排名稳居第二的重要来源。从原始数据来看，湖南省高新技术企业产值占比和新产品销售收入占比均领先于中部。而安徽省非国有企业较多，制度灵活性上略胜一筹。同时湖北省在结构转换力上表现稳定，得分有增加的趋势，始终保持在中部第三的位置。相较之下，山西、江西、河南始终处于中部下游水平。其中山西省竞争力一直在下降，严重制约工业潜力增长。而江西省同技术创新指标一样上升趋势明显，竞争优势逐步显现。河南省则波动性较强，承受竞争冲击的能力较弱，结构转换竞争力不稳定，是其一大短板。

3. 产业竞争环境

2017 年中部六省产业竞争环境的排名由高到低依次为河南省、安徽省、湖北省、湖南省、山西省和江西省。作为一个宏观性较强的指标，投入产出的周期较长，排名在 2011 年、2013 年、2015 年及 2017 年四个间断时间点上都不曾改变，稳定性最强（见表 5 - 10）。

表 5 - 10　2011 ~ 2017 年中部六省产业竞争环境排名变化情况

省份	2011 年		2013 年			2015 年			2017 年		
	得分	排名	得分	排名	排名变化	得分	排名	排名变化	得分	排名	排名变化
山西	0.010	5	0.012	5	—	0.011	5	—	0.009	5	—
安徽	0.019	2	0.024	2	—	0.027	2	—	0.031	2	—
江西	0.005	6	0.007	6	—	0.009	6	—	0.007	6	—
河南	0.030	1	0.035	1	—	0.033	1	—	0.040	1	—
湖北	0.016	3	0.018	3	—	0.017	3	—	0.017	3	—
湖南	0.011	4	0.015	4	—	0.013	4	—	0.015	4	—

如图 5 - 13 ~ 图 5 - 16 所示，中部六省在人才支持、资源支持、基础设施支持及信息化支持四项指标上的排名变化都较为稳定，各个时间节点上雷达图形状相似。就目前情况而言，人才支持环境上排名为河南省、安徽省、湖南省、湖北省、江西省和山西省；资源支持环境排名为江西省、湖北省、山西省、湖南省、安徽省和河南省；基础设施支持环境排名为河南省、安徽省、山西省、湖北省、江西省和湖南省；信息化支持环境排名为河南省、安徽省、湖南省、湖北省、山西省和江西省。

河南省总体工业环境竞争力在中部居首位，但资源支持是河南省的短板和限制因素，其中水资源拥有上与江西、湖南、湖北、安徽相差较远，人均发电量也属于中部中等偏下的水平。除此之外，河南省其余三项指标均在中部领先，且从图中可以看出其在人才支持和信息化支持上的竞争力具有明显的上升趋势，对将来提升河南省的工业创新能力、促进两化融合发展高新技术产业、转变工业现有传统结构具有推动发展和后备军的作用。

安徽省同样以资源支持环境为短板，主要受限于水资源拥有上。教育资源上安徽省目前高校数量为 119 家本专科学校，低于河南、湖北、湖南三省。

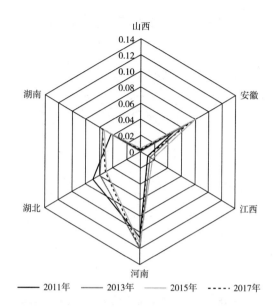

图 5-13　产业竞争环境人才支持指标比较

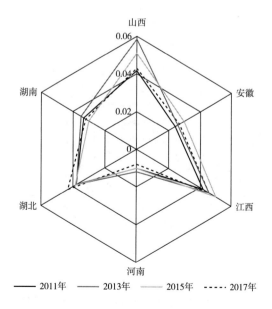

图 5-14　产业竞争环境资源支持指标比较

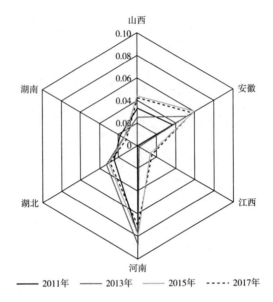

图 5 – 15　产业竞争环境基础设施支持指标比较

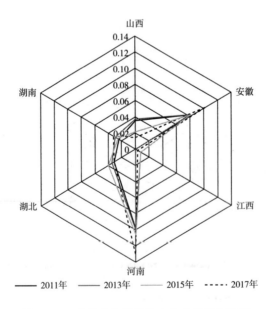

图 5 – 16　产业竞争环境信息化支持指标比较

但中等职业技术学校的毕业生人数较多，能为技术岗位输送较多的人才。

湖北省除资源支持排名第三外，其余指标均在中部排名第四，有一定下降趋势。总体而言，湖北发展比较均衡，最终工业环境竞争力在中部居于第三的位置。

湖南省在人才和信息化支持上表现较好，但资源和基础设施仍是其短板。尤其是基础设施指标在中部六省中居第六名，交通建设力度和完成进度的落后直接限制了湖南省工业环境竞争力的向前进位。

山西省工业环境竞争力保持中部第五的主要阻碍为人才资源的严重缺乏和信息化建设的相对落后。山西省资源支持力量较强，基础设施在近几年也有所完善，但人才支持指标的得分近乎为0，缺少高端人才不利于山西省工业创新和转型。而缺乏职业技术人员也不利于传统优势产业的进一步扩大发展，成为最大的产业竞争劣势。

江西省资源支持指标为中部第一，拥有丰富的水资源和电力资源。此外矿产资源也相对丰富，对工业规模扩张十分有利。但人才、基础设施和信息化支持环境都相对落后，尤其信息化设施建设落后，使得江西省工业环境竞争力在中部垫底。

（三）中部产业综合竞争力纵向比较

河南省产业竞争力增长速度在中部六省中相对缓慢。2015~2017年在现阶段产业实力和产业竞争环境上增长有所加速，但高质量竞争潜力仍然较慢。而综合竞争力排名始终居于中部首位，现阶段产业实力突出，但经济效益指标下滑严重。高质量竞争潜力是综合竞争力提升的主要限制因素，其中结构转换能力较弱，产业竞争环境领先中部，但资源限制是其短板。

安徽省产业竞争力增长速度较快，尤其是在2013~2015年，产业实力和工业环境增长迅猛。而工业潜力在2015~2017年发力，成长迅速。综合竞争力排名始终居于中部第二的位置，现阶段产业实力波动性较大，其中经济效益指标为主要波动来源。高质量工业潜力稳定保持中部第一，且技术创新、绿色发展和结构转换上均为中部领先，有力支持了安徽省产业竞争力保持中部前列。产业竞争环境同样居于第二，其中资源支持为主要限制因素。

湖南省产业竞争力增长速度较慢，其中受限于产业实力和工业环境的缓慢增长。综合竞争力上升为第三名，现阶段产业实力表现较不稳定。2015 年有所上升，但 2017 年又下降了一个位次，处于中部第五。高质量竞争潜力表现稳定，始终保持中部第二，且绿色发展指标竞争力上升趋势明显。产业竞争环境居中部第四，其中交通基础设施建设是主要短板。

湖北省产业竞争力增长速度属于中等水平。产业实力增长不甚明显，规模扩张陷入一定瓶颈。高质量工业潜力增长速度均衡，其中结构转换能力增长迅速。湖北省在与湖南省的综合竞争力竞位中目前居于下风，但总体而言各项指标上的竞争力湖北省发展较为均衡，均在中等水平徘徊，且年际变化始终较为稳定，无突出短板。

江西省产业竞争力增长速度在中部领先。除工业环境外的两项一级指标均发展迅速，尤其以规模实力、经济效益和技术创新为主，具有明显的后发优势。产业综合竞争力 2015 年进一个位次，主要源于产业实力的增长，而其中经济效益是江西的竞争优势。工业潜力竞争力也有所提升，但绿色发展成为主要进位阻碍。产业竞争环境在中部垫底，资源丰富但信息化建设为主要短板。

山西省产业竞争力增长速度在中部地区中最为缓慢。由于利润为负，2015 年产业竞争力有所倒退。2015～2017 年实现增长，但仍赶不上其他省份的增长速度。产业综合竞争力从第五名下滑为第六名，产业实力较差。其中市场实力成为主要限制，以煤炭加工为主的产业在目前的市场竞争中不占优势。工业潜力下滑明显，技术创新能力和结构转换力均存在较大的问题。工业环境居中部第五，资源相对丰富，但人才短缺是未来工业崛起的关键性限制因素。

四 横向分产业竞争力实证结果

基于数据可得性，分产业竞争力分析中仅考虑 2016 年现阶段竞争实力，并对指标体系进行了适当调整（见表 5 – 11）。其中，出口比重指标表现工业产业对外开放程度及在国外市场的影响力，是出口交货值与销售产值之比；产品销售率表现产业产品受欢迎程度，也是衡量市场影响力的一大重要指标，是销售产值与总产值之比；全员劳动生产率用总产值代替了增加值。这里选取了中部六省分产业主营业务收入加总结果中大于 1 万亿元且全国占比大于 20% 的 5 个具有一定规模及代表性的行业，即农副食品加工业、非金属矿物制品业、有色金属冶炼和压延加工业、专用设备制造业、电气机械和器材制造业，以及在高质量发展阶段具有重要地位的 6 个技术密集型行业①，即医药制造业，通用设备制造业，汽车制造业，铁路、船舶、航空航天和其他运输设备制造业，计算机、通信和其他电子设备制造业，仪器仪表制造业，共11 个工业行业进行竞争力分析。

表 5 – 11　分行业产业竞争力指标体系

一级指标	二级指标	三级指标	单位
现阶段竞争实力	规模实力	总产值	亿元
		工业企业数量	家
		主营业务收入	亿元
		资产总额	亿元
	经济效益	总资产贡献率	%
		全员劳动生产率	万元/人
		成本费用利润率	%
	市场实力	市场份额	%
		出口比重	%
		产品销售率	%

---

① 罗良文、赵凡：《工业布局优化与长江经济带高质量发展：基于区域间产业转移视角》，《改革》2019 年第 2 期。

（一）中部代表性工业行业比较结果

表 5 – 12 为中部六省在农副食品加工业、非金属矿物制品业、有色金属冶炼和压延加工业、专用设备制造业、电气机械和器材制造业五大工业行业的综合竞争实力得分及排名。可以看出中部地区规模较大、实力较强且在全国具有重要地位的行业竞争中，河南省凭借传统工业和重工业的优势，具有强劲的实力，五大行业发展水平均在中部前列，而相应的主要以煤炭资源为竞争优势、工业规模较小的山西省在规模性产业上缺乏竞争力。其他省份均凭借相应矿产资源优势、历史积累或政策导向在 1~2 个行业上水平靠前甚至领先。

表 5 – 12　中部六省代表性工业行业综合竞争实力得分及排名

项目		农副食品加工业	非金属矿物制品业	有色金属冶炼和压延加工业	专用设备制造业	电气机械和器材制造业
山西	得分	0.006	0.019	0.014	0.015	0.009
	排名	6	6	6	6	6
安徽	得分	0.104	0.084	0.084	0.128	0.203
	排名	3	4	4	3	1
江西	得分	0.074	0.084	0.231	0.042	0.127
	排名	5	5	2	5	3
河南	得分	0.178	0.251	0.244	0.279	0.139
	排名	1	1	1	1	2
湖北	得分	0.149	0.092	0.023	0.095	0.088
	排名	2	3	5	4	4
湖南	得分	0.092	0.095	0.135	0.215	0.083
	排名	4	2	3	2	5

农副产品加工业：河南省综合实力排名第一，其中规模实力远超其他省份，成为绝对优势。总产值、工业企业数、主营业务收入、工业企业资产合计分别以 6694.99 亿元、2115 家、6830.48 亿元、3578.35 亿元遥遥

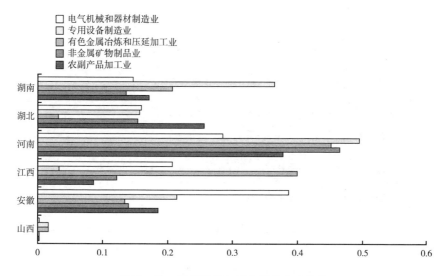

图 5-17　代表性工业行业规模实力比较

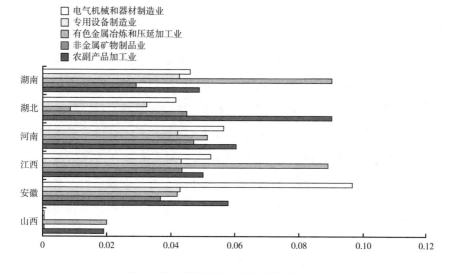

图 5-18　代表性工业行业经济效益比较

领先中部其他省份。相较之下，经济效益和市场实力造成了一定阻碍。尤其是市场实力，成为河南省在该产业竞争上的劣势和短板，指标得分仅在中部排名第四。根据原始数据可以看出，河南省在国内的市场份额占比较

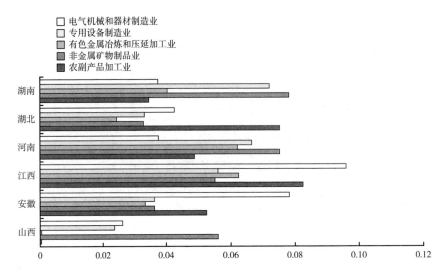

图 5-19 代表性工业行业市场实力比较

大，但出口比重仅为 0.60%，产品外向度不高，最终产品销售率为 97.51%，属于中部中等水平。因而，河南省进一步扩大农副产品加工业竞争实力需要重视和开拓国外市场。湖北省综合实力排名第二，经济效益指标中部领先，总资产贡献率和成本费用利润率都较高。表明湖北省农副产品加工业经营效果良好，有利于行业进一步稳定发展。但产品销售率偏低，有一定积压现象。安徽省综合实力排名第三，三项评价指标得分均在中部排名第三，产品销售率较高为 98.42%。湖南省综合排名第四，规模实力表现与综合实力一致，但经济效益和市场实力在中部居第五名。江西省虽然综合实力排名第五，但市场实力突出，在中部领先。尤其是出口比重较高为 2.35%，表明江西省开放程度高，能充分利用国外市场突破短板，成为一大优势。但江西仅有 490 家规模以上工业企业，发展农副产品加工业需从基本投入入手。山西省排名第六，各项指标表现均不佳，尤其规模实力和市场实力受到严重的竞争挤压，得分近 0，发展受限较多。

非金属矿物制品业：河南省综合实力排名第一，规模实力、经济效益和市场实力均在中部前列水平。但市场实力略显不足，源于出口比重为中部垫底，仅为0.37%，产品销售率为99.54%，整体表现来说不构成明显的劣势。湖南省综合实力排名第二，市场实力在中部领先，国内市场份额和出口比重表现较为均衡，是推动竞争力向前进位的关键和主要因素。但规模实力和经济效益属于中部下游水平，劣势明显，劳动生产率同样不高。湖北省排名第三，规模实力和经济效益指标均居中部第二，行业基础较好且实力较强。但市场实力在中部垫底，成为发展短板，主要源自出口较少，最终产品销售率较低仅为96.31%。安徽省排名第四，规模实力中等，拥有2173家工业企业，但经济效益排名第四。总资产贡献率为12.99%，仅高于山西省，市场实力虽排名较低，但符合安徽省该行业发展程度。江西省排名第五，各项指标较为均衡，均在中等偏下的水平，其中规模扩张程度为主要限制。山西省排名第六，规模实力和经济效益指标均垫底，但市场实力排名第三，出口比重达到4.28%，为中部首位，但由于国内市场占有率仅0.58%，导致最终产品销售率为93.47%。因而，山西进一步发展需要继续把握国外市场，同时突破国内市场竞争压力，以市场实力吸引资金进入、带动规模扩张，从而提升基础实力。

有色金属冶炼和压延加工业：河南省综合实力排名第一，主要优势体现在规模实力上。总产值5257.57亿元在中部领先，但经济效益表现一般，得分在中部排名第三。全员劳动生产率较低，河南省发展有色金属行业需要提高企业综合管理和经营能力，而市场实力上国内市场份额在中部领先，出口比重也达到中部第二的水平，可见该行业的国外市场把握较好。江西省凭借良好的资源储备和龙头企业江西铜业集团的数十年积累和辐射，综合实力排名第二，与河南省差距不大，各项指标表现均衡。企业数量和主营业务收入均领先中部，但产值和资产总计在河南省之下，表明江西省发展该行业需要重视规模扩张的质量和产出效益。湖南省排名第三，其中经济效益指标突出，总资产贡献率为13.05%，遥遥领先于中部其他地区。安徽省综合排名第四，规模实力、经济效益及市场实力均在中部处于第四的位置，其中全员劳动生产率在中部领先，企业管理能力较好，优势明显。湖北省排名第五，其中经济效益指标在中部垫底，尤其是成本费用利润率仅0.83%，盈利能力是一个明显的劣势和短板。山西省排名第六，各项指标差距较大。

专用设备制造业：河南省综合排名第一，规模实力突出，产值和主营业务收入都遥遥领先于中部其他省份。经济效益水平在中部居第四，但得分差距并不大，各项指标较为均衡。国内市场份额更是占到10.52%，但出口比重仍然较低成为问题。总体而言，河南省专用设备制造业在中部地区占据明显的龙头地位。湖南省排名第二，行业规模仅在河南省之下，凭借出口优势市场实力得分居中部第一，全员劳动生产率领先中部。但相对而言资产贡献率较低，企业的经营能力存在一定劣势。安徽省综合排名第三，经济效益指标在中部居第二，有力推动了行业上位，但市场实力排名第四，其中出口比重较低，最终产品销售率仅为96.25%，需要进一步拓展国外市场。湖北省排名第四，经济效益和市场实力均在中部居第五，盈利状况较差，且产品销售率较低仅95.60%，企业整体经营能力需要进一步加强。江西省排名第五，行业规模不大，目前仅有224家规模以上企业，但经济效益居中部第一，市场实力也排名第三。可见，江西省行业发展质量良好，出口比重和产品销售率均领先，上升势头明显。山西省排名第六，其中成本费用利润率为负，企业经营存在较大的问题。

电气机械和器材制造业：安徽省综合排名第一，规模实力和经济效益均在中部首位。横向对比下出口比重在江西省之下，产品销售率较低为97.07%，继续保持行业绝对优势需要提高企业销售能力和产品外向度。河南省排名第二，而市场实力较为落后，国内市场份额较高为4.91%，仅低于安徽省。江西省排名第三，市场实力排名第一，出口优势明显，且仅598家规模以上工业企业创造了3057.58亿元的产值和3099.98亿元的主营业务收入。湖北省排名第四，经济效益指标排名第五，从原始数据可以看出全员劳动生产率较高，但总资产贡献率和成本费用利润率表现一般。湖南省排名第五，而经济效益指标排名第四，尤其是劳动生产率在中部领先，但市场占领不足，出口比重也较低。山西省排名第六，规模实力和经济效益得分近0，表明山西受到中部竞争的冲击较大且企业经营能力较差，难以支撑山西突破竞争压力。

（二）中部技术密集型工业行业比较结果

表 5-13 为中部六省在医药制造业，通用设备制造业，汽车制造业，铁路、船舶、航空航天和其他运输设备制造业，计算机、通信和其他电子设备制造业，仪器仪表制造业六大技术密集型工业行业的综合竞争实力得分及排名。可以看出，相较中部代表性规模行业，中部六省在技术密集型行业竞争中的差距有所缩小，尽管河南省竞争优势仍然突出，四个技术密集型行业做到中部首位，但各省均全力把握高质量发展机会以期实现"弯道超车"，因而竞位加剧，河南省绝对的龙头地位并不明显。具体行业竞争力分析如下（见图 5-20～图 5-22）。

表 5-13　中部六省技术密集型工业行业综合竞争实力得分及排名

项目		医药制造业	通用设备制造业	汽车制造业	铁路、船舶、航空航天和其他运输设备制造业	计算机、通信和其他电子设备制造业	仪器仪表制造业
山西	得分	0.023	0.004	0.007	0.023	0.034	0.18
	排名	6	6	6	6	6	6
安徽	得分	0.093	0.167	0.120	0.086	0.097	0.131
	排名	4	2	2	4	3	1
江西	得分	0.111	0.072	0.062	0.025	0.062	0.081
	排名	3	5	5	5	5	4
河南	得分	0.190	0.205	0.113	0.211	0.132	0.131
	排名	1	1	3	1	1	1
湖北	得分	0.141	0.111	0.245	0.152	0.081	0.062
	排名	2	3	1	3	4	5
湖南	得分	0.087	0.107	0.076	0.195	0.102	0.084
	排名	5	4	4	2	2	3

医药制造业：河南省综合竞争力排名第一，目前拥有 499 家规模以上工业企业，创造了 2265.5 亿元的主营业务收入，企业经营效益较好，资

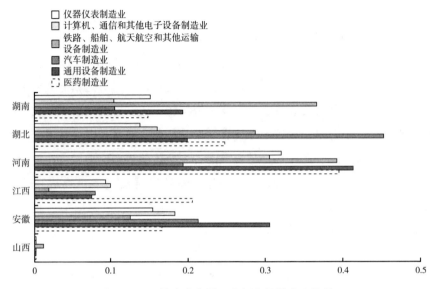

图 5 - 20　技术密集型工业行业规模实力比较

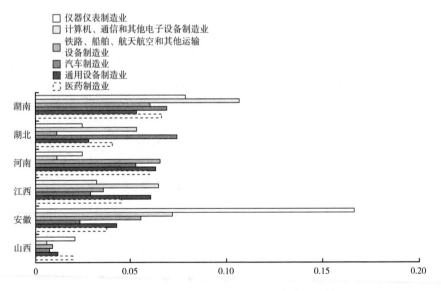

图 5 - 21　技术密集型工业行业经济效益比较

产利用效率高，国内市场份额达 8.07%，以中医药大省和生物医药强省为发展目标，具有良好的发展前景，但出口合作较少的问题仍构成一定阻

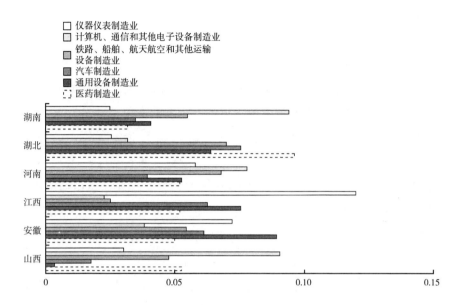

图 5 - 22 技术密集型工业行业市场实力比较

碍。湖北省排名第二,市场实力突出,在中部居首位,其中主要源于较高的出口比重,2018 年医药出口交货值同比增长 47%,排全国第六位,国外市场竞争力的优势明显,但企业经济效益较差,竞争力在中部六省中排名第四,其中全员劳动生产率仅高于山西省,企业综合经营管理能力有待提升。江西省排名第三,整体而言发展较为均衡,规模实力和经济效益得分均排名第三,市场实力表现也较好,国内市场占到 4.33% 的份额,略高于湖北省,未来发展具有良好的基础。安徽省排名第四,拥有 466 家规模以上企业但仅创造了 823.81 亿元主营业务收入。安徽省出口比重较高,但国内市场份额较低,产品销售率仅 95.78%,企业盈利能力成为安徽省突破发展现状的重点提升对象。湖南省排名第五,其中经济效益排名第一,其总资产贡献率和全员劳动生产率都遥遥领先于中部,企业经营和管理能力突出,相较之下成本费用利用率较低,盈利能力是一个明显的短板。山西省排名第六,但市场实力表现较好,主要依赖于较高的出口比重,企业成本费用利润率为 10.04%,在中部领先,表明山西医药出口较多，获得较高利润，是发展竞争中的一大优势。

通用设备制造业：河南省综合实力排名第一，规模实力和经济效益都处于明显的领先地位。市场实力略显落后，主要源于出口比重较小，但7.19%的国内市场份额仍能表明河南省行业发展的绝对优势。安徽省排名第二，经济效益指标表现较差，其中成本费用利润率较低，仅为5.10%。安徽省规模以上工业企业数量与河南省仅差64家，主营业务收入却相差甚远，追赶河南省需要进一步提高企业盈利能力。湖北省排名第三，其中经济效益指标排名第五，总资产贡献率为7.32%，仅略高于山西省。湖南省排名第四，总资产贡献率和全员劳动生产率都领先于中部，但成本费用利润率过低为2.34%。江西省排名第五，但经济效益和市场实力上均表现较好，在中部居第二的位置，企业利润率较高，且产品销售率为99.65%，领先中部，江西省通用设备制造业企业实力较强，具备进位超车的可能。山西省排名第六，各方面指标均在中部地区落后。

汽车制造业：湖北省综合实力排名第一。以东风集团为代表，湖北省是我国重要的汽车产业基地，汽车制造业综合实力在中部地区排名第一，且三项指标表现均为中部第一，显示出强大的实力和持续发展势头。但湖北汽车出口比重较低，一定程度上不利于中国汽车走向世界目标的实现。安徽省排名第二，其中经济效益指标排名第五，成本费用利润率仅为4.49%，资金投入带来的收益有限，企业盈利能力对安徽发展汽车产业构成了一定阻碍。河南省综合排名第三，产值和主营业务收入均超过安徽省，企业经营能力和成效较好，但产品销售率为中部垫底，实现行业进位需要进一步提高市场实力。湖南省排名第四，其中企业突出的经济效益竞争力成为发展的一大优势。江西省排名第五，市场实力突出，其中出口比重较高，产品外向性较强，提高行业中部竞争力需要充分发挥后发优势，通过招商引资等方式扩大行业规模，在新能源汽车等新兴市场发力缩小发展差距。山西省排名第六，2016年仅39家规模以上企业，主营业务收入仅147.08亿元，发展优势并不明显。

铁路、船舶、航空航天和其他运输设备制造业：河南省综合实力排名第一，规模实力较强，且企业利润率为 8.19%，领先于中部其他地区。湖南省综合排名第二，仅拥有 138 家规模以上企业，数量在中部居第四名，但产值与主营业务收入紧跟河南省。湖南省资产总计居中部第一，劳动生产率较高，企业实力突出，具有强劲的赶超势头，但产品销售效率较低为一大短板。湖北省排名第三，其中市场实力排名第一，较高的出口比重为实力的主要来源，但企业经济效益表现较差，经营能力和盈利能力都成为发展的主要问题。安徽省排名第四，各项指标表现相对均衡，实现赶超进位需要利用其创新能力抢占新兴市场，提高市场份额。江西省排名第五，2016 年仅拥有 47 家规模以上企业，国内市场份额仅 0.67%。山西省排名第六，市场份额为 0.44%。

计算机、通信和其他电子设备制造业： 河南省综合排名第一，经济效益指标得分在中部排名第五，总资产贡献率为 4.02%，全员劳动生产率 95.64 万元/人，成本费用利润率 3.92%，均属于中部下游水平。尽管河南省在该行业上实现了较高的出口比重，但产品销售率也在中部垫底，仅 93.20%，企业经营管理能力是主要问题和发展阻碍。湖南省综合排名第二，其中规模实力表现较差，但经济效益和市场实力都做到中部第一的位置，有力推动了排名上升。湖南省拥有 463 家规模以上企业，但产值和全员劳动生产率不高，因而提高企业生产能力进行规模扩张是提高竞争力的关键。安徽省综合排名第三，其中规模实力和经济效益均在中部排名第二，企业数量是其主要的优势，进一步向前进位需要以产业集聚为突破口，充分扬长避短。湖北省综合排名第四，其中规模实力较好，全员劳动生产率也做到中部第一的位置，整体发展质量较好，但国内市场占有较小，国外出口比重也较低，市场争夺的能力略显落后。江西省排名第五，其中经济效益和市场实力指标表现较差，拥有 424 家规模以上企业但产值和主营业务收入均较低，企业生产和获利能力不高，是其发展该行业的主要问题。山西省排名第六，总体而言规模较小，企业实力较低，但出口比重 77.86% 为中部第一，最终产品销售率为 103.42%，山西省以出口为主，销售产品取得了较好的成绩，是一大发展优势。

　　仪器仪表制造业：安徽省综合排名第一，其中规模实力和市场实力均为中部第二，但经济效益表现突出，其中各项指标水平均属于中部前列，企业实力和发展质量较好。河南省综合排名第二，规模实力突出，产值和主营业务收入均遥遥领先中部其他地区，但企业经济效益较差，尤其是全员劳动生产率在中部垫底，规模扩张质量不高，投入产出回报率需要进一步提高。湖南省排名第三，经济效益指标表现较好，但成本费用利润率较低，仅高于山西省。同时湖南市场实力指标在中部排名第五，国内市场份额较高，但产品销售率较低仅为 93.83%，在中部垫底。江西省排名第四，行业规模较小，仅拥有 82 家规模以上企业，但经济效益和市场实力较好，其中企业盈利能力较强，出口比重较高，产品销售率达到101.9%。湖北省排名第五，市场实力较为落后，国内外市场均缺乏一定竞争力，导致产品销售率较低。山西省排名第六，仅拥有 15 家规模以上企业，行业规模较小，但全员劳动生产率高于河南、湖北、江西三省，企业生产能力达到中部中等水平，具有一定的发展潜力。

第三节　中部地区产业竞争力提高对策

一　中部地区提高整体产业竞争力对策

（一）明晰高质量工业发展方向，扩张规模提升质量

　　中部地区工业规模扩张速度较快，目前已成为我国国民经济发展的重要部分。但面向工业化后期阶段及产业结构转型时期，第三产业高速发展，工业盲目扩张并不可取，因而需要以高质量发展目标为标杆和旗帜，重视提升规模扩张的质量。首先，中部地区产业发展应该通过产权变革、体制创新、放活市场等方式激活微观市场主体的活力，统筹区域规划与产业布局，增强省际合作提高资源配置能力与效率，从宏观和微观两方面结合入手提升规模扩张的质量。其次，中部地区应有目的、有重点地培育龙头企业以带动和引领相关产业的发展壮大，凭借辐射效应集聚产业块与整

合产业链，实现工业行业之间的良性互动与规模有效扩张。再次，重视全要素生产率的增长，实现从生产要素驱动向要素综合利用效率驱动转变。提高技术进步、企业管理、规模经济等因素对产出的作用，适当增加利于提高技术创新能力和生产效率的固定资产。最后，中部地区存在就业与产业二元结构矛盾，对此应该以实现农业现代化、城乡一体化为前提输出农村过剩劳动力，并壮大新产能，创造更多的高质量就业岗位。发挥生产性服务业对产业发展的支持作用，以创新的人力投入结构带动工业高质量规模扩张。

（二）把握新时代工业机遇，提高企业经济效益

中部地区企业经济效益总体较好，但盈利能力下降严重。目前中部地区在国内落后，面对不断加剧的产业竞争环境，企业战略选择成为突破现状的关键，应尽量避免陷入被动的恶性竞争，选择市场空间尚大且拥有一定优势的项目。从信息化时代、"互联网＋"兴起再到绿色发展、"智能制造"时代，高质量发展新时代不断创造出新的产业发展机遇，面对尚未定型的新兴产业市场，各区域处在同一起跑线上，拥有相对平等的发展机会，要及时把握并充分利用，提升盈利能力，并培育新产能新业态，促进工业经济效益的全面改善。2015年，我国发布实施制造强国战略的第一个十年行动规划，中部地区应该紧跟国家发展战略，按照纲领要求将中部制造业优势转化为产业竞争优势，依靠两化融合提升制造业智能化率，重点发展高档数控机床、3D打印、智能仪器仪表、智能电网、智能环保设备等智能化专用设备，以及人工智能和智能制造的生产性服务业，以产业历史积累优势迅速占领新兴市场。市场竞争归根结底是产品的竞争，中部地区应抓住新一轮技术革命机遇以提高工业科技成果转化率，创造新产品、培育新动能，用科技进步夯实企业基础从而在竞争中获利。

（三）发展技术型现代工业，推进结构转型升级

中部地区工业结构仍以资源密集型和劳动密集型工业为主，这是当前竞争力不强的根本原因。对此应该改变以传统制造为主的现状，发展技术

型的现代工业。首先，中部工业资源依赖性强，面临资源枯竭困境，需要加快对传统产业的改造升级。通过发展循环工业加大对工业"三废"的综合利用，减少资源浪费和环境污染；通过延长产业链增加产品附加值的方式提高经济效益、实现产业发展多元化；通过加大科技创新投入力度，实现产品从集中在中端制造向中高端转变；通过淘汰落后产业整合低效益产业，转变传统支柱型产业企业的经营管理模式，促使传统产业向绿色化、现代化、高端化方向发展。其次，大力发展高技术产业，发展技术密集型现代工业。将资源优势转化为技术专利优势，通过培育科技创新主体、构建科技创新平台、推动产学研结合等方式促进智能制造、先进制造的大幅进步。加大对具备一定优势和潜力的高新技术产业在资金、人才、设备等方面的投入，如江西省的航空工业、光伏产业等，湖北省的集成电路、新材料产业等，河南省的电子信息、生物工程等，安徽省的新能源汽车、先进装备制造产业等，湖南省的生物医药、机电制造产业等，山西省的 LED、现代煤化工等。

（四）坚持产业集聚与创新，积累产业发展潜力

产业集聚和创新驱动是中部地区激活产业发展潜力的必经之路。首先，工业园区是推动产业集聚的主要载体和途径。实现产业集聚的首要前提是加强对工业园区的建设，完善原有园区的基础设施和功能设计。根据区域产业发展现状推进特色工业园区建设和国家级工业园区申请，并在此基础上加大招商引资的力度，吸引大企业及大项目入驻，以此带动企业、人才、资金等基本生产要素的集聚，打造并整合完整的产业链条，增强园区竞争力，实现盈利增长。其次，创新驱动是关键和核心发展路径，高质量阶段的产业竞争必然是核心技术和专利品牌的竞争，中部地区应该以全面转换工业理念为基础和前提，由传统的资源驱动、要素驱动向技术驱动、创新驱动的现代化观念转变，通过政策支持、人才引进、财政投入、扩大对外开放加强技术合作、创办创新基地和自主创新示范区等方式积极推动工业创新能力的增长，目前中部地区 R&D 投入增长较快，应该提高投入－产出效益，冒险与谨慎相结合，全力支持同时不盲目投入。

（五）完善工业信息化环境，全力推进两化融合

两化融合要求工业化与信息化的深度结合，在以信息化为支撑的基础上相互促进、相互支持，实现新型工业化道路和工业可持续发展。两化融合对于高质量阶段及时把握发展机会、创新经济新业态、提升产业竞争力具有重要作用，因而需要全力支持。一方面，基础设施是工业信息化发展的基础，其完善程度在一定意义上决定了两化融合的深度，而中部地区在信息化基础设施建设上远远落后于东部地区，不利于高质量阶段的工业赶超，对此应该针对区域现状合理进行基建长期规划，通过加大投资力度和推动政企合作的方式完善长途光缆线路、移动电话机容量、互联网接入端口等有利于信息化道路的基础设施建设，为工业信息化提供良好的"硬件"环境。另一方面，中部地区的工业信息化"软件"环境增强也应该同步推进，首先应该充分发挥各级工业和信息化政府及委员会的作用，从管理者身份转变为服务者，真正做到实干真帮，减少不必要的冗长手续，通过实地了解打造最适合区域发展的工业环境；其次应该针对中小企业融资难的问题出台相应扶持政策，拓宽融资渠道，放活金融机构，解决工业企业发展和信息化打造的资金需求。

二 中部各省提高产业竞争力的对策建议

（一）山西省

山西省产业竞争力在中部垫底，资源依赖过重的工业结构是根本问题，因而突破现状应首先从改变工业结构入手。对于煤炭、冶金、电力、焦炭等具有支柱地位的资源密集型产业应该进行合理整改，对不符合产业发展现状的产业链短、附加值低的传统产业需要适时淘汰，并加大企业技术投入，在实现绿色化的同时发展智能化、集中化、创新化，使产品不再集中于中低端，将资源工业从粗放型向集约型转变，从单一开采加工向中高端多元化工业产业产品结构转变。山西省拥有一些有一定发展潜力的工业行业，应该全面挖掘并遴选出一批具有独特优势条件、行业辐射效应强、绿色化技术型的行业进行重点培育和单独帮扶，确保新产业的崛起。

加大对技术创新和高新技术产业的投入力度，大力支持技术研究与开发，增加工业专利成果，使结构转换更具质量和速度。

山西省产业发展进程较为脆弱，增长较慢，工业环境受外界环境影响和区域竞争挤压较大，为此应该制定合理的产业发展规划，循序渐进地进行工业改造升级，稳定工业增长的步伐。首先，资源型产业长期内仍然是山西省的经济支柱，不能盲目跟风进行大范围跨步骤的改造，应该首先引导资源产业同制造业之间的相互支持，将资源优势和传统产业优势彻底地转化为竞争优势，如电力产业加强同制造业之间的联系合作能放大山西的资源优势。其次，目前山西省政策制定上有一定的滞后性，而落后地区对国家政策更需要及时把握并跟进，以进行正确的道路选择和规划，稳定产业发展和规模扩张的步骤。

山西省产业发展具有较丰厚的资源优势，交通基础设施也相对完善，但人才及信息化设施处于劣势，尤其是人才缺乏，是技术创新和工业结构转型升级的关键阻碍因素。因此，打造良好的产业发展环境需要解决现存问题。首先，加大投入完善信息化基础设施建设，对于山西省而言，提高互联网普及率和信息通达速度是前提。其次，对于人才缺乏问题，山西省应该通过增加职业技能培训机构、鼓励和支持企业创办职工教育与技能培训学校等方式增加技术岗位后备人才，通过加大高端人才引进力度、完善工业园区文化设施、举办鼓励人才"返乡创业"的相关活动等方式为企业输送技术人才。

（二）安徽省

安徽省产业竞争潜力实力突出，但现阶段竞争力领先中部的技术密集型工业行业较少，加快实现发展潜力向竞争实力的转变是安徽省突破竞争现状、完成中部工业进位的关键途径。首先，安徽省应充分发挥技术创新能力和工业结构转换力优势，提高科技成果转换率，创造特有的专利品牌，在此基础上凭借产品竞争扩大市场影响力从而增强产业实力。其次，安徽省技术密集型行业落后源于经济效益指标竞争力不强。因此，应该在重点培育的基础上，通过技术进步提高企业生产效率和经营效率，并凭借结构优势以抢占新兴市场为前提增强企业盈利能力，补齐发展短板。最后，大力支持重点产业"走出去"，通过国际合作巩固技术优势、打开国外市场，进一步培养核心竞争力。

安徽省产业竞争力增长迅速，其中主要依靠工业环境改善和工业潜力的全方位增长，硬件条件和软件装备均发展良好，但发展不充分的问题依然较为突出。因此，安徽省在方向明确、着力结构升级的同时也要注重传统规模型企业的发展。首先，在冶金、化工、食品加工等资源密集型及劳动密集型产业通过新一轮的技术改造和管理模式创新提高工业增加值、创造更多的主营业务收入从而扩大规模。其次，在规模扩张的基础上通过产业集聚整合传统工业，进一步发挥规模优势和集聚效应，将硬件条件的效用用到实处，同时对高技术产业和新兴市场培育新动能，发挥软件装备优势，实现工业总量的增长。

安徽省重视基础设施建设，尤其是信息化相关设施的建设完善较为迅速，有力支撑了创新能力和高技术产业的发展。但工业环境上仍受到资源和高端人才的限制，需要通过资源共享、引进和统筹区域分配的方法补齐短板。安徽省经济发展受水资源限制较多，安徽省应该增强工业用水效率，减少浪费并加大废水处理力度，实现循环利用。加大产学研合作力度，并趁目前"人才争夺战"推出适合的引进政策争取尖端人才进入。

（三）江西省

江西省产业竞争力增长迅速，实现中部进位首先应该抓住发展机遇，充分发挥后发优势以实现"弯道超车"。首先，江西省在政策制定和道路规划上与国家战略的趋同程度不高，不利于发展机会的及时把握，应该在基于高质量发展要求的工业强省计划上推出制造强省规划。将智能制造单独纳入全省重要战略规划中，紧跟国家工业趋势，明晰发展方向。其次，江西省 2019 年推出了"2 + 6 + N"产业行动计划，应该根据产业特色和现状细化产业规划，确保计划的顺利实施与按时完成，并配合该计划，通过工业园区完善和培育龙头企业的方式推动产业集聚，加大投入力度，增强企业技术创新能力，为高质量发展奠定竞争基础。最后，江西省拥有丰富的资源储备和生态环境优势，应该通过完善绿色顶层设计、延长产业链、转变工业结构等方式将此优势充分转换为产业发展优势，并成为持续增长的支撑动力。

江西省企业经济效益表现较好，尤其是盈利能力在中部较为突出，成为产业实力增长的主要来源。江西省行业竞争中出口比重较高，产品外向度在中部表现突出。因此提高江西产业竞争力需要保持并利用企业质量上的竞争优势。首先，江西工业全员劳动生产率较高，应该利用其在生产能力和效率上的优势进行规模扩张，提高规模效益，并加大技术投入，提高全要素生产率，以适应高质量竞争。其次，制定灵活的经济制度，深化工业支柱性国有企业改革，进一步保持江西的经济效益优势。最后，利用资产重组或企业联合的方式发展高新技术产业，将江西省工业企业的经济效益优势充分发挥，并进一步运用到推动结构转换上。

江西省应该通过两化融合促进工业和"互联网+"的协同。对此，完善信息化基础设施建设是首要前提。江西省在加大产业投入的同时，需要注重作为发展基础和推动力的工业环境建设。其次，应该重点发展面向智能制造的生产性服务业，为产业发展提供两化融合工程实施设计的综合服务。

（四）河南省

河南省工业体量较大，产业竞争中规模实力具有绝对的优势。但企业经济效益一般，投入－产出的效率不高，且产品出口比重较低、市场开放程度有限导致最终产品销售率在中部排名靠后。首先，河南省现阶段不应盲目扩大工业总量，而应注重提高规模质量。更多关注微观主体的经营状况，适当减少生产要素投入以免产生资源浪费。通过引进先进的技术设备、改进生产机器以减少要素浪费并提高产品科技含量、培训提升劳动者的文化水平和技术水平。其次，鼓励企业采用现代管理方法，提高管理者的业务素质，通过一对一帮扶的方式提高企业的管理能力。推动现代企业制度的建立与完善，全方位改善工业经济效益。最后，河南省应该扩大开放程度，鼓励产品出口和企业"走出去"，积极开拓国际市场提高产品销售率，并提高产品技术含量，增加附加值，摆脱国际贸易中的"比较优势陷阱"，提高出口竞争力。

河南省产业竞争力增长较慢，尤其是工业潜力增长尚未出现提速的趋势，高新技术产业发展缓慢。对此应该加快转变工业结构。对于传统产业的改造应该从淘汰落后产能和培育新动能两方面入手，应该坚决按照《河南省推进工业结构调整打赢污染防治攻坚战工作方案》要求通过严格市场准入减少产能过剩，同时设立一定指标淘汰一批落后产能以腾出园区工业产业承载力，并鼓励兼并重组进行资源整合，培育新动能，抓住发展机遇，将互联网、大数据、人工智能等与传统产业深度融合，并通过两化融合加快建设工业云。发展高新技术产业应该提高科技创新能力，通过加大资金和人力资源投入提高企业 R&D 水平，并选取有一定发展优势的战略性产业进行重点培养，包括生物医药、新能源及新材料等。通过产业集群形成完整产业链从而实现高新技术产业的快速增长，实现结构转型。

（五）湖北省

湖北省产业发展较为平稳和均衡，但在激烈的中部竞位中并不占优势。因此，应该培育湖北省产业发展动能和新的增长点，提高增长速度。一方面湖北省工业结构转型的推进较好，应该利用其优势将产业发展从要素驱动向创新驱动转变，将工业潜力转变为产业实力；另一方面湖北省需要利用自身良好的经济基础和创新基础建立完善的工业体系，以打造自身亮点，加强对东部产业的承接，并通过招商引资的方式迅速扩大工业影响力，加强对新的支柱型产业的培养。

湖北省高校资源丰厚，但人才流出状况堪忧，对实现工业技术进步、打造品牌优势、开拓新兴市场十分不利。因此，应该制定新的人才机制。首先，通过放松落户制度、完善养老制度和社保服务、鼓励企业采用技术入股等方式留住人才；其次可以通过高校建设、专业拓展、开办职业培训机构等方式培育新的人才；最后可以通过政策支持、创建多个人才基地、提供生活补助和购房补贴、培育人才服务中介机构等方式吸引人才回流或流入。

湖北省一些工业产业做到了中部前列甚至全国前列的水平，应该围绕这些支柱产业,在继续巩固地位的同时整合产业链,推动配套发展。首先需要继续增强工业的基础能力,同时依靠技术创新突破产业瓶颈,打造湖北特色品牌,发挥品牌效应,在提高制造水平的基础上增强产业配套能力。其次完善工业园区建设并合理规划产业布局,推动产业集聚探索工业生产的新方式以实现高质量竞争力的增长。

(六)湖南省

第一,坚持科技创新引领,改善工业环境,助推产业综合竞争力向上进位。首先通过完善知识产权保护制度为企业研发新产品提供政策和法律上的保护,同时根据"1105"行动计划打造长株潭国家自主创新示范区核心平台,通过鼓励创新、支持引进创新给予企业政策上的引导,利于引进高端人才以推进自主创新能力的进一步提高。其次交通基础设施建设是湖南省产业发展的一大短板,应该立足湖南产业发展需要完善省内交通网,充分发挥城市集群效应加强省际合作,打造培育新的工业增长带。

第二,在进行产业结构转型升级时要重视规模型产业的发展,提高总体竞争力。首先,给予小微企业足够的支持和帮扶,如增设小额贷款公司、放宽银行贷款限制等解决融资难的问题,推动小微企业进行规模扩张达到规模以上标准。其次,对于规模型行业应该充分增强企业活力,尤其是通过国有企业改革发挥规模型国企的引领带动作用,增强企业合作,形成良性竞争。最后,将提高企业经济效益放在发展的重要位置,利用技术密集型工业企业良好经济效益的优势,通过产业合作和集聚,推动企业之间互帮互助,通过管理经验分享、技术共享的方式提升总体生产效率和企业管理经营能力。

后　记

本书是教育部人文社会科学重点研究基地重大招标课题（项目编号：JD790006）的研究成果。

受教育部哲学社会科学报告培育项目的支持（项目编号：13JBGP024），本研究团队从 2012 年起已经连续出版《中部竞争力蓝皮书——中国中部经济社会竞争力报告》6 册。在新发展理念的指导下，中部地区通过持之以恒的生态环境保护，秉承绿色发展的理念，正在夯实绿色生态、绿色产业、绿色制度、绿色文化以及科技发展的基础，努力提高绿色发展的核心竞争力。为了总结和评价中部地区绿色发展竞争力的水平与趋势，我们在原来出版的系列蓝皮书的基础上，改版编写了这本研究报告。

感谢团队成员王圣云教授、罗海平副教授、余伟副教授、吴远卓讲师，研究生邓俊鹏、王娟、韩亚杰、邹楠的共同努力，感谢教育部人文社科重点研究基地——中国中部经济社会发展研究中心和江西省重点研究基地——江西区域经济研究院、江西省软科学研究基地——科技进步与中部地区经济社会发展的支持，感谢众多学者的智慧启迪，感谢社会科学文献出版社的高质量编辑团队。

本书还得到了江西省自然科学基金项目（20181BAB206046）、江西社科规划项目（18GL34）和国家社科基金年度项目（18BGL187）的支持。

图书在版编目（CIP）数据

中部绿色竞争力研究报告 / 傅春等著. -- 北京：
社会科学文献出版社，2020.8
ISBN 978 - 7 - 5201 - 6625 - 6

Ⅰ. ①中⋯　Ⅱ. ①傅⋯　Ⅲ. ①绿色经济 - 竞争力 - 研
究报告 - 中国　Ⅳ. ①F124.5

中国版本图书馆 CIP 数据核字（2020）第 077869 号

中部绿色竞争力研究报告

著　　者 / 傅　春　等

出 版 人 / 谢寿光
责任编辑 / 陈　颖

出　　版 / 社会科学文献出版社·皮书出版分社（010）59367127
　　　　　　地址：北京市北三环中路甲 29 号院华龙大厦　邮编：100029
　　　　　　网址：www. ssap. com. cn
发　　行 / 市场营销中心（010）59367081　59367083
印　　装 / 三河市尚艺印装有限公司

规　　格 / 开　本：787mm × 1092mm　1/16
　　　　　　印　张：14.75　字　数：218 千字
版　　次 / 2020 年 8 月第 1 版　2020 年 8 月第 1 次印刷
书　　号 / ISBN 978 - 7 - 5201 - 6625 - 6
定　　价 / 98.00 元